LE PRÉ CATELAN.

OUVRAGES DU MÊME AUTEUR.

Mademoiselle la Ruine. . . . . 2 vol.
Les Mystificateurs. . . . . 1 vol.
Les Colonnes d'Hercule. . . . . 1 vol.

Sceaux. — Typographie de E. Dépée

ERNEST CAPENDU.

LE

PRÉ CATELAN

PARIS
ALEXANDRE CADOT, ÉDITEUR,
37, RUE SERPENTE, 37.
1862

LE PRÉ CATELAN

Un premier mot, s'il vous plaît?

Madame de Staël avait coutume de dire que pour donner l'essor à son imagination, il lui fallait d'abord trouver *un premier mot*.

Faute de ce *premier mot*, la plume demeurait oisive entre les doigts de la femme-poète et ses plus belles pensées, ses plus fières maximes, ses descriptions les plus variées et les plus pittoresques, ses pages enfin les plus chaudes et les plus vivantes étaient menacées de ne jamais sortir de son cerveau puissant.

Le *premier mot* du livre était pour son imagination féconde et intarissable le *Sesame, ouvre-toi*, du conte arabe.

Et ce *premier mot*, l'auteur de *Corinne* l'avoue dans un de ses ouvrages, elle employait pour le trouver plus de temps qu'il ne lui en fallait ensuite pour écrire le premier chapitre de son livre.

Pour ceux, en effet, qui repoussent soigneusement toute pensée banale et toute exécution vulgaire, le début du livre, ce premier mot, qui établit un rapport immédiat entre le lecteur et l'auteur, est toujours difficile et les lettres qui doivent le composer ne s'en assemblent qu'à grande peine.

Que de mots tracés et raturés, que de pages écrites et déchirées, que d'heures perdues pour arriver à combiner cette phrase, toujours insignifiante, sur laquelle le lecteur ne s'arrête jamais.

C'est que bien souvent le sort d'un livre dépend de son début, de ce premier mot qui attire ou repousse, qui provoque la curiosité ou émousse le désir, qui engage le doigt à tourner le feuillet du tome ou la main à fermer le volume.

Autrefois, nos prédécesseurs et nos maîtres avaient établi une coutume simple et commode, que les auteurs modernes ont détruite peu à peu.

Autrefois chaque livre avait sa préface et dans cette préface l'auteur se mettait en relation avec le public. Avant d'écrire, il racontait le but qu'il s'était proposé, il apprenait au *lecteur bienveillant* ou à *l'ami lecteur*... mais, pardon, je m'arrête, car je m'aperçois que, si je continue, je vais, moi aussi, écrire toute une préface et telle n'est pas mon intention.

Je pourrais discourir longtemps sur ce sujet, vous faire ici la nomenclature de toutes les façons qui existent de commencer un livre, vous parler successivement des débuts savants qui consistent à tracer en tête du premier chapitre quelques termes plus ou moins baroques auxquels l'auteur lui-même ne comprend souvent rien, des débuts prétentieux, où l'auteur se drape dans sa phrase comme un sénateur romain dans sa toge, des débuts effrayants dans lesquels le tonnerre, les éclairs et la tempête jouent un grand rôle, des débuts pittoresques, sortes de paysages à propos desquels la plume s'efforce de se métamorphoser en pinceau, des débuts familiers, des débuts naïfs, des débuts incisifs, etc., etc., et vous expliquer ensuite pourquoi j'ai rejeté tour à tour tous ces genres différents... mais encore une fois, je m'arrête.

Qu'il vous suffise de savoir, lecteur, et vous avez deviné cela sans doute, que ce premier mot après lequel madame de Staël courait avec une telle impatience, je le poursuis en vain, moi, sans pouvoir l'attraper.

En face de la page blanche, ma plume s'arrête et le vide se fait dans mon cerveau.

Faute du premier mot, je ne puis commencer mon histoire, car ce premier mot me manque absolument, entièrement, complètement.

J'avais rêvé un début original et, je l'avoue à ma honte, je ne trouve, en fouillant mon imagination paresseuse, que d'abominables et de sottes trivialités.

Et cependant je vous jure que le récit que j'ai à vous faire est des plus intéressants.

Mais ce damné premier mot !...

Il est évident que si je m'obstine à le chercher, ce premier mot introuvable, et que de son côté il s'obstine à me fuir, la situation pourra se prolonger outre mesure et que je finirai par écrire un volume pour prouver que je n'ai pas pu tracer la première ligne du livre.

Eh bien ! mais... une idée !... une idée lumineuse !

Si je me passais de ce premier mot rebelle et si je commençais simplement par le second ?

C'est dit, cher lecteur, et je vais, sans plus tarder, entrer en matière.

Je remplacerai le début original que j'avais rêvé par une ligne de points. — Je laisserai le premier mot en blanc et de cette façon, chacun de vous, messieurs, chacune de vous, mesdames, aura la faculté de placer à sa guise, suivant ses désirs, ses goûts ou ses habitudes, tel commencement qu'il lui plaira.

Grâce à ce procédé ingénieux, je serai certain de ne mécontenter personne, et de ne pas compromettre tout d'abord le sort de mon livre.

Tout ce dont je vous prierai seulement, — et ceci est essentiel, — c'est de vouloir bien encadrer dans ce début, livré à la bonne volonté de votre imagination, la date du 11 AOUT 1856, car c'est à ce jour précis que se rapportent les premiers faits de l'histoire très-véridique que je vais avoir l'honneur de vous raconter.

Ceci bien convenu, je commence :

PREMIÈRE PARTIE.

UNE NUIT D'ÉTÉ AU BOIS DE BOULOGNE

I

L'Avenue de l'Impératrice.

. . . .
. . . .
. . . .
. . . . et le thermomètre de l'ingénieur Chevalier marquait trente-cinq degrés cinq dixièmes.

Paris subissait une température véritablement tropicale.

La chaleur était tellement accablante que, dans les quartiers élégants, quelques rares passants tournaient seulement de temps à autre l'angle des rues, longeant avec soin la base des maisons dont la masse projetait, sur un côté de la chaussée, une ombre protectrice.

Personne, parmi la petite quantité de gens du monde qui n'avaient pas encore abandonné la grande ville pour aller prendre leur part des plaisirs des eaux ou de ceux de la villégiature, personne n'osait affronter les rayons brûlants du soleil.

Les promenades de la capitale, ordinairement animées par l'éclat d'une foule brillante, desireuse de voir et d'être vue, ressemblaient aux steppes désolés du désert.

Chacun, se prémunissant du mieux qu'il pouvait contre cette chaleur digne de la zône torride, attendait avec impatience l'heure où monsieur le Soleil achevant sa course quotidienne, permettrait à la brise bienfaisante de soulever amoureusement la poussière de l'asphalte et celle du macadam.

Aussi, le soir venu, l'avenue des Champs-Élysées commença-t-elle à perdre peu à peu son aspect solitaire.

Vers sept heures, deux ou trois équipages débouchèrent en même temps par la place de la Concorde.

Puis, quelques cavaliers suivirent.

Des groupes de piétons animèrent les bas-côté, les uns marchant doucement, les autres s'établissant paresseusement sur les siéges élégants que l'édilité parisienne venait de substituer aux affreuses chaises de paille qui avaient fait, durant de longues années, les délices de nos pères.

Progressivement, chevaux et voitures envahirent la chaussée dans toute sa largeur ; progressivement aussi, la foule se pressa, plus serrée, sur l'asphalte, si bien que, lorsque neuf heures sonnerent à l'horloge de l'Élysée, les caleches, les fiacres, les victorias, les dog-carts, les berlines, s'obstruant mutuellement la route, étaient obligés de se suivre lentement à la file ; les cavaliers se dirigeant à grand'peine se voyaient contraints de maintenir au pas leur monture, et des chevaux de Marly à la barrière de l'Étoile, il n'y avait plus sur les bas-côtés de la route un seul siége disponible.

Chacun absorbait avec ravissement la poussière nauséabonde et la fumée de cigare, sous prétexte de prendre le frais et de respirer l'air pur, ainsi que cela se pratique d'ordinaire dans toute capitale de pays civilisé.

A ce moment, c'est-à-dire à l'heure que nous venons de mentionner, un jeune homme à la physionomie agréable, à la tournure distinguée, montant avec élégance un charmant cheval bai-clair, descendait, au pas de sa monture, la rue Royale, et se dirigeait vers les Champs-Élysées.

La cohue de véhicules de toutes sortes, se croisant en tous sens, qu'il fallait affronter pour s'engager dans la grande avenue, parut lui faire faire une réflexion subite, car, revenant sur ses pas, il se hâta de gagner l'allée Gabrielle, dans laquelle il s'élança au grand trot.

Arrivé à la hauteur du rond-point, il consulta sa montre, paraissant de nouveau hésiter sur la route qu'il allait suivre.

— Diable ! — fit-il en mâchonnant avec impatience l'extrémité de sa moustache, — neuf heures un quart ! et Georges qui m'attendait à huit. Il sera certainement parti. Aussi, mon père avait bien besoin de me débiter un sermon aussi long ! Enfin ! ajouta-t-il en manière de conclusion, si Georges ne m'a pas attendu, je le retrouverai au Pré Catelan, et ce sera la faute de mon père si, par la même occasion, je rencontre encore Rosa...

Sur ce, notre cavalier, élevant la main et faisant légèrement sentir l'éperon à sa monture, s'élança au petit galop de chasse vers la barrière de l'Étoile, qu'il atteignit rapidement, en dépit des nombreux équipages qui encombraient l'avenue.

Puis, sans ralentir son allure, il passa devant l'Arc-de-Triomphe et gagna la partie de la route de l'Impératrice exclusivement réservée aux cavaliers.

En sentant sous ses pieds un terrain de manége, le bai-clair secoua brusquement sa tête élégante, et, tirant sur les rênes, il bondit en avant, exécutant trois ou quatre lançades consécutives que son maître supporta avec l'aisance d'un écuyer accompli.

Le noble animal témoignait sa joie d'être enfin sorti de ce dédale de voitures qui, quelques instants auparavant, entravait sa marche.

Notre jeune homme, loin de contenir l'ardeur de son coursier, se pencha sur l'encolure en rendant la main et partit à fond de train, tout en caressant gracieusement l'épaule droite de son cheval.

Ils parcoururent ainsi un peu plus des deux tiers de l'avenue et ils allaient atteindre l'entrée du bois de Boulogne, lorsqu'un obstacle inattendu vint tout à coup s'opposer à leur passage.

Cet obstacle n'était autre qu'un second cavalier qui barrait complètement la route, en faisant exécuter à sa monture des changements de pieds que Pellier n'aurait pas désavoués.

— Georges! — s'écria avec joie le propriétaire du cheval baï-clair, en s'arrêtant brusquement.

— Ah! c'est toi, Édouard! — répondit le second cavalier, qui termina ses exercices hippiques par une volte savante.

— Parbleu! tu peux te flatter de m'avoir fait monter une faction assez longue. Sais-tu bien que tu es en retard d'une heure au moins?

— Hélas! oui, je le sais, et je te prie de m'excuser...

— Donne-moi d'abord un cigare, — interrompit Georges en se rangeant botte à botte avec celui qu'il venait de nommer Édouard, — je t'excuserai ensuite.

Édouard présenta son étui tout ouvert, dans lequel son ami fouilla sans plus de cérémonie.

Georges coupa méthodiquement l'extrémité du régalia, tira de sa poche un petit briquet en vermeil, alluma son cigare et mettant son cheval au pas:

— Voyons, — dit-il, — raconte-moi maintenant les causes de ce retard, car je me plais à supposer que, si tu m'as fait attendre une heure entière, ce n'est pas sans raisons graves et sérieuses.

— Tu ris ? — répondit Édouard en secouant tristement la tête. — Eh bien, mon cher, les raisons qui m'ont contraint à être inexact sont certainement plus graves et plus sérieuses que tu ne peux le supposer.

— Bah ! véritablement tu m'intrigues ! Tu as l'air sombre et pensif comme un boursier qui flaire une liquidation désastreuse. Voyons ! de quoi s'agit-il ?

— Il s'agit... Mais d'abord, retournons sur nos pas, — dit Édouard en arrêtant de nouveau son cheval.

— Retourner ? et pourquoi ? — demanda Georges.

— Parce que nous sommes admirablement sur cette route pour causer longuement, — répondit Édouard. — Si nous entrons dans le bois, nous allons rencontrer tous nos amis qui viendront se jeter au travers de notre conversation.

— Soit... retournons !

Les deux jeunes gens, plaçant la tête de leurs chevaux vers Paris, se mirent à longer au pas la barrière qui sépare la route réservée aux cavaliers de celle destinée aux voitures.

— Je te dirai donc, mon cher Georges, — commença Édouard, — que depuis huit jours je suis extrêmement contrarié.

— Et pourquoi, mon très-cher ?

— Parce que j'ai des dettes !

Georges se prit à rire bruyamment.

— A ce compte-là, — dit-il, — il y a bien plus de huit jours que tu devrais être contrarié, car, à ma connaissance, voici bientôt trois ans que tu possèdes une assez jolie kyrielle de créanciers.

— Oui, mais ces créanciers finissent par m'impatienter...

— Bah ! envoie-les promener !

— Ils ne veulent pas y aller ; ils prétendent qu'ils en reviennent.

— Ah çà ! ils commencent donc à s'impatienter aussi, eux ?

— Mon Dieu, oui !

— Et tu dois ?

— Beaucoup !

— Combien ?

— Une centaine de mille francs !

— Bah ! — s'écria Georges en s'entourant d'un nuage de fumée odoriférante, — qu'est-ce que cent mille francs pour toi ? — Ton père gagne cela en quinze jours à la Bourse, et il n'a que deux enfants, toi et ta sœur. A propos, qu'est-ce qu'il devient donc l'auteur de tes jours ? Je ne le vois plus.

— Il est retenu dans sa chambre par un accès de rhumatisme.

— Oh ! oh ! un rhumatisme ! Cela doit terriblement le contrarier. Le rhumatisme est un brevet de vieillesse. Est-ce qu'il avoue cette maladie ?

— Il la nie complètement, — répondit Édouard en souriant ; — il met sa retraite forcée sur le compte d'une foulure attrapée en faisant des armes.

— Très-bien ! Je le reconnais là !

— Mais il est d'une humeur épouvantable !

— Au diable ! Cela est gênant, en effet, pour la petite communication que tu dois avoir à lui faire... Mais n'importe ! si tes créanciers te poursuivent... et ils te poursuivent, hein ?

— Parbleu ! — répondit Édouard en soupirant, — protêts, assignations, commandements, saisie-exécution... tout le bataclan ; rien n'y manque ! j'y suis jusque-là !

Et Édouard mit la main au-dessus de ses yeux.

— Alors, il n'y a pas à hésiter ! adresse-toi à l'auteur de tes jours.

— C'est fait !

— Depuis quand ?

— Depuis ce soir.

— Ah ! ah ! — fit Georges en regardant son ami en face,

— ça a dû être dur. — Il a crié, hein ! l'auteur de tes jours ?

— Il a vociféré !

— Il t'a bien maudit un peu ?

— Mais... pas trop.

— Enfin, paye-t-il ?

— Oui.

— Comment ! — s'écria Georges avec étonnement, — il paye et tu es encore sombre et lugubre ?

— C'est que, — répondit Édouard en poussant un nouveau soupir, — il met une condition au paiement de mes dettes.

— Quelle condition ?

— Une condition effrayante !

— Mais, encore ?

— Il veut que je me marie !...

— Ton père veut que tu te maries ! — dit Georges en donnant tous les signes d'un étonnement profond. — Allons donc ! impossible !

— C'est comme j'ai l'honneur de te le dire !

— Mais, — s'écria Georges, — si tu te maries, il sera obligé de décliner son âge véritable devant témoins !

— Il a arrangé tout cela, mon pauvre Georges. Mon père veut que j'épouse la fille de l'un de ses correspondants qui habite province. Le mariage se ferait là-bas. — Et une fois marié, j'habiterais avec ma femme dans la propriété de mon beau-père dont je deviendrais l'associé !...

— Bon ! bon ! je devine, — fit Georges en souriant, — ton père serait, de cette façon, débarrassé de ton aimable personne. Il n'aurait plus sous les yeux un vivant extrait de naissance dans la personne d'un grand garçon ayant barbe et moustaches, et il pourrait tout doucement se rajeunir d'une douzaine d'années, ce qui, déduit des quarante-quatre printemps qu'il veut bien se donner, ne lui en ferait plus que trente-deux, le plus bel âge de l'homme ! Sais-tu que c'est assez adroit, cela ?

— Mais, oui.

— Et tu as consenti ?

— Ma foi, non !

— Est-ce que ta future est laide ?

— Elle est fort jolie, au contraire.

— Riche ?

— Trois cent mille francs de dot !

— Peste ! — s'écria Georges en rapprochant vivement son cheval ; — et la famille ?

— Excellente ; l'une des meilleures de Bordeaux.

— De Bordeaux ! — fit Georges en accompagnant ses paroles d'un mouvement tellement brusque qu'il donna une violente saccade à son cheval, lequel, surpris douloureusement, pointa de manière à faire craindre une chute pour son cavalier.

Georges le calma de la main.

— Au fait ! — continua Édouard sans remarquer l'émotion à laquelle Georges était en proie et qu'il s'efforçait de déguiser sous une apparence calme et indifférente, — au fait, tu connais la personne dont me parlait mon père : c'est mademoiselle Ernestine Messac... la fille unique du riche armateur.

— Oui... en effet... — balbutia Georges en tourmentant sa monture pour cacher son embarras croissant.

— Mais, je croyais que tu avais été élevé avec elle ?

— Non... c'est-à-dire... que... dans mon enfance... je me suis rencontré souvent avec mademoiselle Ernestine...

— Et sais-tu si elle est aussi jolie qu'on le dit ?

— Peuh !... la beauté du diable... une belle fille, bien provinciale.

— Je m'en doutais, — répondit Édouard.

— Mais... dis-moi... — reprit Georges après un moment de silence, — est-ce que l'idée de ce mariage vient de ton père, ou bien a-t-elle été suggérée par M. Messac ?

— Elle vient de mon pere.

— Tu en es sûr ?

— Oui. — M. Messac n'a jamais parlé de ce mariage ; mais mon père prétend qu'il se ferait fort d'obtenir pour moi la main de mademoiselle Ernestine.

Georges respira plus librement.

— Tout n'est pas perdu ! — pensa-t-il en se penchant sur son cheval qu'il flatta de la main.

Puis il jeta, en dessous, un regard à son compagnon.

Édouard paraissait livré à ses pensées.

— Eh bien ! — reprit Georges devenu entierement maître de lui-même, — eh bien ! mon cher Édouard, reçois toutes mes félicitations.

— Tes félicitations ? A quel propos ? — demanda Édouard.

— Mais... à propos de ce mariage.

— Ce mariage ne se fera jamais !

— Pourquoi donc ? Ta future est jeune, riche, jolie, d'une excellente famille, et te rendrait fort heureux, j'en suis sûr...

— Mais, enchaîner ma liberté, — dit Édouard, — quitter Paris ! habiter Bordeaux, jamais !

— Et tes dettes ?

— Voilà ce qui m'embarrasse.

— Si tu t'adressais à ta sœur ?

— A Clémentine ! — Pauvre amie ! Elle a tant fait pour moi, déjà ! D'ailleurs, cent mille francs !

— Oui, c'est une somme. — Mais, j'y songe ! — continua Georges, — ton père devrait payer sans condition, car enfin tu as vingt-sept ans, et tu as droit à la fortune de ta mère !

— Mon père ne m'a jamais rendu compte de cette fortune, — dit Édouard en secouant la tête. — Pour l'avoir, il me faudrait plaider... Or, mon père a ses ridicules, je le sais, mais enfin, il est mon père. Il m'a élevé, il m'a aimé quand j'étais enfant, il m'aime encore... à sa manière... et jamais, sous aucun prétexte, je ne consentirais à faire quelque chose qui pût lui causer un chagrin sérieux.

— Tu es un bon garçon, — dit Georges en pressant la main d'Édouard, — et puisqu'il en est ainsi, tu ne partiras pas pour Bordeaux, et tu payeras tes créanciers.

— Comment ?

— Je m'en charge. — Viens seulement cette nuit au Pré-Catelan.

— Mais, si je vais au Pré-Catelan, je verrai Rosa.

— Eh bien ? — demanda Georges.

— Eh bien !... j'ai rompu avec elle hier... et si je la revois aujourd'hui...

— Tu te raccommoderas ! — interrompit Georges en riant.

— C'est que... — commença Édouard qui s'interrompit brusquement.

— C'est que... quoi ?

— Rien.

— Alors, tu m'accompagneras ?

— Oui.

— Eh bien ! en route, mon cher ! — Il est dix heures passées !

Les deux jeunes gens, mettant leurs chevaux à un trot allongé, reprirent la route du bois de Boulogne.

Chacun d'eux semblait réfléchir profondément.

Édouard, en proie à une visible inquiétude, passait de temps en temps la main sur son front, comme si, à l'aide de ce geste familier aux esprits soucieux, il eût voulu en écarter de tristes pensées.

Georges, au contraire, avait la physionomie souriante.

Parfois il se haussait sur ses étriers et jetait sur la route un regard investigateur, comme s'il eût cherché à découvrir quelqu'un parmi les nombreuses voitures qui circulaient rapidement, emportant au Bois des promeneurs avides de fraîcheur et de plaisir.

Puis, pressant l'allure de son cheval, il reportait les yeux sur son compagnon de route, et, en le voyant sombre et rêveur, il haussait doucement les épaules, souriant avec une expression voisine du dédain.

Après avoir dépassé les fortifications, les deux cavaliers firent un *à droite*, et s'engagèrent rapidement dans la petite allée qui coupe en deux parties presque égales la prairie anglaise que l'on achevait alors.

Édouard, que son cheval avait plutôt conduit qu'il n'avait obéi à la volonté de son maître, Édouard sembla sortir de sa rêverie, et, jetant un regard étonné autour de lui, ralentit la vitesse de la course de sa monture.

— Mais ce n'est pas le chemin du Pré Catelan, — dit-il ; — nous nous sommes trompés, nous allons à Madrid.

— C'est aussi à Madrid que je te conduis, — répondit Georges, qui mit tranquillement son cheval au pas pour allumer un second cigare.

II

Un véritable ami.

— Et qu'allons-nous faire à Madrid ? — demanda Édouard en suivant la route que lui indiquait Georges.

— Ce que nous allons faire ? — répéta celui-ci.

— Oui.

— Tes affaires, mon cher ami.

— Nous allons faire mes affaires à Madrid? — s'écria Édouard de plus en plus étonné.

— Oui, — répondit froidement son compagnon.

— De quelles affaires parles-tu donc?

— Parbleu! de celles qui te préoccupent en ce moment. De tes dettes!

— Eh bien?

— Eh bien! tu dois près de cent mille francs, n'est-ce pas?

— Oui.

— Serais-tu fâché d'en avoir demain matin deux cent mille à ta disposition?

— Deux cent mille francs demain matin?

— Tu donnerais deux mille louis à tes créanciers, — continua Georges sans avoir égard à l'interruption de son ami. — Grâce à un pareil à-compte, ils te renouvelleraient tes billets pour l'époque que tu voudrais, et il te resterait encore plus de cinquante mille écus pour attendre un avenir meilleur. Tu envoies promener le mariage et tu restes à Paris! Comprends-tu?

— Pas du tout.

— Eh bien! tu peux te flatter d'avoir ce soir la *compréhension* difficile, car ce que je te dis là est clair comme de l'eau de roche.

— Ce que tu me dis est clair jusqu'à un certain point. Il est évident que si j'avais deux cent mille francs...

— Tu les auras demain matin.

— Comment cela?

— Par la vertu ou pour mieux dire par la caisse d'un aimable gentleman auquel je vais te présenter.

— Un usurier!... — fit Édouard avec une moue dédaigneuse.

— Mon très-cher, — dit Georges en affectant une gravité comique, — un homme qui sort deux cent mille francs de sa caisse en vingt-quatre heures, n'est pas un usurier, c'est un spéculateur obligeant. Défais-toi donc de ces expressions ridicules. Aujourd'hui, il n'y a plus d'usuriers, il y a des banquiers, et voilà tout. Celui auquel je vais avoir l'honneur de te présenter est un homme de manières charmantes, qui porte des bottes vernies aussi luisantes que les tiennes, qui met des gants mais tout aussi frais que les tiens, qui possède dans ses écuries cinq chevaux de deux cents louis pièce, dans ses antichambres, trois ou quatre valets, et dans son salon une femme fort jolie, laquelle vous donne gracieusement sa main à baiser, lorsque vous allez lui rendre visite.

— Et comment nommes-tu ce banquier ? — demanda Édouard.

— Arthur Pongevin.

— Arthur Pongevin ! mais il connaît mon père.

— Sans nul doute, puisque ton père est l'un des gros bonnets de la Bourse, et c'est précisément cette connaissance qui rendra ton affaire facile à couler.

— Pongevin, — répéta Édouard, — mais j'ai entendu raconter de fort vilaines choses sur son compte : c'est un malhonnête homme...

— Ta, ta, ta ! — interrompit brusquement Georges, — un homme qui donne des bals délicieux, des dîners remarquables et qui reçoit le meilleur monde, n'est jamais un malhonnête homme !

— La morale est un peu large.

— Après tout, mon cher, ce que j'en veux faire est pour t'obliger. Si tu peux te passer de cet argent, n'en parlons plus.

— Eh ! si fait ! parlons-en ! — répondit Édouard avec impatience. — Je ne veux aller ni à Clichy, ni à Bordeaux.

— Alors, laisse-moi faire et ne te livre pas à des réflexions incongrues.

— Agis à ta guise, mon cher Georges, je te laisse le soin de traiter pour le mieux de mes intérêts.

— Et ils seront entre bonnes mains, — répondit Georges en souriant ; — mais nous voici à Madrid, je te quitte.

— Où vas-tu donc? — demanda Édouard.

— Je vais trouver Pongevin : il dîne là ce soir.

Et Georges désigna du geste le restaurant devant la porte duquel les deux cavaliers s'étaient arrêtés.

— Seras-tu longtemps absent? — demanda de nouveau Édouard.

— Je ne saurais te le dire. L'affaire sera faite plus ou moins rapidement, suivant la disposition d'esprit dans laquelle sera le susdit banquier. Mais tu n'as pas besoin de m'attendre ici, la faction serait peu agréable. Va de ton côté au Pré Catelan, je t'y rejoindrai dès que j'aurai terminé. D'ailleurs, Pongevin y viendra sans doute avec moi : de cette façon vous vous connaîtrez ce soir même et vous prendrez un rendez-vous pour demain. Tu vois que je ne perds pas de temps.

— Merci! — répondit Édouard en serrant avec effusion la main de son compagnon.

— A bientôt, alors, mon cher Edouard. En sortant du Pré Catelan, nous irons souper. Sur ce, reprends ta physionomie souriante et sois sans inquiétude, tu ne quitteras pas Paris !

Et Georges, sans attendre la réponse de son ami, pénétra dans la cour du restaurant.

Sautant légèrement à terre, il jeta aux mains d'un valet d'écurie la bride de son cheval ; puis, s'adressant à un garçon, lequel, d'un air tout effaré, traversait la cour en portant un plateau garni de verres et d'assiettes, il demanda si M. Pongevin était encore là.

Sur la réponse affirmative du garçon, Georges, qui paraissait connaître admirablement et les êtres de la maison et les habitudes du banquier, Georges gravit lestement les marches de l'escalier qui conduit au premier etage, s'engagea dans l'étroit corridor qui longe la façade intérieure du restaurant, et, arrivé en face de la dernière porte, il posa résolûment la main sur le bouton de la serrure.

Un bruit de voix partait gaiement de l'intérieur du petit salon.

Georges écouta durant l'espace d'une seconde, puis il ouvrit brusquement la porte.

Trois exclamations, sorties de trois bouches féminines, saluèrent son apparition par trois joyeux houras.

Dans le petit salon, deux hommes et trois femmes étaient assis autour d'une table ovale sur laquelle on voyait les débris d'un dîner élégant.

— Mes enfants, — dit Georges sans franchir le seuil de la porte et s'adressant aux trois femmes qu'il salua avec un geste familier, — mes enfants, je vous dirai bonsoir tout à l'heure. Pour le présent, j'ai à parler à Pongevin.

Et Georges fit un signe de la main à l'un des deux hommes.

Celui-ci se leva aussitôt et sortit avec le nouvel arrivé.

— Que me voulez-vous ? — demanda-t-il brusquement après avoir refermé la porte.

— Vous proposer une excellente affaire, — répondit Georges en se posant carrément devant son interlocuteur.

— Une affaire d'argent ? — dit celui-ci en baissant la voix.

— Naturellement.

— Il y a à gagner ?

— Beaucoup ! Le pigeon que je vous amène a les ailes bien garnies.

— Qui est-ce ?

— Vous saurez son nom dans deux minutes ; mais, d'abord, posons nos conditions. Il y a cent mille francs à gagner dans un an. Combien me donnez-vous ?

— Qu'est-ce que vous me demandez?
— Le tiers.
— C'est trop!
— Vingt-cinq mille francs.
— Douze mille une fois payés, si l'affaire me va. Cela vous convient-il?
— Non!
— Bonsoir, alors! — dit M. Pongevin en faisant un pas en arrière.
— Diable d'homme! — murmura Georges.

Puis, après quelques secondes de réflexion, il ajouta :
— Douze mille, soit! mais à une condition nouvelle.
— Laquelle?
— Si je me marie avant un an et que j'épouse une dot de trois cent mille francs, vous m'avancerez cinquante mille francs pour acheter la corbeille.
— Vous voulez vous marier?... — demanda Pongevin en souriant. — Et depuis quand avez-vous cette idée-là?
— Depuis une heure.
— Bah! Et qui épousez-vous donc?
— La fille d'un armateur de Bordeaux.
— Que vous appelez?
— Vous êtes trop curieux, mon cher. Mais, voyons! mes conditions vous vont-elles?
— Parfaitement! C'est dit : douze mille francs comptant, et cinquante mille francs, avances, si vous vou mariez.
— C'est bien cela.
— Maintenant, voyons l'affaire.
— Il s'agit de prêter deux cent mille francs.
— A qui?
— A Edouard Verneuil.
— Le fils du banquier?
— Oui.

Pongevin réfléchit profondément.

Pendant quelques instants il parut calculer mentalement toutes les chances de l'opération ; puis, il releva la tête :

— Cela peut se faire, — dit-il ; — mais à votre tour écoutez mes conditions.

— Elles sont acceptées d'avance, — répondit Georges en riant. — L'oiseau est pris et il passera par où vous voudrez pour reconquérir sa liberté, quitte à laisser ses plus belles plumes entre vos mains. N'importe ! dites toujours, je vous écoute.

III

La cascade de Longchamps.

Lorsque Georges était entré dans la cour du restaurant, il avait laissé, nous le savons, Edouard sur la grande route.

Une fois seul, celui-ci parut retomber dans sa rêverie profonde.

Évidemment une lutte avait lieu dans son esprit, car deux sentiments bien distincts se reflétaient tour à tour sur sa physionomie.

Le premier exprimait l'inquiétude et l'ennui, le second l'insouciance et la joie.

Enfin ce dernier sentiment sembla l'emporter.

Edouard secoua la tête, et un éclair brilla dans ses yeux noirs.

— Bah ! — fit-il, en rassemblant les rênes et en poussant son cheval dans l'allée conduisant à la cascade de Longchamps. — Bah! mon père finira par payer, et s'il ne paye pas, j'en serai quitte pour hypothéquer ma fortune. Je serais bien sot de ne pas emprunter cet argent! Me sevrer de plaisirs à mon âge, m'enterrer dans une ville de province, me marier!... Au diable! j'aime mieux la joie, Paris et les dettes! Nous verrons plus tard! Pour le présent je suis jeune et je veux m'amuser. Mon père en parle bien à son aise, lui qui, à cinquante ans passés, mène la vie d'un jeune homme! C'est dit! J'emprunte les deux cent mille livres, et quand elles seront dépensées... eh bien! j'en emprunterai d'autres!

Et, fier de cette conclusion éminemment consolante, Edouard se redressa sur sa selle, jeta son cigare avec un geste décisif, et reprit une allure plus vive.

Le bai-clair filait rapidement, longeant le côte gauche de la route.

Edouard se mit à fredonner la cavatine du *Barbier*, tout en fouettant l'air de son stick d'écaille à la pomme incrustée de rubis.

Evidemment le jeune homme avait pris un parti arrêté, et les nuages qui, quelques instants auparavant, obscurcissaient son front, se dissipaient comme chassés par l'air frais du soir qui faisait frissonner les feuilles des grands arbres bordant la route.

L'obscurité profonde qui régnait dans cette partie du bois était tranchée de distance en distance par de larges bandes lumineuses : la lune projetant ses rayons par les allées transversales qui coupaient l'avenue que suivait notre cavalier, jetait çà et là des traînées argentées qui rendaient plus obscures encore les ténèbres causées par le rideau de vieux chênes dont les têtes orgueilleuses se détachaient, sombres et touffues, sur le ciel nuageux.

Depuis quelques moments, en effet, d'épaisses vapeurs noirâtres, aux formes capricieuses, se massaient au-dessus des côteaux de Saint-Cloud et de Ville-d'Avray.

Un voile, semi-transparent, entourait alors l'*astre de la nuit*, pour nous servir de la vieille expression poétique.

La brise, qui s'était elevée faible et craintive, tomba peu à peu, et des courants électriques s'établissant instantanément dans l'atmosphère, la chaleur accablante, qui régnait depuis quelques jours, sembla redoubler encore d'intensité.

Edouard, tout entier à ses pensées nouvelles, continuait sa route sans paraître se soucier des signes d'impatience que donnait son cheval, dont l'organisation nerveuse souffrait manifestement du brusque changement qui venait de s'opérer dans les régions atmosphériques.

Le noble animal mâchonnait son mors, et, secouant la tête, par ce mouvement de va-et-vient, qu'en terme de manége on nomme *encenser*, lançait des floçons d'écume qui venaient se détacher en masses neigeuses sur son poitrail sombre et luisant de sueur.

Au loin, un grondement sourd se fit entendre.

Puis, à ce premier indice de l'orage, succéda un calme complet, calme effrayant, pendant lequel rien ne bouge, et qui ferait supposer que la nature entière est tout à coup tombée en léthargie.

Soudain un immense éclair déchira le ciel de l'ouest à l'est, et illumina majestueusement la cascade en face de laquelle Edouard était arrivé.

Le bai-clair s'arrêta subitement.

Edouard leva les yeux : par ce phénomène ordinaire qui se produit si souvent durant les nuits caniculaires, le ciel, qu'il avait vu, quelques minutes auparavant, splendide et étoilé au-dessus de sa tête, était alors noir et menaçant.

La pâle clarté de la lune, les brillants scintillements des étoiles avaient disparu sous la couche épaisse des nuages qui s'etaient subitement interposés entre la terre et le firmament.

Une rafale brusque et violente s'abattit sur le bois, secouant, dans sa course échevelée, les branches chargées, et courbant sous sa fougue les cimes flexibles des peupliers et des bouleaux.

— Diable ! — fit Edouard en ramenant vertement son cheval, dont la terreur s'était traduite par un écart désordonné, diable ! nous allons avoir de l'orage, et je crois qu'il serait à propos de chercher un abri, car le ciel est gros de promesses, et il va tomber bien certainement tout à l'heure un véritable déluge !

Cependant Edouard se trompait : la tempête qui éclatait alors dans toute sa force, était ce que les marins appellent *un orage sec.* Pas une goutte d'eau ne s'échappait des gros nuages.

Les éclairs se succédaient rapidement... le tonnerre grondait avec un fracas épouvantable, et le vent, augmentant de furie, semblait menacer les taillis et les futaies d'une destruction complète.

Les feuilles arrachées dansaient en tourbillons rapides, et, balayant le sol, faisaient monter une poussière blanchâtre qui, se transformant peu à peu en véritable trombe, fouettait avec violence tout ce qu'elle rencontrait sur sa route.

Un moment Edouard fut aveuglé.

Il ne maîtrisait plus qu'avec peine les mouvements de sa monture, qu'on aurait pu croire atteinte de folie.

Le pauvre animal essayait vainement de se défendre contre la tempête.

— Allons ! allons, Sultan ! — disait le jeune homme en caressant l'encolure de son cheval, tandis que, de l'autre main, il le maintenait vigoureusement, — Allons ! n'aie pas peur... Là !.., là !... doucement !... doucement !.., Eh bien !... eh bien !... encore ?

Le cheval en effet venait de pointer subitement, ébloui par un éclair formidable.

En ce moment des cris perçants retentirent dans l'intérieur

du bois, des cris d'effroi qu'accompagnaient le roulement rapide d'une voiture et le galop désordonné d'un cheval.

Edouard n'eut que le temps de se jeter de côté.

Une victoria, emportée par un cheval lancé à toute vitesse, descendait violemment la côte, se dirigeant vers le champ de course.

La voiture passa avec la rapidité d'une flèche, et Edouard eut à peine le temps de distinguer une femme, affolée de terreur, qui, à demi couchée dans le fond de la victoria, se cramponnait au siége du cocher.

Le domestique avait sans doute été renversé précédemment, car le siége était désert et les guides traînaient dans la poussière.

Tout à coup le ciel sembla s'ouvrir, écarté par une traînée de feu ; la foudre sillonna la nue : un bruit sec retentit avec éclat... et le fluide électrique vint labourer la terre à dix pas du cheval emporté.

Celui-ci était arrivé à la hauteur du moulin de Longchamps.

Durant l'espace d'une seconde, l'animal, arrêté soudain, demeura immobile comme s'il venait d'être foudroyé... mais se cabrant presque aussitôt, il fit une tête à la queue et revint sur ses pas, reprenant la rapidité de sa course.

Le léger véhicule, entraîné brusquement en sens contraire, chassa en craquant sur ses roues de derrière, et suivit la nouvelle impulsion qui lui était donnée.

Jusque-là le danger avait été grand sans doute, mais en ce moment il devenait plus grand encore.

Le cheval, évidemment en proie à un effrayant accès de fièvre chaude, se dirigeait en droite ligne vers les rochers de la cascade.

Edouard, stupéfait, était demeuré immobile.

Ce que nous venons de décrire s'était accompli d'une

2.

manière si soudaine et si rapide, qu'il n'avait pas eu le temps de faire un seul mouvement.

En voyant le danger que courait la personne que contenait la victoria, un cri de frayeur s'échappa de sa poitrine.

Sans calculer le péril et obéissant à sa nature courageuse, Edouard enfonça les éperons dans le ventre de son cheval et s'élança en avant.

En deux bonds, il se trouva entre la cascade et le frêle équipage, qui arrivait sur lui avec une vitesse effrayante.

La pauvre femme poussait des cris aigus.

Le danger était extrême et imminent, surtout pour le jeune homme qui allait être évidemment renversé par le cheval et broyé sous les roues de la voiture.

Cependant Edouard n'hésita pas.

Il sauta légèrement à terre, se disposant à s'élancer à la tête du cheval emporté... mais celui-ci ne lui permit pas de se livrer à son action courageuse.

Dirigeant sa course vers la droite, il rasa le bord du bassin et gravit le talus sans ralentir sa marche.

Cette fois le péril augmentait encore, et Edouard ne pouvait plus rien pour le diminuer.

Il était probable, en effet, que si le cheval atteignait sans encombre le haut du rocher, lancé comme il l'était, il sauterait dans le petit lac placé sur l'autre versant.

La victoria bondissait, accrochant les arbres et les roches.

La promeneuse s'était probablement évanouie, car elle ne criait plus.

Enfin, la voiture rencontra un fragment de rocher plus gros que les autres.

Le choc fut terrible!

Les deux roues, du même côté, volèrent en éclats et la voiture, lancée avec une violence que la rapidité de la course avait centuplée, roula sur le gazon.

Le cheval s'était lourdement abattu et essayait en vain de se relever, maintenu qu'il était par les traits qui s'étaient entortillés autour des brancards fracassés.

La pauvre femme, dont les mains crispées étreignaient quelques instants auparavant les bords de la voiture, avait été lancée, obéissant à la violence de la secousse, sur le gazon heureusement très-touffu à cet endroit et dont le lit moelleux avait atténué le danger de la chute.

Elle gisait à terre sans connaissance, les bras étendus, les yeux fermés et la bouche entr'ouverte.

Edouard, qui s'était précipité à la suite de la victoria, s'élança vivement au secours de la personne qu'elle contenait.

En ce moment l'orage diminua d'intensité, — les éclairs disparurent, — le grondement du tonnerre s'éteignit au loin et une obscurité profonde et silencieuse succéda à la tourmente.

Le cheval qui tout à l'heure bondissait, emporté sous l'influence d'une terreur folle, semblait avoir été brusquement frappé d'atonie.

Tremblant de tous ses membres, il n'osait plus secouer ses harnais brisés et il restait étendu sur le sol sans essayer maintenant de se relever.

La voiture, nous l'avons dit, était complètement brisée.

Edouard demeura un moment, au milieu de ce désordre, fort embarrassé et ne sachant trop comment s'y prendre, par cette nuit obscure qui l'environnait, pour porter secours à la femme qu'il supposait être blessée ou peut-être même tuée

S'agenouillant près d'elle, il s'efforça de relever doucement le corps qu'il soutenait entre ses bras ; mais, ce corps, obéissant à tous les mouvements qui lui étaient imprimés, semblait avoir l'immobilité du cadavre et lorsqu'Edouard, justement effrayé, le laissa glisser à terre, il ne donna aucun signe d'existence.

— Elle est morte! — murmurait le jeune homme en cherchant vainement dans sa tête un moyen pour rappeler à la vie la femme qui gisait à ses pieds.

Heureusement alors, il se souvint que sur la droite de la cascade il existait un petit châlet dans lequel s'était établi un café-restaurant.

Aussitôt il courut de ce côté.

L'établissement était fermé et aucune lumière ne brillait à l'intérieur.

Edouard frappa à la porte.

Au bout de quelques minutes, une fenêtre s'ouvrit et une tête d'homme, enveloppée d'un mouchoir à carreaux, parut à l'extérieur.

— Qu'est-ce que vous voulez? — demanda-t-on.

—Du secours pour une femme que je crois blessée,—répondit Edouard. — Préparez-moi promptement de l'eau sucrée, de la fleur d'oranger, de l'éther, tout ce que vous voudrez... mais, en attendant, donnez-moi une lanterne.

(Nous avons oublié de dire que, dans la chute, les deux lanternes de la voiture s'étaient brisées et éteintes.)

La tête se retira de la fenêtre en grommelant, et bientôt la porte s'ouvrit donnant accès à un homme, vêtu du simple vêtement indispensable.

— Tenez, — dit-il à Edouard, — voici toujours une lanterne. Je vais m'habiller et préparer ce que vous me demandez.

— Merci! — répondit Edouard en s'emparant vivement de la lumière et en mettant un louis dans la main de celui qui la lui présentait.

Puis, tandis que son interlocuteur, rendu joyeux et alerte par la vue de la pièce d'or, se précipitait dans l'intérieur de la maison et se hâtait de prendre verre, sucre, eau, éther, fleur d'oranger, qu'il disposait sur un plateau, Edouard regagna rapidement l'endroit où il avait laissé la voiture.

La pauvre femme, toujours évanouie, ne donnait aucun signe de vie.

Édouard déposa vivement sa lanterne sur le gazon ; puis, enlevant dans ses bras le corps inanimé étendu à ses pieds, il le transporta jusque sur le banc taillé dans le roc qui domine la cascade.

Nous avons dit que la nuit était obscure.

Édouard n'avait pas encore pu distinguer les traits de la personne qu'il secourait en ce moment.

Seulement, grâce à ce *je ne sais quoi* que l'on ne peut expliquer et qui est, pour ainsi dire, un instinct particulier à certains hommes, il avait reconnu, rien qu'au contact des vêtements, que la femme qu'il portait entre ses bras était élégante et jeune.

Au reste, la légèreté extrême du corps et la souplesse de la taille venaient encore augmenter cet indice de jeunesse.

Au moment où Édouard déposait avec précaution sur le banc de rocher le fardeau que, nous devons l'avouer, notre jeune homme trouvait assez doux, l'inconnue fit un mouvement et entr'ouvrit les yeux.

Elle promena autour d'elle un regard vague, et qui, évidemment, n'avait pas encore repris le sentiment de la lumière.

Puis ses paupières se refermèrent doucement, et, renversant la tête en arrière, elle porta la main à sa poitrine en s'évanouissant de nouveau.

— Elle étouffe ! — se dit Édouard qui, dénouant vivement les brides du chapeau et écartant les plis soyeux d'un burnous blanc qui entourait la taille de la jeune femme, se mit en devoir de dégrafer le corsage de la robe.

Édouard avait sans doute une assez grande habitude de ce genre d'opération, car il s'en acquitta promptement et fort bien.

— C'est son corset qui l'étrangle ! — murmura-t-il, en

voyant que l'inconnue ne faisait aucun mouvement. — Aussi quelle satanée manie ont toutes les femmes de se torturer le corps à l'aide de semblables machines !

Et tout en maugréant contre ce qu'il nommait un instrument de torture, le jeune homme détacha le burnous, et soulevant tour à tour les deux bras inertes qui n'offraient aucune résistance, il fit glisser adroitement les larges manches du corsage, lequel retomba doucement en arrière.

Alors Edouard fouilla dans la poche de son gilet, en tira un charmant petit couteau espagnol à manche de nacre incrusté de corail, et passant, sans plus de cérémonie, la lame fine et tranchante sous le lacet du corset, il ouvrit bravement le lien soyeux du bas en haut.

Le corset glissa comme avait glissé le corsage de la robe, opérant seulement sa chute en sens inverse.

La jeune femme poussa un soupir de bien-être et étendit vaguement les bras.

Edouard, sans perdre un instant, courut jusqu'à l'endroit où il avait déposé la lanterne.

§

Hâtons-nous de dire qu'Edouard, en agissant ainsi, n'obéissait pas à un vulgaire sentiment de curiosité : il voulait de la lumière dans l'unique but de constater que la pauvre femme n'avait été atteinte par aucune blessure grave.

Nous avons dit plus haut que le jeune homme avait deviné dans l'inconnue l'élégance et la jeunesse, deux sœurs dont la beauté est presque toujours la compagne habituelle ; mais nous pouvons affirmer que, se fût-il agi d'une femme vieille et difforme, misérable et mal vêtue, Edouard eût montré un empressement semblable à la secourir.

Son cœur était bien placé et battait noblement dans sa poitrine.

Comme chez toutes les natures heureusement douées, le premier mobile qui dirigeait ses actions, était la générosité et le désir invincible de prodiguer ses secours à qui avait besoin de son aide.

§

Au moment où Edouard passait devant la victoria brisée, l'homme du châlet accourait portant sur un plateau tout ce qui lui avait été demandé.

— Donnez-moi cela, — dit Edouard en prenant le plateau de la main gauche, tandis que de la droite il ramassait la lanterne, — et veuillez vous occuper de mon cheval. Il doit être là, sur la gauche. Vous l'attacherez près de votre maison, puis ensuite vous reviendrez à cette voiture, et vous verrez si ce cheval est blessé.

— Tiens! — fit le garçon du restaurant, en examinant de plus près les débris de la victoria, — il me semble que je connais cette voiture... Oui, oui, oui, c'est bien cela! — continua-t-il en tournant autour du cheval qui gisait étendu sur le gazon. — Ça vient tous les soirs chez nous depuis le commencement de l'été.

— Et savez-vous à qui appartient cet équipage? — demanda Edouard en s'arrêtant brusquement, car il avait déjà fait quelques pas en avant.

— Ma foi, non! — répondit l'homme en secouant la tête avec insouciance. — Tout ce que je sais, c'est que le cocher est un particulier bien aimable et qui aime à rire. Nous faisons souvent la causette ensemble pendant que sa maîtresse est au café. Mais, à propos, où donc est-il passé le cocher? Je ne le vois pas.

— Il aura été jeté sans doute à bas de son siége, sur la route, lorsque le cheval s'est emporté, — dit Edouard. —

Mais ne dites-vous pas que sa maîtresse vient tous les soirs dans votre châlet?

— Oui, que je le dis, et que c'est une petite femme bien gentille encore, que j'ajoute. Mais elle aime le punch un peu rude, par exemple.

— Le punch!

— Eh bien, oui! le punch! Elle en boit un bol à elle toute seule, tous les soirs de la vie, en compagnie de beaux messieurs comme vous; et encore, — ajouta l'interlocuteur d'Edouard avec un malin sourire, — et encore elle a joliment soin de ne pas venir deux soirs de suite avec les mêmes. Ah! ça doit être une solide gaillarde que cette petite femme-là!

— C'est bon, — dit Edouard en faisant une légère grimace et en frappant du pied la terre avec impatience. — C'est bon! je n'ai que faire de tous ces détails. Occupez-vous de mon cheval!

— J'y vais, monsieur, — répondit le garçon en s'éloignant. — Tiens! — continua-t-il en mâchonnant ses paroles à voix basse, — fallait donc dire qu'il la connaissait, je ne lui aurais pas raconté tout ça! Ah bien! tant pis pour lui après tout! Ça le regarde!

Et il se dirigea vers le côté du bois où Edouard supposait que devait être son cheval.

Le jeune homme, lui, demeura pendant quelques secondes, immobile à la même place, et visiblement fort mécontent des paroles qu'il venait d'entendre.

Peut-être, depuis qu'il s'était élancé au-devant de la victoria emportée, un roman poétique avait-il ébauché son premier chapitre dans cette tête jeune et ardente, et voilà que tout d'un coup les feuillets du livre se déchiraient et la fiction charmante faisait place à une réalité triviale.

Peut-être rêvait-il à une jeune fille belle et pure, brebis immaculée, que la Providence et l'Amour avaient placé sur sa route, et voici que l'idéal se transformait subitement en une créature éminemment matérielle.

Au lieu d'avoir risqué un moment sa vie pour un ange de lumière dont la tendresse, vierge jusqu'alors de toute affection terrestre, devait être un jour la récompense de son dévouement, il avait failli se faire tuer sottement pour l'une de ces pécheresses plâtrées de céruse et de carmin que le mauvais goût de l'époque avait mises à la mode.

La jeune fille pure, devenant sans transition une femme avalant chaque soir un bol de punch, et qu'un garçon de restaurant qualifiait en riant de *solide gaillarde!*

Quelle déception ?

Un moment Edouard fut sur le point de rappeler le garçon, de lui confier le soin de la femme évanouie, de chercher lui-même son cheval et de s'éloigner au galop, mais sa générosité naturelle lui fit rejeter cette pensée.

— Quelle qu'elle soit moralement, — se dit-il, — elle est femme et elle souffre.

Et il reprit sa marche interrompue dans la direction de l'endroit où il avait laissé l'inconnue, dont il craignait maintenant que l'individualité ne fût que trop constatée.

Il déposa le plateau à terre, et, élevant la lanterne, il éclaira toute la partie du banc sur lequel était étendue la jeune femme.

Edouard demeura stupéfait.

Grâce au corset coupé et à la robe défaite, la jeune femme était à demi nue.

Son corps, doucement appuyé en arrière contre le roc, avait pris une attitude gracieuse et charmante qui lui semblait naturelle.

Au lieu de l'une de ces beautés communes, aux joues couvertes de fard et à l'expression vulgairement sensuelle qu'Edouard se figurait rencontrer, ses regards découvraient une ravissante tête de Greuze aux joues veloutées par ce soyeux duvet que la jeune fille emprunte aux beaux fruits du pêcher, à l'expression candide et angélique, au front uni et pur de tout contact de poudre de riz.

Edouard parcourait d'un regard étonné le ravissant tableau qu'il avait devant lui.

Ses cheveux, détachés par la violence de la chute et n'étant plus soutenus par la forme du chapeau, roulaient leurs boucles soyeuses aux reflets d'un noir bleuâtre autour du frais visage de la jeune femme et descendaient en cascades opulentes, sur des épaules rondes et blanches, mais dont la forme mignonne et délicate décelait l'adolescence.

Les paupières fermées projetaient sur l'incarnat naturel des joues l'ombre de leurs longs cils aux extrémités délicatement frisées.

Le nez droit et petit, aux narines rosées, s'arrêtait au-dessus d'une bouche vermeille dont les lèvres purpurines allaient enfouir leurs fines extrémités au fond d'une double fossette de neige.

Le col un peu grêle encore peut-être, s'attachait délicatement aux blanches épaules dont nous venons de parler plus haut.

La poitrine à demi découverte offrait aux regards éblouis de notre jeune homme de charmants indices de richesse que les années n'avaient pas encore transformés en splendide opulence.

Les bras étaient cachés sous les plis du burnous, mais on devinait leur forme pure à la finesse d'attache des épaules.

L'extrémité de la robe, légèrement relevée, découvrait une jambe bien modelée et un petit pied, étroit et bien cambré, dans sa bottine de satin noir.

— C'est singulier, — se disait Edouard tout en contemplant l'inconnue et en passant successivement dans sa tête la revue de tous les minois plus ou moins gracieux du demi-monde qu'il avait rencontrés durant sa vie de garçon. —

C'est singulier ! je ne connais pas cette petite femme-là, moi !
Et cependant si elle vient tous les jours au Bois, suivant les
paroles de cet imbécile, il est bien étonnant que je ne l'aie
pas encore rencontrée !... — Que diable ça peut-il être ?

Et Edouard fasciné par la beauté délicieuse de la jeune
femme, dont il découvrait à chaque instant une perfection
nouvelle, demeura plongé dans le flot des souvenirs qu'il
évoquait sans paraître s'empresser, le moins du monde, de
faire cesser un évanouissement qui lui procurait un si gracieux spectacle.

A la fin cependant, sa contemplation fit place à un sentiment plus charitable.

— Ah çà ! — murmura-t-il de nouveau, — je ne vois aucune trace de sang, ni de blessure. Elle aura eu certainement
plus de peur que de mal ; mais est-ce qu'elle compte demeurer là, évanouie, jusqu'à demain matin ? — Pauvre petite !
elle est délicieuse, en vérité. — Ma foi ! voilà une aventure
qui ne s'annonce pas trop mal et qui, certes, ne fera pas
changer ma résolution de ne pas épouser mademoiselle
Messac de Bordeaux.

Edouard, alors, dans le but probablement d'essayer à ranimer la jeune femme, écarta les longs plis du burnous et
prit l'une des petites mains qui reposaient inertes sur le banc
rocailleux.

Cette main était dégantée.

Edouard en admira un moment la forme mignonne et effilée,
les ongles rosés et la peau satinée.

Puis, toujours probablement dans le but de porter secours
à la jeune femme, il y appuya galamment ses lèvres.

Soit effet du baiser, soit effet de la brise qui, soufflant doucement, baignait d'un air frais et pur le front de la jeune
femme, — celle-ci fit un mouvement.

Un frisson léger fit doucement tressaillir tout son corps et ses doigts, en se crispant, serrèrent tendrement la main du jeune homme.

Edouard tressaillit à son tour, et, comme ce premier succès semblait démontrer l'efficacité du remède qu'il venait d'employer, il se pencha de nouveau et déposa un baiser plus tendre encore que le premier, sur la jolie main qu'il pressait entre les siennes.

Cette fois la jeune femme ne bougea pas.

Alors Edouard devint plus téméraire.

De la main sa bouche glissa vers le poignet, puis monta lentement le long du bras blanc et arrondi qui s'offrait entièrement nu aux caresses du jeune homme.

De nouveaux tressaillements nerveux agitèrent l'inconnue, et elle fit un mouvement tellement brusque qu'Edouard se recula vivement croyant l'évanouissement dissipé.

Mais les yeux de la jeune femme restaient fermés, et un soupir seulement s'échappa de sa poitrine.

En ce moment, le corset, demeuré délacé sur les genoux de l'inconnue, glissa lentement et tomba à terre.

— Peste! un corset en moire rose! — dit Edouard en relevant le riche objet de toilette et en le posant sur le banc.

— Décidément cette petite femme-là doit être la maîtresse d'un boursier en veine. — Mais elle a peut-être froid maintenant, je vais ragrafer sa robe. — Ah çà! morbleu! elle ne reviendra pas à elle!

Tout en maugréant contre l'évanouissement qui se prolongeait effectivement d'une façon réellement inquiétante, Edouard se mit en mesure d'abriter contre le froid les épaules qu'il contemplait, avouons-le, avec un certain charme.

Passant son bras sous la taille de la jeune femme, il redressa doucement le corps étendu jusqu'alors presque horizontalement, puis ramenant autour du col le burnous soyeux, il enveloppa soigneusement le buste presque nu.

Trempant alors le coin de son mouchoir dans la carafe qui

se trouvait sur le plateau, il l'appliqua en compresse humide sur les tempes et sur le front de l'inconnue, tandis que, de l'autre main, il lui faisait respirer un flacon d'éther.

La jeune femme ouvrit de nouveau les yeux : ses joues se colorèrent légèrement et elle respira avec force.

Tout à coup se dressant convulsivement, elle repoussa violemment le flacon d'éther, et se jetant dans les bras d'Edouard :

— Sauvez-moi ! sauvez-moi ! — s'écria-t-elle d'une voix déchirante.

— Calmez-vous, madame, calmez-vous ! — répondit Edouard, — vous êtes en sûreté. — Le danger est passé.

— Oh ! j'ai peur... j'ai peur ! — murmurait-elle machinalement en se cramponnant aux vêtements du jeune homme.

— J'ai peur !... j'ai peur !... — continua-t-elle, tandis que son corps, en proie à un mouvement fébrile, grelottait violemment.

Edouard se dégagea doucement et, saisissant un verre, il y versa précipitamment de l'eau et de la fleur d'oranger.

— Tenez ! — dit-il en le présentant à la jeune femme, — buvez ! cela vous fera du bien.

Mais la pauvre enfant, sous l'empire d'une terreur puissante, ne comprenait pas les paroles qui lui étaient adressées ; ses dents claquaient, ses doigts se crispaient, et elle répétait toujours :

— J'ai peur !... j'ai peur !...

Edouard approcha le verre de ses lèvres et la fit boire.

Cela parut la calmer un peu.

— Vous avez froid ? — demanda Edouard en remarquant le tremblement nerveux qui agitait la jeune femme.

— Oui... oui... j'ai froid... bien froid... — répondit-elle sans avoir évidemment conscience de ses paroles. — J'ai froid ! Aussi... c'est ta faute !... pourquoi m'avoir forcée à mettre ce burnous ? Je voulais garder mon châle, tu le sais bien ! — Ce burnous me déplaît. — C'est lui qui l'a rapporté... Laisse-moi prendre mon cachemire.

Elle repoussait, en disant ces mots, les plis du vêtement oriental qu'Edouard ramenait sur ses épaules.

— Ah ! — continua-t-elle en regardant ses bras nus, — je ne suis pas encore prête... tu vas me gronder... Bah ! nous arriverons toujours assez tôt au Pré Catelan. — Enfin ! aide-moi !...

La jeune femme tendit les bras et Edouard lui présentant, avec l'aisance d'une femme de chambre accomplie, les manches du corsage, elle remit vivement sa robe.

— Là !... — fit-elle, — partons ! je suis prête !...

Elle essaya de faire quelques pas en avant, mais elle chancela.

Edouard avança vivement le bras pour la soutenir.

Au contact de cette main qui serrait sa taille, — la jeune femme poussa un cri de terreur semblable à ceux que jettent les personnes en proie à un accès de somnanbulisme lorsqu'une cause inattendue les réveille subitement.

Elle se redressa, passa la main sur son front et, se retournant vivement, elle jeta un regard d'épouvante sur Edouard.

— Qui êtes-vous ? Que me voulez-vous ? — dit-elle en reculant.

— N'ayez pas peur ! — Ne craignez rien, madame ! — répondit Edouard de sa voix la plus douce. — Je ne vous veux aucun mal. — Le hasard seul vous a mise en ma présence. — J'étais là heureusement lorsque votre cheval emporté...

— Ah ! je me souviens ! — s'écria la jeune femme en portant vivement ses mains devant ses yeux comme si elle eût redouté la vue d'un spectacle terrible, — je me souviens... la voiture entraînée... et cet homme qui s'est élancé au-devant... Oh ! il doit être mort !...

— Non, pas ! — répondit Edouard en souriant malgré lui,

— je n'ai pas même été blessé ; car, malheureusement, je n'ai pu parvenir à arrêter votre cheval.

— C'est donc vous, monsieur, qui vous êtes jeté si courageusement !...

— Mon Dieu ! — interrompit Edouard, — ne me remerciez pas, madame ; tout autre à ma place en eût fait autant, et les secours que je vous ai prodigués après votre chute ne valent pas la peine d'en parler...

— Mais, qu'est-ce que cela ? — fit la jeune femme en voyant son corset demeuré sur le banc.

Edouard sourit de nouveau.

Son interlocutrice rougit violemment et une larme brilla subitement sous ses longs cils...

— C'est tout simple, madame; — dit vivement Edouard fort surpris de cet accès de pudeur chez une femme qu'il supposait être une Madeleine à la mode, — votre évanouissement se prolongeant, j'ai pensé qu'en vous desserrant, cela faciliterait la circulation de l'air dans les poumons. Alors, j'ai cru devoir dégrafer votre robe et trancher, à l'aide de ce couteau, le lacet de votre corset. L'événement a prouvé que j'avais agi sagement, car vous avez repris vos sens presqu'aussitôt.

La jeune femme ne répondit rien.

Elle tenait ses longues paupières baissées, et sa rougeur, loin de se dissiper, avait envahi successivement son gracieux visage.

En ce moment un tiers survint.

C'était le garçon du restaurant.

— Monsieur, votre cheval est retrouvé ; — dit-il à Edouard.

Puis, se retournant vers la jeune femme :

— Madame n'est pas blessé ? — demanda-t-il.

— Nullement ! — répondit Edouard en faisant signe au garçon de se retirer.

Mais celui-ci était occupé à contempler l'inconnue

— Tiens! tiens! tiens!... — fit-il enfin, — moi qui croyais!... Et pourtant, c'est bien la voiture et le cheval, j'en suis sûr ; mais ce n'est pas la petite dame qui vient tous les soirs... Comment se fait-il donc?...

— Emportez tout cela, — interrompit Edouard avec impatience, — nous n'avons plus besoin de vous.

— Bon... bon ! je m'en vas... mais le cheval et la voiture ?

— Est-ce qu'il n'y a pas une écurie dans les environs?

— Si fait, monsieur, de l'autre côté du moulin.

— Eh bien, vous y conduirez ce cheval. — Quant à la voiture, ne vous en occupez pas. Demain on viendra chercher le tout.

— Bien, monsieur, très-bien ! — répondit le garçon en saluant les deux jeunes gens.

Puis, prenant son plateau, il s'éloigna en murmurant :

— Eh bien! c'est drôle tout de même ! J'ai cependant reconnu la voiture et le cheval : la preuve c'est que les harnais portent bien le chiffre que j'y ai toujours vu... et pourtant, ce n'est pas ma pratique... mais pas du tout... pas du tout! celle-ci est brune et l'autre est blonde. Comment cela se fait-il ? — Ah bah ! je le saurai demain matin quand on viendra chercher le cheval.

Et sur cette réflexion consolante, le garçon se hâta de regagner son logis, afin d'y déposer les objets qu'il venait d'emporter pour revenir ensuite s'occuper du cheval, lequel, complètement remis de son accès de frénésie, s'occupait gravement à enlever l'écorce d'un magnifique platane au pied duquel il était venu tomber un quart d'heure auparavant.

Édouard, assez embarrassé, contemplait, — pendant ce temps, — sa gracieuse compagne dont l'immobilité était toujours la même.

On eût dit que, depuis qu'elle avait appris la situation

dans laquelle elle s'était trouvée vis-à-vis du jeune homme qui lui avait prodigué ses soins, elle n'osait plus lui adresser la parole, et que l'embarras et la honte avaient produit sur sa personne l'effet de la vue de la pluie de feu sur la femme de Loth.

IV

Le restaurant de Madrid.

Tandis que les événements que nous venons de raconter s'accomplissaient plus rapidement que nous n'avons pu le décrire, le banquier Pongevin et Georges, l'ami d'Édouard Verneuil, continuaient ensemble la conversation dont nous avons esquissé le début à la fin de notre premier chapitre.

La tourmente, — qui, en s'abattant brusquement sur le bois de Boulogne, avait failli coûter la vie à la jeune femme secourue par Édouard, — avait contraint les deux interlocuteurs à quitter le balcon intérieur du restaurant et à pénétrer dans un cabinet, transformé pour les circonstances en bureau d'affaires...

Il s'agissait de la part de Georges, — le lecteur s'en souvient sans doute, — de négocier, au nom d'Édouard Verneuil, un modeste emprunt de deux cent mille francs, — et, de la part de M. Pongevin, de formuler la somme qu'il voulait pour sa commission, puis la manière dont il entendait établir ses garanties financières.

Tous deux assis en face l'un de l'autre, — une table entre

eux, — fumaient force cigares et causaient à voix basse.

M. Pongevin avait tiré de sa poche un carnet de bourse, sur le cuir duquel son nom était imprimé en lettres d'or, et il entassait rapidement chiffres sur chiffres à l'aide d'un élégant porte-crayon en vermeil dont il portait de temps à autre le cachet à ses lèvres, en paraissant se livrer à des supputations importantes.

Georges, — en homme certain de réussir et de mener à bien la mission qu'il avait entreprise, — frappait négligemment du bout de sa canne l'extrémité de sa botte vernie.

— Eh bien? — fit-il en voyant le banquier poser son crayon sur la table.

— Eh bien! — voici mes conditions, — répondit M. Pongevin en croisant ses jambes l'une sur l'autre, et en se renversant en arrière de façon à appuyer le dossier de sa chaise contre la cloison du cabinet.

— Voyons? — demanda Georges curieusement.

— Je prêterai deux cent mille francs pour quinze mois.

— Bien!

— Les fonds seront faits demain matin.

— Très-bien!

— M. Édouard Verneuil me souscrira des effets, ou, pour mieux dire, acceptera des lettres de change à trois mois.....

— Mais, — interrompit Georges.

— Attendez donc! il me souscrira, dis-je, des lettres de change à trois mois, renouvenables cinq fois consécutives. — Je lui donnerai une contre-lettre à cet égard, — ce qui fera bien les quinze mois de crédit.

— Bon! bon! je comprends.

— De plus, comme je connais M. Verneuil père, que je n'ignore pas l'état de ses affaires et que sa fortune est fort belle, — j'ajouterai que, si M. Édouard Verneuil ne peut me rembourser la somme entière à l'époque fixée, il ne sera tenu que de m'en compter la moitié, m'engageant à lui accorder un nouveau délai de trois mois pour le reste.

— Peste ! mais c'est superbe, cela ! — s'écria Georges en riant, — et il faut que vous ayez bien dîné pour être ce soir si coulant en affaires. — Voyons ! résumons-nous : vous donnez, demain matin, deux cent mille francs, écus ?

— Oui.

— Édouard vous souscrit des effets qu'il renouvelle tous les trois mois, jusqu'à concurrence de quinze mois écoulés à partir de ce jour...

— C'est bien cela.

— Maintenant, quelle commission exigez-vous ?

— Mon cher Georges, — commença le banquier en prenant des poses entre chacune de ses paroles, — mon cher Georges, vous n'ignorez pas que par le temps qui court l'argent est rare ?

— Parbleu ! à qui le dites-vous ? — répondit le jeune homme en soupirant d'une façon comique.

— Les affaires ne se font pas ; — l'escompte devient de jour en jour plus difficile ; la banque épluche notre papier ; — nous envoyons un bordereau de cinq cent mille francs, — on nous en refuse la moitié...

— Et cœtera, — et cœtera, — interrompit Georges. — Ça n'est pas la peine de me raconter cela, à moi ; — je connais cette romance. — Passons au fait. La somme est ronde, vous voulez une commission en conséquence, je comprends cela. — Voyons ! que demandez-vous ?

— Mon calcul est fait.

— Eh bien ?

— M. Édouard Verneuil acceptera trente-cinq lettres de change, de dix mille francs chaque.

— Peste ! trois cent cinquante mille francs ! cent cinquante mille francs d'intérêt ! Mais c'est de l'argent à cinquante pour cent, cela !

— Mon Dieu, oui, — répondit froidement le banquier.

— Mais, vous n'y songez pas?

— Si fait.

— Cependant...

— Cependant... quoi? Croyez-vous qu'à la Bourse mon argent me rapporte cinq? — Est-ce ma faute, à moi, si l'argent est rare aujourd'hui; — mais sur première hypothèque, mon très-cher, on a déjà de la peine à trouver des fonds. — Et il ne faut pas s'en étonner, tout va à la Bourse. — Vous êtes étranges, vous autres; vous traitez d'usuriers les gens qui vous prêtent, parce qu'ils vous prennent cher. — Mais, si la loi punit ceux qui font monter l'intérêt au-dessus du taux légal de six pour cent, elle autorise les jeux de Bourse qui rapportent vingt-cinq et trente! Quel est donc l'imbécile, — et personne ne l'est en question d'argent, — quel est donc l'imbécile qui irait bénévolement, et pour le simple plaisir d'obliger son prochain, perdre par an une somme quelconque? — Allons donc, mon cher, ça n'aurait pas le sens commun, et personne ne le fait. J'ai, moi qui vous parle, un million de fonds de roulement; sur ce million qui, en moyenne, me rapporte trente à quarante mille francs par mois, vous voulez que je distraie deux cent mille francs.....

— Ta, ta, ta, ta! — interrompit encore Georges en jetant par la fenêtre son cigare éteint. — Vous ne distrairez rien du tout. Il ne s'agit ici que d'une simple question de signature, et la vôtre s'enlève comme du pain. Vous endosserez tout bonnement les lettres de change acceptées par Édouard, et vous les négocierez tant que vous voudrez. — Vous n'aurez qu'à payer la commission pour chaque époque de renouvellement...

— Mais j'entends que ce soit M. Édouard Verneuil qui acquitte ces frais-là!

— De mieux en mieux! — De sorte que vous ne débourserez rien, vous ne sortirez rien de votre caisse; car les deux cent mille francs que vous donnerez demain vous rentreront dans quarante-huit heures par le fait de la négociation des traites, et vous aurez gagné cent cinquante mille francs en quinze mois pour avoir prêté votre signature.

— Et puis, après? — demanda effrontément le banquier, avec ce cynisme particulier aux traitants de toutes les époques. — D'ailleurs, je ne me dédis jamais en affaires, moi, vous le savez. — Je vous ai fait part de mes conditions; c'est à prendre ou à laisser.

— Cependant vous ne risquez rien !

— Si je risquais quelque chose, pensez-vous que je ferais l'opération?

— Oh! non, je vous connais trop pour cela !

— Donc, si vous voulez avoir vos douze mille francs de courtage, vous arrangerez les choses comme je viens de vous le dire. Et puis, voyons, qu'est-ce que cela vous fait, en somme, que M. Édouard Verneuil me donne cent cinquante mille francs de commission?

— Parbleu! il est évident que cela ne me fait rien, — répondit Georges en haussant les épaules. —Seulement, je crains que le chiffre ne l'effraye, et qu'il ne recule devant l'opération, ou bien qu'il cherche ailleurs.

— Est-ce qu'on trouve deux cent mille francs ainsi?

— C'est vrai.

— Eh bien, alors?

— Dame!... je lui en parlerai, et je tâcherai de lui faire avaler la couleuvre. Vous lui donnerez la contre-lettre pour les renouvellements?

— Parbleu! puisque c'est dit. — Ah! cependant, encore autre chose.

— Quoi?

— Il a droit, je le sais, à la fortune de sa mère; et, lors du décès de sa femme, Verneuil père avait deux millions clairs et liquides. — Chacun de ses enfants, — il en a deux,

— a donc droit à cinq cent mille francs. Or, Verneuil n'a jamais rendu ses comptes à son fils. — Je mets pour condition expresse au renouvellement, que l'inventaire n'aura pas d'exécution avant quinze mois, — sinon, le paiement de mes billets sera exigible à la reddition des comptes, si cette reddition avait lieu plus tôt. — Vous comprenez ?

— Très-bien ! Vous voulez être le premier créancier.

— Oui, et je ne veux pas que, dans le cas où M. Édouard toucherait ses cinq cent mille francs, il puisse manger à son aise cet argent qui est mon seul gage.

— Oh ! — fit Georges, — quant à cette condition, je me charge de la faire subir à Édouard; mais, entre nous, mon cher Pongevin, vous n'êtes pas raisonnable de m'offrir douze mille francs.

— C'est convenu.

— Je le sais bien ; mais voici la septième bonne affaire que je vous apporte depuis le commencement de l'année...

— Vous avez touché trente-deux mille francs de commission !

— Et vous avez gagné dix fois autant.

— Oh ! je ne suis pas remboursé encore.

— Mais vous le serez.

— Parbleu ! je l'espère bien ainsi.

— Eh bien ! franchement, cette fois-ci valait bien vingt mille au bas mot.

— Ne dois-je pas vous avancer cinquante mille francs pour votre mariage? — répondit Pongevin en lançant à Georges un regard moqueur.

— Vous n'y croyez pas à ce mariage-là ?

— Ma foi ! à dire vrai...

— Eh bien ! mon très cher, il se fera cependant.

— Par la grâce de vos beaux yeux ?

— Par la grâce de M. Verneuil père.

— Bah !

— C'est comme j'ai l'honneur de vous le dire.

— C'est vrai, au fait ! — s'écria le banquier en se levant, — j'oubliais que vous êtes aussi bien avec le père qu'avec le fils. C'est une bonne maison pour vous que la maison Verneuil, mon cher Georges ! — Le père vous prête de l'argent, et le fils vous fait gagner des droits de courtage.

Georges fit une légère grimace.

Il était évident que le terrain sur lequel le banquier plaçait la conversation ne lui plaisait pas.

— Enfin, — dit-il, — je passe par les douze mille francs.

— Quand saurai-je si votre ami accepte ? — demanda Pongevin.

— Ce soir, je dois le rejoindre au Pré Catelan. Y venez-vous, vous ?

— Mais oui...

— Eh bien, allons retrouver ces dames, maintenant que l'affaire est terminée.

Les deux hommes se levèrent ensemble et sortirent du cabinet pour regagner le petit salon dans lequel Georges avait été chercher le banquier.

Comme lors de l'arrivée de Georges, de gais éclats de rire retentissaient à l'intérieur de ce petit salon dont la fenêtre donnait sur le bois, et dans lequel se trouvaient en ce moment, ainsi que nous le savons, trois jeunes femmes et un homme d'un âge raisonnable.

Disons que cet homme se nommait Alfred Cornuel et qu'il était intéressé dans les affaires de Pongevin.

Les trois jeunes femmes avaient nom, l'une Rosa, l'autre Nathalie, et la dernière, Céline.

Elles appartenaient toutes trois à cette classe de la société qui, depuis un quart de siècle, a envahi d'une manière désastreuse le monde parisien, au grand chagrin des familles honnêtes dont elles ruinent impitoyablement les fils, les maris et souvent même les pères.

Nathalie était la maîtresse en titre de Pongevin qui, cependant, ainsi que l'avait raconté Georges à Édouard, possédait une femme jeune et jolie.

Céline grignotait, ou pour mieux dire essayait de grignoter, pour le présent, les bénéfices de Bourse du sieur Cornuel ; mais celui-ci n'étant pas homme à se laisser ruiner sottement — la pauvre enfant risquait fort d'ébrécher ses dents blanches en voulant mordre au gâteau doré que confectionnait amoureusement l'associé du banquier.

Rosa était venue à titre d'amie.

Au premier coup d'œil ces trois femmes paraissaient jeunes et jolies, mais elles ne supportaient pas un examen plus sérieux sans un grave préjudice à l'endroit de leur jeunesse et de leur beauté.

Les stigmates de la débauche, plus que ceux de l'âge encore, avaient usé la fraîcheur de leurs joues et flétri les traits de leur visage.

Sans le carmin qui couvrait les lèvres, la bouche eût paru décolorée, sans la poudre de riz étalée savamment sur le front et sur le col, la peau eût semblé fanée, et sans la couche de noir étendue sous la paupière inférieure l'œil eût été évidemment terne et fatigué.

Et néanmoins, grâce aux combinaisons de la toilette, grâce à l'élégance et à la richesse de la mise, ces femmes, faisaient illusion parfaite et l'on comprenait, en les voyant, l'attrait qu'elles devaient exercer sur des jeunes gens inexpérimentés, pour lesquels elles semblaient jolies, sur des hommes débauchés auxquels elles promettaient toute la science de la luxure, et sur des vieillards blasés qui retrouvaient auprès d'elles un semblant de jeunesse depuis longtemps éteinte.

§

— Allons donc !— s'écria Rosa en voyant rentrer les deux

hommes, — allons donc! qu'est-ce que vous faites depuis une heure que vous êtes partis? Si vous croyez que c'est bien amusant pour des femmes d'être seules avec monsieur Cornuel.

— Ah! Rosa! ah! méchante! — fit Alfred en se dandinant sur sa chaise. — Vous m'en voulez donc bien?

— Moi? ma foi, non! Seulement vous n'êtes pas amusant, mon bon.

— Bah! je le trouve drôle, moi, — répondit Céline.

— Le terme est pourtant passé depuis quinze jours, — fit observer Nathalie en riant. — Après cela, il n'est peut-être pas payé.

— Oh! oh! — fit encore Cornuel en se dandinant plus que jamais.

— N'abîme pas Alfred! — s'écria Céline en s'adressant à Rosa, — ou, sans cela, je tombe sur ton Edouard.

— Mon Édouard? — répondit Rosa, — tu peux dire Édouard tout court maintenant : il n'est pas plus à moi qu'à toi.

— Vous êtes donc brouillés?

— Mais, oui.

— Depuis quand?

— Depuis hier.

— Pourquoi? — demanda Nathalie.

— Pour un bracelet que je voulais avoir et qu'il n'a pas voulu m'acheter.

— Tiens! moi qui le croyais si gentil! — dit Céline.

— Oh! ce n'est pas de sa faute, — répondit Rosa; — mais monsieur son père ne lui donne pas un rouge liard, et vous comprenez, mes enfants, ça n'est pas amusant.

— Je crois bien! — dit Nathalie.

— Le père Verneuil qui est si généreux avec Régine, lui! — s'écria Céline. — Il lui donne voiture, cocher, cheval, tout enfin. — Ah! ce n'est pas vous, Alfred, qui en feriez autant.

— Permettez... — commença M. Cornuel qui ne parvenait jamais à terminer ses phrases.

— Quand je prends une malheureuse victoria à la journée, vous êtes trois jours a me la reprocher.

— Mais, ma chère...

— Tenez ! voulez-vous que je vous dise, — vous êtes un grigou !

— Céline ! il me semble que...

— Taisez-vous donc ! c'est ce que vous avez de mieux à faire !

— Ainsi, tu n'aimes plus Édouard, Rosa ? — dit Georges qui, comme la plupart des hommes de trente ans habitués à vivre dans ce monde hétéroclite des femmes galantes, avait le droit, plus ou moins avoué, de tutoyer toutes ces dames.

— Mon Dieu ! — répondit Rosa avec indifférence, — je ne l'aime pas plus qu'avant. — Tu comprends ? Il me plaisait assez ce petit, mais voilà tout !

— Alors, tu serais fâchée de le voir ?

— Ma foi, non ! c'est un bon garçon... Pourquoi me demandes-tu cela ?

— Parce que si tu vas ce soir au Pré Catelan, tu l'y rencontreras.

— Tu en es sûr ?

— Oui, il m'y a donné rendez-vous.

— Tiens ! au fait ! — s'écria Nathalie, — nous devrions tous y aller au Pré Catelan ? — Il est l'heure ! Voyons ! Cornuel, passez-moi mon chapeau, et vous, Pongevin, payez l'addition, mon bon !

— C'est cela ! allons au Pré Catelan ? — ajouta Céline en se levant à son tour.

Le banquier sonna et paya la carte.

Pendant ce temps les femmes mirent leurs chapeaux et s'enveloppèrent dans leurs burnous.

Céline et Nathalie passèrent vivement en avant, suivies de Cornuel et de Pongevin.

Georges avait retenu Rosa dans le cabinet.

— Écoute, — lui dit-il quand ils furent seuls; — veux-tu que je te donne un conseil d'ami ?

— Si ça ne coûte rien, ça me va, — répondit Rosa en souriant; — car, pour le présent, je ne pourrais pas acheter dix sous, et pour cause, le meilleur conseil du monde.

— Je donne tout gratis, tu le sais bien, — dit Georges en embrassant la jeune femme.

— Et tu prends de même, à ce qu'il paraît, — répondit Rosa sans se dégager. — Mais, voyons ton conseil ?

— Raccomode-toi ce soir avec Édouard.

— Peuh ! ce n'est pas cela qui me tirera d'affaire. — Tous mes bijoux sont chez ma tante et j'ai cinq cents francs à payer à mon tapissier.

— Raccomode-toi, te dis-je.

— Pourquoi ?

— Parce que.

— Ce n'est pas une raison, cela ?

— En veux-tu une meilleure ?

— Oui.

— Eh bien ! Édouard, touche demain matin deux cent mille francs.

— Pas possible !

— Je te l'affirme !

— Deux cent mille francs !

— Pas un centime de moins.

— Bigre !... — s'écria la lorette en faisant un geste joyeux; — mais alors, j'aurais voiture dans huit jours, moi.

— Et deux chevaux dans tes écuries, et toutes tes dettes payées, et des bijoux et des dentelles à n'en savoir que faire si tu mènes bien ta barque !

— Sois tranquille ! je saurai la mener, — répondit Rosa en serrant énergiquement la main du jeune homme.

Et Rosa, cambrant par un geste gracieux son burnous autour de sa taille, passa coquettement devant Georges auquel elle lança un long regard, comme si elle eût voulu essayer d'avance la puissance de ses charmes.

Puis, relevant de sa main gauche les plis de sa robe de mousseline brodée, et découvrant un pied mignon finement chaussé d'un bas de soie à jours et d'un petit soulier en cuir mordoré, elle s'élança légèrement sur l'escalier et descendit rejoindre ses compagnes.

Céline et Cornuel étaient tous deux dans un coupé de louage, tandis que Pongevin et Nathalie trônaient l'un près de l'autre dans une calèche élégante.

Rosa se plaça sur le devant de la voiture qui partit au grand trot, suivie par le véhicule plus humble au fond duquel enrageait la maîtresse d'Alfred Cornuel.

L'équipage de Pongevin, équipage toujours à la disposition de Nathalie, faisait le martyre de la pauvre fille.

Elle en voulait à Cornuel de la médiocrité de ses procédés qui la plaçait, elle, sur un échelon au-dessous de celui où était grimpée son amie intime.

Aussi résolut-elle de bouder toute la soirée, et si M. Cornuel ne vint pas à bout d'achever aucune des phrases qu'il entama durant le temps que la voiture mit à parcourir l'espace qui sépare Madrid du Pré Catelan, ce ne fut pas la faute des interruptions de sa compagne ; car, celle-ci, peletonnée dans son coin, ne prononça pas une syllabe depuis le départ jusqu'à l'arrivée.

Georges, après le départ de ses amis ou soi-disant tels, Georges était descendu dans la cour du restaurant.

Prenant un nouveau cigare, il l'alluma à la lanterne du palefrenier qui tenait son cheval par la bride, puis, rassemblant les rênes, il s'élança légèrement en selle, — jeta quelques menues monnaies au domestique, et se dirigea, au pas, vers le Bois.

Il semblait réfléchir profondément, et certes, les réflexions auxquelles il se livrait n'étaient pas d'une nature sombre, car il souriait de temps à autre en lissant ses moustaches, — geste qui décelait chez lui une complète satisfaction de lui-même.

— Allons ! dit-il en prenant une allée étroite qui devait le conduire au Pré Catelan, — allons ! je crois que tout cela est assez bien combiné et que je suis un assez fin diplomate.
— Evidemment Edouard consentira à faire l'emprunt comme un imbécile qu'il est ; — évidemment aussi Rosa le reprendra dans ses petites griffes roses ; évidemment encore elle lui mangera rapidement son argent. — A l'échéance, Edouard ne pourra payer ; — Pongevin le poursuivra ; — Verneuil, furieux, rendra des comptes à son fils, mais il l'enverra au diable et le déshéritera. — Quant à moi, je touche douze mille francs de prime demain et avant quinze mois j'épouse mademoiselle Ernestine Messac, de Bordeaux, qui a trois cent mille francs de dot ; — Verneuil me cautionne pour la même somme, et peut-être... me la donne si je manœuvre habilement relativement à Edouard, — et je suis parfaitement heureux et associé de mon cher beau-père, qui a une fille charmante, et la meilleure maison d'armateur de France et de Navarre. — Dans dix ans je serai millionnaire. Voilà ! C'est une simple question de temps ; mais, comme le disait M. de Talleyrand : Tout vient à point à qui sait attendre !

V

Comment on devient courtier d'affaires.

Tandis que Georges suivait au pas de son cheval la petite allée conduisant au Pré Catelan, tout en se livrant intérieurement aux splendides espérances d'un avenir qu'il se représentait, non pas de rose couleur, mais bien couleur d'or, et d'or le plus pur, — la lune, se dégageant de son manteau de nuages, apparut tout à coup, et ses rayons argentés vinrent éclairer poétiquement la physionomie du jeune homme.

Georges avait trente ans, — nous croyons l'avoir dit, — et il pouvait, à juste titre, passer pour un élégant cavalier.

Ses cheveux d'un blond ardent, aux reflets fauves, soigneusement bouclés, dégageaient bien son front aux proportions nobles et intelligentes.

Ses yeux, gris foncé, au regard hardi et scrutateur, avaient une expression de dureté tempérée par le sourire aimable qu'il savait imprimer à l'ensemble de sa physionomie.

Son nez recourbé affectait la forme du bec de l'aigle; — sa bouche, aux lèvres minces et peu colorées, disparaissait à demi sous d'épaisses moustaches fauves, dont les extrémités se fondaient dans des favoris de même nuance.

Le menton, soigneusement rasé, accusait cette forme arrêtée et légèrement proéminente, qui, suivant le système de Lavater, indique la ténacité et l'énergie.

Comme expression générale, la figure de Georges présentait un mélange d'affabilité gracieuse et de finesse moqueuse sous lequel on démêlait promptement, — pourvu que l'on fût un peu observateur, — la ruse, l'audace et la fierté.

Bien pris dans sa taille, — (Georges était grand) — ses membres annonçaient par leurs mouvements souples et élégants, une force peu commune.

Il maniait avec l'aisance d'un écuyer accompli le cheval qu'il montait et dont on devinait qu'il maîtriserait facilement la fougue et l'ardeur.

Georges joignait à cette première science de l'homme du monde une habileté remarquable dans tous les autres exercices du corps.

Maniant également bien l'épée et le pistolet, il avait souvent étonné ses amis par l'assurance de son coup d'œil et par la vivacité de sa main.

Suffisamment musicien, il se servait habilement d'un semblant de voix de baryton que lui avait donné la nature, pour soutenir, dans certains salons, sa réputation de dilettante.

Instruit un peu plus que les autres jeunes gens oisifs dont il faisait sa société ordinaire, il avait sur eux une supériorité incontestable et qu'aucun ne songeait à lui contester.

Disons, pour compléter autant que possible l'esquisse de ce portrait, que, du chef de son père, Georges se nommait d'Aureilly de Pontac, et qu'il avait le droit, — nobiliairement parlant, — de timbrer d'une couronne de baron, l'écusson de la vieille famille languedocienne dont il était l'unique representant.

Chez les d'Aureilly de Pontac, une qualité et un défaut avaient été toujours héréditaires.

Cette qualité était la bravoure.

Ce défaut la prodigalité.

Si l'une était ardente, l'autre était insensé.

Aussi était-il résulté de ces deux sentiments qui, au reste, s'allient assez bien ensemble, que l'amour des armes et la pauvreté etaient le seul héritage que, depuis plusieurs siècles, chaque père transmettait religieusement à son enfant.

Les d'Aureilly, braves, batailleurs, hardis et tenaces dans

l'accomplissement de leur volonté, s'étaient **créé**, depuis longtemps, dans la province, une réputation de raffinés sur le point d'honneur, que chaque descendant s'était empressé de soutenir à l'aide de force duels et d'actes audacieux.

Peut-être les habitudes guerrieres des d'Aureilly, — car tous, Georges excepté, avaient successivement servi la France, — peut-être ces habitudes avaient-elles donné aux représentants de la famille une certaine façon d'entendre et d'interpréter le mot *honneur*, peu compatible avec les lois du Code du commerce.

Chaque génération successive avait dans ses annales deux ou trois actes originaux, qui indiquaient de la part de leurs auteurs une grande indépendance de caractère et d'esprit, indépendance que, de nos jours, auraient réprimée, avec un louable empressement, le Code civil et le Code pénal.

Ainsi, Jean d'Aureilly, le fondateur de la famille, qui vivait en 1350, avait-il trouvé bon de s'emparer de vive force, à la tête d'une espèce de compagnie franche, des domaines de l'un de ses voisins, domaines qu'il avait rendus, hâtons-nous de le dire, en s'appropriant, au préalable, une dîme énorme, que le malheureux propriétaire, dépossédé, s'était vu contraint à verser pour rentrer dans la jouissance de ses biens.

Jean d'Aureilly avait promptement gaspillé l'argent provenant de cette audacieuse rapine, sans doute pour justifier le proverbe qui dit que : Bien mal acquis ne profite jamais ; et il s'était fait tuer dans une autre course aventureuse, laissant à son fils son épée et sa glorieuse réputation.

Le fils, fier d'un tel héritage, s'était empressé de suivre les traces de son illustre père, et, après une existence mêlée de nombreux horions et de joyeux festins, il avait transmis à son tour, à son fils, le noble patrimoine de l'aïeul.

Naturellement, les d'Aureilly, auxquels Henri II avait permis de joindre à leur nom celui de Pontac, avaient marché avec la civilisation et faute, un beau jour, de ne plus pouvoir se servir eux-mêmes, ils s'étaient décidés à servir le roi.

Encore avaient-ils fait probablement à cet égard quelques restrictions mentales, car, tout en guerroyant pour le souverain, ils trouvaient moyen de remplir largement leur escarcelle et de continuer, en pleine paix, l'existence agréable et peu scrupuleuse qui faisait la joie de leurs ancêtres.

Les troubles de la France, les guerres pour la succession d'Espagne, les persécutions exercées contre les protestants, les embarras de la Régence, les avaient successivement mis à même de continuer leurs habitudes de déprédation et, à défaut de patrimoine, de vivre aux dépens du patrimoine d'autrui.

Lors de la fondation du premier Empire, le baron d'Aureilly, le père de Georges, se trouva fort embarrassé.

Il avait sucé, avec le lait de sa mère, le principe de la fidélité aux Bourbons. Aussi se promit-il tout d'abord de laisser accrocher au-dessus de la cheminée la vieille épée de ses ancêtres.

Et cependant, à chaque lecture des bulletins de la grande armée, sa fibre guerrière tressaillait dans sa poitrine, les fumées de la gloire, l'amour des combats lui montaient au cerveau et il se surprenait souvent, en face de sa glace, espadonnant bravement autour de lui et frappant d'estoc et de taille les vieux meubles qui n'en pouvaient mais.

Alors, le baron s'arrêtait, — haussait les épaules, — se comparait intérieurement à Don Quichotte, et prenant quelques vieux louis dans un tiroir, il partait pour Bordeaux.

Là, il courait les cafés, les théâtres, les promenades jusqu'à ce qu'il eût ramassé quelque mauvaise affaire.

Un bon duel lui rendait pour quelque temps le calme et la tranquillité.

Puis, au bout de trois mois, à l'annonce d'une nouvelle victoire, c'était à recommencer.

Le baron, tout aussi insouciant en matière d'argent que ses nobles ancêtres, le baron, n'avait jamais songé à faire fructifier le petit capital que, par extraordinaire, son père lui avait laissé.

(Le digne homme avait été surpris par la mort avant d'avoir pu le dissiper complètement.)

Donc un beau soir, le baron qui puisait à même, constata en riant qu'il n'avait plus que deux louis pour toute fortune.

Quant à la maison qu'il habitait, c'était une petite masure, autrefois décorée du nom de castel, ne valant rien, ne rapportant rien, et qu'il comptait bien laisser à son fils par la raison que son père la lui avait laissée.

Ceci se passait en 1808, — à l'époque où la grande armée se dirigeait vers la frontière d'Espagne.

Le soir où le baron constata le triste état de ses affaires et pendant qu'il faisait danser dans sa main les débris de son patrimoine, un roulement de tambour retentit au dehors.

Naturellement le baron regarda par la fenêtre et naturellement aussi, il vit défiler devant sa porte toute une division magnifique.

Infanterie, cavalerie, artillerie, rien n'y manquait.

A la vue de ces brillants uniformes, de ces plumets ondoyants, de ces armes luisantes, de cet aspect guerrier, enfin, le baron se trémoussa comme un beau diable en songeant à la promesse qu'il s'était faite à lui-même.

Mais à cette division en succéda une autre, puis une autre, puis encore une autre, tant et si bien, que le baron, entraîné, exalté, se précipita dans la rue en criant comme un aveugle.

En ce moment, un nuage de poussière s'éleva sur la route et s'approcha rapidement.

Une voiture, enlevée au triple galop de quatre chevaux vigoureux, passa comme une flèche devant le belliqueux baron et vint s'arrêter brusquement en face de la maison de poste.

Des cris d'enthousiasme s'élevaient de toutes parts.

La foule accourait empressée autour de la voiture poudreuse.

Le baron, obéissant au courant, se trouva bientôt transporté à la hauteur de l'une des portières.

Deux hommes étaient dans la voiture.

L'un couvert d'un splendide uniforme, l'autre vêtu d'une simple redingote grise.

Ce dernier manifesta l'intention de mettre pied à terre pendant qu'on changeait les chevaux.

A peine touchait-il le sol, que les cris s'élevèrent plus frénétiques encore.

— Vive l'Empereur ! — hurlait la foule.

— Vive l'Empereur ! — répéta le baron sans avoir conscience de ses paroles, entraîné qu'il était par l'exemple général.

L'Empereur porta la main à son chapeau, et parcourut de son regard d'aigle le cercle qui l'entourait.

Son œil clair s'arrêta un moment sur le baron.

Celui-ci se sentit rougir : une révolution subite s'opéra en lui. En un instant il oublia sa promesse de ne servir que son roi légitime, et s'avançant brusquement :

— Sire ! — dit-il d'une voix ferme.

— On ne parle pas ainsi à l'Empereur, — s'écria vivement l'officier général qui était descendu également de la voiture, et qui se jeta entre Napoléon Ier et le baron d'Aureilly.

— Laissez ! Berthier, laissez ! — fit l'Empereur en écartant de la main le major-général de l'armée.

Puis, s'adressant au baron :

— Votre nom ? — demanda-t-il.

— Le baron d'Aureilly de Pontac ! — répondit celui-ci en s'inclinant.

— Je connais ce nom : c'est celui d'une vieille famille du pays ?

— Oui, sire.

— Et vous êtes le représentant de cette famille?

— L'unique représentant.

Napoléon avait une prédilection toute particulière pour la concision : les réponses nettes et précises du baron lui plurent.

Puis, il avait aussi un faible pour la noblesse de vieille origine, et il regardait avec complaisance la structure athlétique du descendant des barons d'Aureilly.

— Il ferait un superbe cuirassier! — murmura-t-il.

Enfin, élevant la voix de nouveau :

— Que me voulez-vous, monsieur? — demanda-t-il brusquement.

— Obtenir une faveur, sire.

— Laquelle?

— Celle de me faire tuer à l'avant-garde de la grande armée !

L'œil du maître lança un éclair et sa physionomie expressive rayonna subitement.

A une époque où l'on répétait que la France était lasse de la guerre, rien ne pouvait être aussi agréable à l'Empereur qui, lui, voulait encore combattre, qu'une demande semblable à celle du baron.

— Très-bien, monsieur, — dit-il en inclinant la tête, — Berthier prendra votre nom. Avez-vous de la fortune?

— Aucune !

— Berthier ! vous ferez remettre au baron d'Aureilly de Pontac, trois mille francs sur ma cassette pour son entrée en campagne. Il sera incorporé dans les cuirassiers de ma garde.

— Vive l'Empereur ! — s'écria le baron.

— Vive l'Empereur ! — répéta la foule.

Napoléon fit un dernier geste, remonta en voiture et, les

chevaux étant attelés, la calèche de voyage reprit sa course rapide.

Le soir du même jour, le baron d'Aureilly était à Bordeaux.

La nature guerrière des d'Aureilly l'avait emporté sur les sentiments politiques, et le digne baron, en véritable fils de ses ancêtres, ne rêvait plus que plaies et bosses, que combats et que gloire, qu'amour et que butin.

Un mois après, il assistait au combat de Tuleda, était décoré sur le champ de bataille, et faisait partie de la division Verdier qui vint mettre le siége devant Saragosse.

Il n'entre pas dans notre intention de raconter ici les péripéties de ce siége mémorable.

Qu'il nous suffise de dire que le baron, blessé grièvement, sortit peu de temps après de l'hôpital avec l'épaulette de sous-lieutenant.

Continuant de guerroyer bravement dans la Péninsule, mais obéissant en même temps aux instincts héréditaires dans sa famille, il ne négligeait aucune occasion de s'approprier le bien des bons Espagnols en échange du sang français qu'il laissait sur leur terre.

De sorte que tableaux précieux, vases d'or, bijoux, vaisselle d'argent, expédiés, par des moyens à lui, directement en France, venaient s'entasser dans sa petite maison, attendant qu'un rayon de paix vînt les faire fondre au profit de la prodigalité du baron qui se promettait pour l'avenir une existence de Cocagne.

Mais le baron proposait et Napoléon disposait.

Aussi, M. d'Aureilly eut-il à peine le temps de contempler ses richesses, lorsque, revenu d'Espagne, il traversa la France pour aller rejoindre le corps d'armée qui s'avançait vers la Vistule.

Bref, en 1814, le baron, lieutenant-colonel et criblé de blessures, vint reprendre sa place dans ses foyers.

4.

En 1816, il songea à prendre femme, afin de perpétuer sa race.

Deux ans après, il épousait une jeune fille des environs de Bordeaux, cousine des Messac, armateur dans le chef-lieu de la Gironde, et, en 1820, un héritier des d'Aureilly de Pontac prenait la part d'air et de lumière que Dieu accorde à ses créatures.

Le baron était ravi ; mais, hélas ! ce ravissement ne devait pas être de longue durée. Huit mois après sa naissance, le chevalier mourait entre les bras de sa pauvre mère désolée.

Un an plus tard, la naissance d'une fille venait consoler la mère sans contenter beaucoup le baron.

Puis, la pauvre petite mourut comme était mort son frère aîné.

Madame d'Aureilly, en proie à une douleur effrayante, fit une maladie qui altéra sa santé, au point qu'en 1826, en donnant le jour à un troisième enfant, elle dit adieu à la terre, et M. d'Aureilly se trouva du même coup veuf et père d'un gros garçon qui semblait ne demander qu'à vivre.

Le baron et sa femme, nous devons le dire, faisaient assez mauvais ménage ; autant celui-ci était bon et généreux, insouciant et prodigue, autant madame la baronne était tracassière, acariâtre, avare et dure au pauvre monde.

Aussi, dans les premiers temps, le baron, semblable au père de Gargantua, ne savait-il pas trop s'il riait d'avoir un enfant et s'il pleurait d'avoir perdu sa femme, ou s'il riait d'être veuf et s'il pleurait d'être père.

Hâtons-nous d'ajouter que le premier sentiment triompha.

Le baron nomma son fils Georges, par la raison qu'il se nommait lui-même ainsi.

A cette époque, les Messac de Bordeaux n'avaient pas d'enfants.

Madame Messac se prit d'affection pour son petit cousin, et offrit au baron de veiller sur les premières années de son fils.

Le baron accepta.

Georges grandit donc sous les yeux de la femme du riche armateur, et à dix ans il entra au collége.

Là, il se montra le digne fils des d'Aureilly de Pontac.

Il se battait toute la journée avec ses camarades, s'appropriant ce qui lui convenait en s'appuyant sur le principe de la loi du plus fort, et lassant souvent la patience de ses maîtres qui se plaignaient à sa famille.

Malheureusement pour Georges, madame Messac venait d'accoucher d'une fille, et son amour maternel, trouvant un aliment naturel, se concentra sur l'enfant qui venait de naître.

D'ailleurs le caractère de Georges était peu apprécié par le rigide négociant, chef de la maison Messac et compagnie.

Georges se trouva donc éloigné peu à peu de la famille qui l'avait élevé et n'eut plus d'autre tuteur que le baron, son père.

Quant à celui-ci, à chaque plainte portée par les professeurs, il riait de toute sa force et, loin de gronder son fils, il le récompensait de ses prouesses et se réjouissait vivement des instincts qu'il lui voyait déployer.

Une fois ses études terminées, Georges vint habiter la maison paternelle.

Alors le baron se mit en demeure de compléter ce qu'il nommait une véritable éducation.

Il fit faire des armes à son fils, l'emmena chasser, le força à passer chaque jour plusieurs heures en selle, lui apprit à boire sans se griser, à courtiser les jeunes filles et à oublier tous les principes d'ordre et d'économie qu'il tremblait que madame Messac n'eût introduits dans la cervelle du jeune adolescent.

Grâce à cette belle éducation dont Georges profita avec fruits, le fils du baron était, à vingt ans, un chasseur déterminé, un buveur effréné, un cavalier intrépide et un dénicheur de tendrons à faire trembler toutes les familles honnêtes à dix lieues à la ronde.

Puisant dans la caisse commune, quand il n'avait plus d'argent dans sa poche, sans se préoccuper du lendemain, ne connaissant aucun obstacle à ses fantaisies, toujours prêt à mettre flamberge au vent, Georges faisait la joie du baron qui ne se sentait pas d'aise à chaque nouvelle fredaine de monsieur son fils.

— C'est un d'Aureilly de Pontac! — disait-il en manière d'admiration.

Bref, le baron, qui vivait depuis longtemps sur les tableaux, les vases d'or et les autres objets de valeur qu'il avait rapportés de ses expéditions diverses, le baron s'aperçut un beau matin que le trésor était menacé d'épuisement.

Il se prit donc à réfléchir sérieusement, pour la première fois, en songeant à l'avenir de son fils et à la façon dont celui-ci devait s'y prendre pour soutenir dignement le nom et la gloire de ses ancêtres.

Malheureusement, c'etait à la suite d'un excellent dîner que le baron se livrait à ce travail d'esprit, en dehors de ses habitudes ordinaires.

Aussi s'ensuivit-il une congestion cérébrale, et le digne baron d'Aureilly de Pontac mourut dans la nuit, sans avoir pu trouver la solution du problème qu'il s'était posé.

Georges pleura son père qu'il aimait réellement.

Puis il partit pour Bordeaux, afin d'aller rendre compte à la famille Messac de la perte douloureuse qu'il venait de subir.

M. Messac le reçut à merveille, et l'emmenant dans son cabinet :

— Écoute, Georges, — lui dit-il, — ton père avait autrefois oublié sur mon bureau un rouleau de mille francs. Son insouciance en matière d'argent était telle qu'il ne s'en apereut jamais. Je ne lui en parlai pas! j'avais mes projets. J'ai placé cette petite somme dans mon commerce : elle a fructifié, grâce à Dieu! et, aujourd'hui, voici dix beaux billets de mille francs que je te donne et qui t'appartiennent légitimement : c'est le produit des mille francs oubliés par ton père.

Georges remercia chaudement son cousin, et lui avoua que cet argent venait à point, car tout l'héritage paternel se résumait en une trentaine de louis et en la petite maison que nous savons.

M. Messac donna d'excellents conseils à Georges, l'engageant à travailler, à faire fructifier son modeste capital et à devenir un honnête négociant, *et cœtera, et cœtera*.

Georges, lui, fit de beaux discours, embrassa le brave armateur et sa femme, prit congé de sa petite cousine, qui avait alors neuf ans et qui promettait d'être fort jolie un jour, et, disant adieu aux bords de la Gironde, il s'élança gaillardement vers la capitale de la France.

Georges avait vingt-trois ans quand il arriva à Paris.

On comprendra aisément, grâce à l'éducation qu'il avait reçue, que son premier soin fut de gaspiller rapidement son capital.

En moins d'une année, Georges se trouva parfaitement au courant de la vie parisienne ; il avait des amis, des maîtresses, une jolie réputation de viveur, mais..... sa bourse était vide.

Cependant Georges n'avait pas complètement la nature de son père.

S'il tenait du baron son humeur batailleuse et sa morale peu scrupuleuse à l'endroit du bien d'autrui, l'éducation, le frottement du monde avaient atténué l'une et légèrement corrigé l'autre.

Georges avait hérité de sa mère d'un amour de l'or qui

faisait un singulier contraste avec la prodigalité naturelle à tous les d'Aureilly.

Apre au gain quand il jouait, il dépensait ensuite follement les sommes qu'il avait gagnées.

Quand il se vit sans un sou, il se prit à réfléchir froidement et profondément sur l'avenir.

Il songea d'abord à s'engager, mais la France était en paix, et d'ailleurs la vie de garnison lui paraissait bien triste.

Entrer comme modeste employé dans une maison de commerce, ou solliciter une humble place dans une administration quelconque, lui qui avait voitures, chevaux et valet de chambre, il n'y songea pas un seul instant.

Son regard s'arrêta plus longtemps sur la Bourse.

Cela convenait davantage à ses instincts de rapine et à son désir immodéré de faire une fortune rapide.

Mais, pour faire des affaires, il faut une mise de fonds, et Georges n'avait plus rien.

Pour se donner le temps de se créer une position indépendante, Georges commença par écrire à son cousin de Bordeaux.

Il parla d'affaires désastreuses, de fonds engagés, d'opérations fantastiques, *et cœtera*, *et cœtera*, et termina son épître par une pressante demande d'argent.

M. Messac fit attendre sa réponse huit jours durant.

Enfin, Georges reçut une lettre.

La première chose qu'il vit, en la décachetant, fut un bon de mille francs payable chez M. Verneuil, correspondant de la maison de Bordeaux.

Quant à la lettre en elle-même, elle contenait une longue mercuriale. M. Messac avait fait prendre à Paris des renseignements sur la conduite du jeune homme; il était fort mécontent; il consentait, pour cette fois, à l'obliger de sa bourse, mais il l'engageait à ne plus jamais avoir recours à lui !

Georges jeta la lettre au feu, et courut toucher les fonds du mandat.

On était au mois d'août.

Le lendemain, il partait pour Bade, et, quinze jours après, il revenait en ayant décuplé son capital, ce qui lui permettait de continuer le train de vie qu'il avait pris, sans que personne pût supposer que son existence avait été menacée un instant d'un cataclysme.

Mais la première leçon avait porté ses fruits.

Georges se résolut à parer aux événements futurs, et il se mit incontinent à chercher le moyen de gagner vite et beaucoup sans rien changer à ses habitudes.

Une circonstance imprévue devait le mettre à même de trouver, plus promptemement qu'il ne le croyait, ce moyen de faire fortune.

Une après-midi que Georges fumait tranquillement son cigare sur le boulevard des Italiens, en accomplissant sa promenade habituelle, il fut brusquement accosté par l'un de ses compagnons de plaisir, qui se nommait Félix de Charleval.

(Ceux de nos lecteurs qui ont lu notre roman, *Mademoiselle La Ruine*, se rappelleront sans doute ce personnage, l'un des types de nos viveurs parisiens.)

Félix prit le bras de Georges, et se penchant confidentiellement à son oreille :

— Écoute, — lui dit-il, — il faut que tu me rendes, aujourd'hui même, un signalé service.

— Quel service ? — demanda Georges.

— Celui de me prêter ta signature.

— Comment ?

— Tu vas comprendre. Je souscris en ce moment un emprunt de deux cent louis auprès d'un brave homme d'usurier qui a toute ma confiance. Or, il me demande une signature à côté de la mienne, non pas, dit-il, pour me cautionner, car il sait bien que, si je suis gêné en ce moment, je paierai à échéance, mais parce que deux signatures placées avant la sienne lui rendront la négociation de l'effet plus facile. Tu saisis ?

— Parfaitement.

— Et... tu réponds ?

— Mon Dieu! je réponds oui. Ton père est riche et tu paieras ; par conséquent je ne risque rien.

— Merci ! — dit Charleval. — A titre de revanche, quand l'occasion se présentera.

Félix entraîna Georges dans une magnifique maison située près de la rue Drouot; tous deux montèrent au premier étage et pénétrèrent dans un vaste appartement orné avec plus d'éclat que de bon goût.

— Peste ! ton usurier est bien logé ! — dit Georges tandis qu'un petit groom, après les avoir introduits dans la salle à manger, était allé prévenir son maître.

— Je le crois bien, — répondit Félix, — le drôle gagne assez d'argent. Et cependant, il y a dix ans, c'était un pauvre diable de clerc de notaire sans un sou vaillant.

— En vérité! Comment donc le nommes-tu?

— Pongevin.

— Ah ! oui ; je connais ce nom. C'est un faiseur d'affaires de bourse ?

— Précisément.

Quelques minutes après, M. Pongevin recevait dans son cabinet les deux jeunes gens et leur prodiguait toute l'affabilité d'un accueil empressé.

Félix accepta les lettres de change, — Georges les endossa, et M. Pongevin glissa trois billets de mille francs dans la main de l'emprunteur, qui venait de reconnaître une dette de deux cents louis.

L'honnête banquier ne prenait qu'un droit de mille francs de courtage pour prêter trois mille francs à quatre-vingt-dix jours.

Georges vit tout, comprit tout, n'eut l'air de s'apercevoir de rien, et s'extasia sur la beauté de l'appartement, quand M. Pongevin voulut à toute force leur faire visiter un salon dont le parquet était recouvert d'un tapis d'Aubusson.

Évidemment c'était ce tapis d'Aubusson qui faisait l'orgueil du banquier, car il insistait beaucoup sur cette partie du mobilier; aussi Georges se confondit-il en admiration nouvelle à l'égard du tapis qu'il déclara être de toute beauté.

M. Pongevin reconduisit les deux amis en leur serrant les mains, et, une fois sur le boulevard, Georges, quittant Charleval, se dirigea vers le *Café de Paris*.

Là, il dîna seul, à une petite table, en paraissant se livrer intérieurement à de graves réflexions.

Bref, quand il se leva, sa physionomie exprimait une vive satisfaction, — satisfaction qui se traduisit, en faveur du garçon qui l'avait servi, par l'abandon de la pièce de cinq francs que celui-ci rapportait comme appoint de l'addition que Georges venait de solder, en jetant un louis sur la table.

C'est que Georges avait trouvé tout à coup le moyen qu'il cherchait depuis quinze jours, et qu'il était, désormais, sûr de se constituer un revenu magnifique, ainsi que nous allons l'expliquer en quelques mots.

Georges, nous croyons l'avoir dit, s'était jeté tout d'abord dans la société des viveurs, et il avait fait un chemin rapide dans ce monde facile pour lequel le plaisir est tout et l'argent n'est rien.

Il connaissait tout une foule de jeunes gens appartenant à des familles riches, qui jetaient follement au vent leur patrimoine, escomptant chez les usuriers leur fortune à venir.

Enfants des nobles familles du faubourg Saint-Germain, fils de financiers parvenus, rejetons de la riche bourgeoisie, monde hétéroclite, composé de jeunes représentants de toutes les classes aisées de la société moderne, formant une vaste volière d'oiseaux faciles à plumer, telle était, telle devait être désormais la source de la fortune du baron d'Aureilly.

Georges rechercha d'abord ceux, parmi ses nombreux amis, qui, appartenant à de riches familles, pouvaient avoir un pressant besoin de numéraire.

Il trouva facilement ce qu'il cherchait.

En provoquant habilement ces sortes de confidences dont les jeunes gens sont généralement peu avares, il acquit la certitude que trois de ses compagnons de plaisir, offrant, pécuniairement parlant, toutes les garanties possibles, se trouvaient momentanément dans la position précaire demandée.

Après les avoir écoutés en prenant le plus grand intérêt à leur situation, il offrit de les mettre en rapport avec un certain banquier qui les obligerait bien certainement à des conditions raisonnables.

Les jeunes gens acceptèrent avec empressement, et Georges, sans leur confier le nom du spéculateur obligeant, leur assigna un rendez-vous pour le surlendemain, en leur déclarant qu'il allait faire tous ses efforts pour tâcher de leur être agréable.

Puis Georges alla trouver M. Pongevin, et, entrant franchement en matière, il lui proposa une sorte d'association.

Après deux heures de conversation intime, le marché fut arrêté et les conditions nettement stipulées de part et d'autre.

Georges, limier intelligent, devait dépister dans le monde le gibier qu'il amènerait ensuite sous le coup de fusil du banquier.

L'emprunteur une fois présenté par Georges, M. Pongevin prenait ses renseignements, posait ses conditions, que le baron devait faire accepter, et l'opération terminée, le banquier lui comptait une prime dont le chiffre variait suivant l'importance et les conditions de l'affaire faite.

La première année d'exploitation fut fructueuse, et Georges encaissa de magnifiques résultats.

Ses amis, ne pouvant se douter de rien, le trouvaient meilleur compagnon que jamais, et les malheureux qu'il poussait à leur ruine chantaient les louanges de son obligeance à toute épreuve.

Puis, non content des revenus qu'il se faisait de cette façon, Georges se lia avec tout une société de vieillards debauchés, riches et faciles à prendre, appartenant, pour la plupart, au monde de la finance, dont il se fit le compagnon de plaisirs.

Grâce à ces amis nouveaux, Georges profita des bonnes affaires qui se présentaient.

Spéculations heureuses et sûres, promesses d'actions, soumissions de rentes, *et cœtera, et cœtera*, il avait sa part de tout : dînant chez l'un, soupant chez la maîtresse de l'autre, recevant des cadeaux de celui-ci, ayant une part dans les bénéfices de celui-là, vivant aux dépens de tous, et jouant, sans honte, ce rôle de parasite et de flatteur qui a toujours et dans tous les temps profité à celui qui l'a pris.

Mais, avec la facilité du gain, l'amour de la prodigalité avait augmenté, et, à voir la façon toute royale dont le baron d'Aureilly lançait l'argent par les fenêtres, aucun de ses nobles aïeux, s'il fût revenu sur la terre, ne l'eût désavoué pour son digne descendant.

Ajoutons cependant que, si Georges possédait les défauts de sa race, c'est-à-dire ceux de ses ancêtres paternels, il tenait également de sa mère sous plus d'un fâcheux rapport.

Ainsi l'avarice disputait de temps en temps le terrain à la prodigalité.

Georges dépensait beaucoup par ostentation, tout autant même que par le désir de bien vivre et par l'amour du luxe ; mais, dans les petits détails de la vie, il se montrait calculateur économe et souvent sordide.

Bref, il résulta de ces sentiments divers, des réflexions sérieuses qui l'engagèrent à songer à son avenir.

D'ailleurs il ne pouvait se dissimuler que sa situation florissante était à la merci d'une indiscrétion de M. Pongevin, et, qu'une fois son trafic mis au jour, il se verrait impitoyablement chassé de ce monde dans lequel il vivait et dont il avait su s'approprier l'estime et la considération.

Sa fierté naturelle souffrait douloureusement, lorsque de semblables pensées venaient troubler ses joies.

Il résolut donc de s'assurer une position avouable, et, pour arriver à la conquérir, il se traça tout un plan de conduite.

Son but était d'épouser un jour sa cousine, mademoiselle Ernestine Messac, dont la beauté et la richesse étaient devenues proverbiales dans le département de la Gironde.

En épousant la fille, il devenait l'associé du père. Mademoiselle Ernestine avait trois cent mille francs de dot ; la maison Messac donnait, bon an mal an, soixante à quatre-vingt mille francs de bénéfice net ; c'était donc une fortune de cinquante mille livres de rente que Georges épousait sans compter les espérances, et ces espérances étaient splendides.

La difficulté était que le négociant bordelais exigeait que son futur gendre se présentât avec un capital au moins égal à celui de la dot de sa fille.

Il s'agissait donc de trouver trois cent mille francs.

Mademoiselle Ernestine avait dix-sept ans lorsque Georges avait eu la pensée d'en faire sa femme, et M. Messac avait juré d'attendre que sa fille eut atteint l'âge de vingt ans accomplis avant de s'occuper de son établissement.

Georges avait donc trois années devant lui.

Il se mit à l'œuvre.

Économisant le plus possible, sans toutefois rien diminuer à son luxe apparent, il entassa louis sur louis, et se forma dans l'espace de six mois un capital d'une vingtaine de mille francs.

M. Pongevin savait seul ce que ces vingt mille francs avaient coûté d'intérêt aux descendants d'honnêtes familles.

Puis, grâce aux relations dont nous avons parlé précédemment, avec toute une congrégation d'invalides de la débauche, relations qu'il n'avait fait qu'esquisser jusqu'alors, et qu'à partir de ce jour il noua solidement à l'aide des liens si puissants de la flatterie, Georges, quêteur intelligent de toutes les bonnes affaires, employa avec ardeur son instinct de rapine, et vit bientôt sa première mise de fonds se doubler et se tripler.

Tout allait donc au gré de ses espérances, et il comptait, avant la fin de l'année, parfaire la différence, — une centaine de mille francs, — grâce à la caisse obligeante de l'un de ses vieux amis, dont il avait su captiver entièrement la confiance, lorsque, ainsi qu'on l'a vu au commencement de ce volume, Édouard Verneuil était venu d'un seul mot menacer l'édifice construit avec une vigilance si attentive.

En effet, Georges se basait bien pour réussir complètement, sur ses relations de famille avec les Messac, sur l'amitié que lui avait toujours conservée le père d'Ernestine, sur ses avantages physiques, son éducation toute parisienne, son esprit cultivé, son habitude du monde qui devaient infailliblement séduire la fille du négociant, mais il ne se dissimulait pas que son ami Édouard devait, selon toutes les probabilités, l'emporter sur lui.

Possédant également tous les charmes dont se parait Georges, le fils de M. Verneuil le millionnaire avait sur le baron d'Aureilly un avantage qu'un tortil de baron était loin de compenser aux yeux du riche armateur.

Puis M. Verneuil et M. Messac étaient d'anciens amis dont les relations étaient cimentées encore par une sorte de communauté d'intérêts, les deux maisons étant correspondantes.

M. Messac n'avait pas vu le banquier parisien depuis dix ans au moins, il est vrai, mais, grâce à la facilité des communications, le voyage de Bordeaux à Paris n'était plus qu'une promenade, et, — argument sans réplique, — Édouard possédait, du chef de sa mère, cinq cent mille francs de fortune.

Le matin même du jour où commence cette histoire, Georges avait arrangé ses affaires de façon à quitter Paris la semaine suivante.

Il voulait allait passer quelque temps à Bordeaux, et durant son séjour dans le chef-lieu de la Gironde, il comptait planter des jalons qui ne lui permissent pas de faire fausse route lorsqu'il se lancerait à toute vitesse sur le chemin du mariage.

Mademoiselle Ernestine avait dix-neuf ans, et, suivant la promesse que s'était faite son père, — promesse dont nous connaîtrons plus tard les causes, — l'époque où elle choisirait un époux n'était plus séparée du temps présent que par un laps de douze mois.

Donc, il était urgent d'agir sans retard.

Mais si les premières paroles d'Édouard avaient justement effrayé Georges, sa résolution de ne pas se marier avait bientôt rassuré ce dernier.

En général habile, le baron d'Aureilly avait même profité de la circonstance pour la faire tourner en sa faveur.

— Retenir Édouard à Paris en lui faisant prêter de l'argent, — s'était-il dit, — diminuer sa fortune en la lui faisant gaspiller d'avance, — toucher un droit de courtage assez important, — brouiller probablement M. Verneuil avec son fils, — exploiter la faiblesse du vieillard, — et briser complètement cet obstacle à mon avenir, — voilà ce qu'il faut faire.

Et effectivement Georges avait combiné un nouveau plan en conséquence.

Il comptait sur Pongevin pour prêter l'argent, sur Rosa pour le manger, et sur son habileté diplomatique pour faire arriver sous les yeux d'un père justement irrité, quelques-unes de ces traites acceptées par Édouard et dont l'identité établie souleverait une tempête.

Puis, lors même que M. Verneuil consentirait à pardonner, ne restait-il pas la chance extrême, mais infaillible, de prouver à M. Messac que celui qu'on lui présentait pour gendre avait plus de trois cent mille francs de dettes sur l'asphalte parisien.

Quel est donc le père prudent qui sauterait à pieds joints par-dessus un tel abîme.

Aussi Georges se frisait-il joyeusement la moustache en pensant à ses projets, et comptait-il plus que jamais partir pour Bordeaux, sitôt effectué le nouvel emprunt de la négociation duquel il s'était chargé.

Quant à la façon dont il expliquerait la source de sa fortune personnelle, il s'en embarrassait peu.

La Bourse n'était-elle pas là, avec ses spéculations hasardeuses, pour répondre aux questions du négociant bordelais.

VI

Au fond du bois.

Tout en laissant courir ses pensées vers un avenir rempli

de promesses brillantes, Georges avait à peu près accompli le trajet qui sépare Madrid du Pré Catelan.

Déjà les accords lointains de la musique militaire parvenaient jusqu'à lui.

Les lumières scintillaient à travers les branches d'arbres, et une sorte de poussière impalpable, de couleur violacée, formait à l'horizon une vapeur nuageuse qui dominait la partie du bois que Georges avait alors placée en face de lui.

En ce moment une ombre se projeta brusquement sur la route, un homme s'élança par une allée transversale, et son épaule frôla de si près les naseaux de la monture de Georges, que l'animal effrayé fit un écart et bondit de côté.

— Imbécile! — s'écria Georges qui, surpris par le mouvement inattendu de son cheval, avait failli être désarçonné.

— Vous dites? — fit le nouveau venu en s'arrêtant brusquement et en revenant vers Georges.

— Je dis imbécile! — répondit celui-ci avec colère, — et je répète le mot! On ne passe pas ainsi sous le nez d'un cheval.

— Monsieur! — dit l'interlocuteur du baron d'un ton dans lequel perçait une froideur insultante, — j'ai peut-être eu tort de m'élancer aussi brusquement sans prendre le temps de regarder devant moi ; ce tort je me serais empressé de le reconnaître si j'avais eu affaire à un homme bien élevé, mais l'expression inconvenante dont vous vous êtes servi deux fois, ne me fait aucunement regretter ma brusquerie.

— Ni à moi la parole que j'ai prononcée, — répondit Georges en relevant fièrement la tête; — et si cette parole vous offense?...

— Pardieu! je ne crois pas que vous puissiez en douter.

— Très-bien, monsieur. — A qui ai-je l'honneur de parler?

— Au comte Max de La Fresnaye, et voici ma carte. — J'attends la vôtre.

Georges, avec cet esprit de convenance instinctif chez l'homme brave, qui d'insolent dans le propos devient subitement d'une politesse exquise lorsqu'il pose le pied sur le terrain brûlant du duel, Georges sauta légèrement à terre et porta une main à son chapeau, en prenant de l'autre le carton satiné que lui présentait son adversaire.

Puis, fouillant à son tour dans la poche de son vêtement, il y prit une carte, et la remettant au comte avec un geste gracieux :

— Le baron Georges d'Aureilly de Pontac, — fit-il en s'inclinant. — Je vous dis mon nom, monsieur, car, par l'obscurité qui nous entoure, il vous serait probablement impossible de le lire.

— Grand merci, monsieur, — répondit M. de La Fresnaye. — Puis-je vous demander maintenant à quelle heure on vous rencontre chez vous?

— Demain, je serai absent toute la journée, monsieur; mais après-demain, je serai chez moi, à votre entière disposition, de dix heures du matin à six heures du soir.

— Très-bien, monsieur.

Le comte et le baron se saluèrent de nouveau et Georges allait remonter à cheval, lorsque son interlocuteur revenant à lui :

— Pardon, monsieur, — dit-il, — maintenant que cette affaire est arrangée, j'aurai un renseignement à vous demander?

— A vos ordres, monsieur.

— Vous n'avez pas rencontré dans cette partie du bois un cheval emporté entraînant avec lui une victoria?

— Non, monsieur.

— Mon Dieu ! qu'est-elle devenue ? — murmura le comte avec une émotion douloureuse.

— Un malheur est donc arrivé ? — demanda Georges.

— Je le crains ! — répondit M. de La Fresnaye. — Une personne, à laquelle je m'intéresse vivement, est peut-être tuée en ce moment. Et ne savoir où diriger mes recherches ! Ah ! ce maudit cheval !...

— Voulez-vous prendre le mien pour parcourir le bois ?

— Grand merci ! Je préfère marcher.

— Mais, enfin, — insista Georges, — si je rencontrais cette voiture ou si j'apprenais quelques renseignements... que faudrait-il faire ?

— Les transmettre au pavillon du garde à la porte de Boulogne, ou même y faire conduire la personne dont je vous parle, si vous aviez le bonheur de la rencontrer, monsieur. C'est une jeune... fille... une jeune femme, veux-je dire... et d'ailleurs, les victorias emportées ne se rencontrent pas si communément dans une même nuit pour que vous puissiez vous tromper

— Comptez sur moi, monsieur le comte, — dit Georges en s'élançant en selle, — je vais parcourir rapidement les environs.

— Merci, monsieur, merci. Quant à moi, je vais...

Et le comte de La Fresnaye, sans achever sa phrase, s'élança dans l'allée et disparut rapidement.

Sa course fébrile indiquait une anxiété douloureuse qui eût ému un cœur plus froid encore que celui du baron d'Aureilly.

— Il est gentil, ce garçon ! — dit Georges en essayant de suivre de l'œil la marche rapide du comte. — Nous verrons, après-demain, s'il est brave.

Et Georges, s'orientant, durant quelques secondes, mit son cheval au galop et disparut à son tour.

L'humeur batailleuse de ses nobles ancêtres avait monté

soudain au cerveau du jeune homme qui, enchanté par la perspective d'un duel, frisait plus que jamais sa blonde moustache.

§

La soirée était alors assez avancée.

Dix heures venaient de sonner et la foule des promeneurs s'éclaircissait sensiblement.

Quelques équipages, qui de moments en moments se faisaient plus rares, suivaient au pas la route qui longe le grand lac.

Les allées latérales étaient presque désertes et la fraîcheur, résultant et du voisinage de l'eau et de la rosée abondante qui laissait tomber ses perles sur le feuillage des arbres et sur l'herbe des pelouses, chassait les retardataires.

A l'extrémité du bassin, à l'endroit même où s'élèvent les rochers d'où jaillissent les eaux qui alimentent le lac artificiel, deux personnes de conditions et de sexes différents causaient à voix basse.

La première de ces deux personnes était un homme à la figure soigneusement rasée, à la physionomie offrant une expression mélangée d'insolence et d'astuce.

Sa cravate blanche, sa mise sévère, sa culotte collante, ses bottes à revers, indiquaient la tenue elegante d'un valet de bonne maison.

Son interlocutrice était une jeune et charmante femme de vingt-cinq à trente ans, réellement jolie dans la plus délicieuse acception du mot.

Vêtue avec un luxe et une recherche de bon goût, qui faisaient ressortir encore ses charmes naturels, elle semblait être née pour porter les flots de dentelles qui l'enveloppaient comme l'eût fait un voile de vapeurs.

Ces deux personnages étaient engagés dans une conversation rapide et animée, — l'homme tenant respectueusement son chapeau a la main, la jeune femme jetant avec anxiété des regards avides sur chacune des allées qui étoilaient leurs rayons autour de la place où elle se trouvait.

De temps à autre elle se dressait sur l'extrémité de ses petits pieds dans l'espoir que, en augmentant sa taille, elle embrasserait une plus grande étendue de terrain.

Puis ses yeux se reportaient avec impatience sur son interlocuteur.

— Ainsi, madame n'a pas été blessée ? — demandait le valet.

— Non, Jacques, — répondit la jeune femme, — j'en ai été quitte pour la peur et pour un volant d'Angleterre demeuré aux branches du chemin.

— Et Jean ?

— Jean non plus. — Au moment où le cheval s'est emporté et où la victoria a accroché ce gros arbre que vous voyez en face, moi et le cocher avons été lancés du même coup hors de la voiture. Jean a roulé dans la poussière, et moi, par un bienheureux hasard que je ne m'explique pas encore, je suis tombée dans la contre-allée, debout, sur mes deux pieds ! Les branches seules, ainsi que je vous disais, m'ont un peu froissée dans ma chute.

— Mais, mademoiselle ? — fit le valet en joignant les mains.

— Hélas ! j'espère qu'il ne lui est rien arrivé, que Dieu l'aura préservée de quelque accident fâcheux ! Pauvre enfant ! quand je suis tombée, elle s'était cramponnée aux coussins de la voiture. Tout ce dont j'ai peur, c'est que ce maudit cheval n'ait continué sa course jusqu'à la Seine, et que...

— M. le comte aura sans doute rencontré la voiture, — se hâta de dire Jacques, pour couper court à la pénible pensée qu'allait évidemment émettre son interlocutrice.

— Max ? — répondit celle-ci ; — il serait déjà de retour

s'il avait seulement appris quelque chose. — Mais cette incertitude est mille fois plus horrible que la réalité, quelque affreuse qu'elle soit. — Jacques! vous allez me laisser ici et parcourir le bois...

— Mais, madame...

— Allez! vous dis-je.

— M. le comte m'a défendu de quitter madame. D'ailleurs... l'heure est avancée, la nuit sombre, le bois presque désert, et madame ne peut demeurer ainsi seule.

— Eh qu'importe!

— Madame ne voudrait pas me faire gronder par mon maître... — fit Jacques, en insistant encore...

— Cependant, je ne puis prolonger éternellement cette attente. Si un malheur était arrivé! si elle était blessée... n'aurait-elle pas besoin de mes soins? Oh! mon Dieu! — continua la jeune femme, — son pauvre père en mourrait!... Aussi, c'est ma faute! Pourquoi ai-je voulu voir ce maudit Pré Catelan!

— Il me semble entendre... — dit le domestique en prêtant l'oreille.

— Quoi? — demanda vivement la jeune femme.

— Rien, madame; je me serai trompé.

— Mais... je vois quelque chose au bout de cette allée... Jacques fixa ses regards dans la direction indiquée.

— Madame a raison, — dit-il. — C'est un homme qui vient à nous en courant.

— Est-ce Max?

— Non... non... Ce n'est pas M. le comte.

— C'est Jean, alors!

— Je ne sais... madame... je ne puis distinguer encore. Cependant, il me semble...

Et Jacques traversa rapidement la route pour diminuer la distance qui le séparait du personnage dont la forme commençait à se dessiner vaguement au milieu de l'obscurité.

— Oui... oui !... — s'écria-t-il, — c'est Jean !

— Jean ! -- murmura la jeune femme, — il l'aura sans doute rencontrée.

Et, s'élançant à son tour, elle accourut près de Jacques.

En ce moment, un domestique, dont le visage ruisselait de sueur, dont la livrée était maculée de poussière, et dont la respiration haletante attestait une marche accomplie rapidement, déboucha au pas de course par l'allée à l'entrée de laquelle s'étaient arrêtés Jacques et son interlocutrice.

— C'est vous, Jean ! — s'écria la jeune femme. — Eh bien ?

— Mademoiselle n'a éprouvé aucun mal, — répondit le nouveau-venu en cherchant à reprendre sa respiration.

— Dieu soit béni ! Où est-elle ?

— Je ne sais, madame.

— Comment ! Vous ne l'avez donc pas vue ?...

— Non...

— C'est Max, alors, qui l'a rencontrée et qui vous envoie ?

— Non, madame.

— Eh bien ! mais... Comment savez-vous ?

— J'ai trouvé la voiture brisée près de la cascade, — dit enfin le domestique auquel la vivacité de la jeune femme n'avait pas encore permis de parler autrement que par monosyllabes.

— La voiture brisée ?

— Oui, madame. Il paraît que mademoiselle a été lancée sur le gazon. Elle s'était évanouie, mais elle n'a eu aucun mal, je le répète à madame. C'est un jeune homme qui, heureusement, s'est trouvé là et qui a pu la secourir.

— Mais, où est-elle ? De qui tenez-vous ces détails ?

— C'est le garçon du café situé près de la cascade qui m'a tout raconté. Le monsieur, qui a porté secours à mademoiselle, a laissé son cheval au châlet ; puis, quand mademoiselle a été remise tout à fait, ils sont partis tous deux, à pieds, se dirigeant vers le Pré Catelan, m'a-t-on dit. Il est probable qu'ils cherchent en ce moment madame ou monsieur le comte...

— Bien, — répondit la jeune femme. — Je vais aller de ce côté, vous m'accompagnerez. — Vous, Jacques, reprenez les chevaux et tâchez de retrouver votre maître. Vous direz à M. de La Fresnaye que nous l'attendrons à l'entrée du Pré Catelan.

Jacques s'inclina, et, s'éloignant au plus vite, il courut vers deux magnifiques chevaux de selle dont les rênes étaient solidement attachées à une forte branche d'arbre.

Les deux animaux attendaient paisiblement tout en arrachant du bout des lèvres les feuilles qui se trouvaient à leur portée.

Le domestique sauta sur l'un d'eux, et, s'apprêtant à conduire l'autre en main, il s'enfonça dans le bois.

Pendant ce temps, la jeune femme se dirigeait, suivie par l'autre domestique, vers l'endroit où elle présumait rencontrer celle qu'elle cherchait avec une fiévreuse impatience.

— Un jeune homme !... un jeune homme ! — murmurait-elle en marchant sans se soucier des branches qui arrachaient ses dentelles. — Pourvu que Max ne les rencontre pas ! Sa jalousie et sa violence amèneraient, j'en suis certaine, quelque événement fatal ! Heureusement qu'il a dû se diriger du côté de la porte de Boulogne, m'a-t-il dit ; — mais il peut se trouver sur leur route... Oh ! quelle stupide pensée ai-je eue de vouloir aller à ce Pré Catelan !

Et, poussée encore par la crainte du nouveau danger qu'elle prévoyait, la jolie promeneuse activa la rapidité de sa marche, au grand mécontentement du valet qui, exténué de fatigue et souffrant de la chaleur, avait grand'peine à suivre sa maîtresse, dont le pied léger semblait effleurer le sol.

La jeune femme suivait en ce moment une allée couverte

qui, réservée exclusivement aux piétons, serpentait en longeant la route.

Un doux murmure, causé par l'eau de la petite rivière qui court rapidement sur son lit rocailleux et inégal, retentissait faiblement mais distinctement au milieu du silence de la nuit.

La rivière, séparée de l'allée dont nous venons de parler par un taillis épais, décrivait en contre-bas ses mille sinuosités.

Ainsi que tous les promeneurs parisiens le savent, un chemin, tracé au milieu d'un gazon touffu, suit, dans ses moindres contours, le charmant cours d'eau dessiné par la main des ingénieurs habiles qui ont doté la capitale d'un parc, merveille de pittoresque et d'élégance.

Tout à coup, la jeune femme s'arrêta.

— J'entends quelque chose, — dit-elle en se retournant vers le domestique. — Il me semble distinguer le son de deux voix différentes.

Jean prêta attentivement l'oreille.

— Madame ne se trompe pas, — répondit-il.

— Écoutons !

Et tous deux se penchèrent en avant.

Effectivement, après quelques secondes d'un religieux silence, ils distinguèrent nettement, en dépit du bruit léger causé par le murmure de l'eau de la rivière, les notes claires de deux voix évidemment fraîches et jeunes.

— C'est mademoiselle ! — dit Jean.

— Oui, oui, — répondit la jeune femme. — Mais comment descendre jusqu'à cette petite route.

— Si madame veut faire quelques pas en avant, elle trouvera à gauche une petite allée qui la conduira à la rivière.

La jeune femme ne répondit pas, mais elle suivit le conseil et l'indication donnés par Jean.

Tous deux eurent bientôt atteint l'allée désignée et leurs

regards cherchèrent à apercevoir ceux dont ils avaient entendu les voix ; mais les lois de l'acoustique avaient trompé la maîtresse et le valet.

Les sons qui, lorsqu'ils se trouvaient sur un point élevé, avaient frappé leurs oreilles, n'arrivaient plus maintenant jusqu'à eux, tandis que les courbes gracieuses dessinées par le frais cours d'eau augmentaient de beaucoup la distance qui les séparait encore de ceux qu'ils désiraient rencontrer.

— Allons au-devant, — dit la jeune femme en reprenant sa marche et en se dirigeant cette fois vers la cascade.

VII

La rivière.

Jean ne s'était pas pas trompé en croyant reconnaître la voix de la personne à laquelle Édouard Verneuil avait prodigué ses soins quelques instants auparavant.

C'était la jeune fille, en effet, qui, entièrement remise de la frayeur que lui avaient causée et le cheval emporté et la chute de la voiture, suivait, appuyée doucement sur le bras de son cavalier, la délicieuse petite route dont nous venons de parler.

— Ainsi, mademoiselle, — disait Édouard en se penchant vers le frais visage de sa compagne, un peu plus peut-être que ne l'exigeait la stricte observation des convenances en matière de promenade à deux. — Ainsi, mademoiselle, vous ne vous ressentez plus des suites de cet accident ?

— Non, monsieur, je vous remercie, — répondit la jeune

fille, — la fraîcheur de la nuit a complètement dissipé ces douleurs de tête dont je me plaignais tout à l'heure... Mais la route que nous suivons conduit bien au Pré Catelan ?

— Oui, mademoiselle.

— Vous êtes certain de ne pas nous égarer dans ce bois ?

— J'en suis certain, mademoiselle.

— Mon Dieu ! comme Henriette doit être inquiète ! — murmura la gracieuse enfant en pressant un peu sa marche.

— La personne dont vous parlez est sans doute cette dame qui vous accompagnait, me disiez-vous ; et qui a sauté hors de la voiture au moment où le cheval s'emportait ?

— Oui, monsieur. Mais je ne sais si Henriette a réellement sauté ou si elle a été lancée par le premier choc. Toujours est-il qu'elle n'a éprouvé heureusement aucun mal, car j'ai eu le temps de la voir s'efforcer de courir après la voiture qui m'entraînait. Elle ne doit pas savoir ce que je suis devenue !...

— Votre présence la rassurera. Cette dame est donc votre amie ?

— Oui, monsieur.

— Et vous allez toutes deux ainsi au Pré Catelan ?

— Oui, monsieur.

— Toutes deux... seules... sans cavalier ?

La jeune fille parut hésiter, puis :

— Oui, monsieur, — répondit-elle pour la troisième fois, mais sans parvenir à cacher complètement l'embarras qu'avait paru lui causer cette question.

Edouard sourit, et le regard qu'il jeta sur sa jolie compagne ne semblait pas déceler un sentiment de respect bien profond.

— Et... connaissez-vous déjà le Pré Catelan ? — demanda-t-il d'un ton leste et dégagé.

— Non, mais j'avais envie de le connaître. On dit que c'est charmant.

— C'est ravissant.

— Et que l'on s'y amuse beaucoup.

— Vous aimez les plaisirs, mademoiselle ?

— Oh ! certainement ! — répondit la jeune fille avec une naïveté à laquelle se trompa Édouard.

— Ah ! vous aimez les plaisirs ? Et vous aimez aussi les amoureux, sans doute ?

— Monsieur !... — fit la jeune fille en dégageant brusquement son bras.

L'interrogation déplacée d'Édouard l'avait probablement offensée, car elle rougit subitement.

Édouard la regarda du coin de l'œil.

— Est-ce qu'elle veut me faire poser ? — pensa-t-il.

Depuis quelques instants Édouard se creusait la cervelle à l'endroit de sa campagne, et essayait de se créer une opinion sur la situation qu'elle devait occuper dans la société.

Il faut dire que les réflexions du jeune homme, se basant sur les circonstances de sa rencontre et sur les réponses de celle qu'il avait tout d'abord trouvée charmante, que ces réflexions, disons-nous, n'étaient pas entièrement à l'avantage de la jeune fille.

Les indiscrétions du garçon de café, qui avait reconnu cheval et voiture pour appartenir à une pécheresse à la mode, avaient, en premier, fait supposer à Édouard que cette Henriette, l'amie en question, n'était autre que la dame aux nombreux bols de punch, — *la solide gaillarde*, suivant l'expression du garçon.

Or, il était incontestable que la compagne d'une pareille créature ne pouvait être une vertu de choix.

Ensuite, — seconde circonstance aggravante, — deux femmes, se rendant seules, la nuit, au Pré Catelan, avaient bien la mine de deux chercheuses d'aventures en quête de cette toison d'or que les *Magdeleines* non repentantes ont coutume de chercher à tondre sur le dos de tous ceux qui ont quelque apparence de richesse.

Enfin, — autre incident à la charge de l'accusée, — le fameux corset en moire rose ne sortait pas de l'esprit du jeune homme, et Édouard avait trop d'habitude du monde galant pour ne pas savoir que cet élégant accessoire de toilette se trouvait plus souvent dans la garde-robe d'une femme entretenue que dans celle d'une véritable femme du monde.

La nuance surtout était, suivant lui, un indice certain.

Aussi, de ces reflexions diverses était-il résulté un changement successif dans ses manières qui, de respectueuses d'abord, devinrent progressivement dégagées, sans façons, lestes, et enfin d'une intimité blessante ainsi que nous venons de le voir.

Ce fut donc avec une familiarité et un laisser-aller presque impolis qu'il se rapprocha de sa compagne et lui prit la main, en dépit des efforts de celle-ci pour se dégager.

Édouard, et là était son excuse, Édouard était convaincu qu'il avait affaire à quelque débutante dans la galanterie vénale.

— Voyons, chère enfant, — dit-il, — ne vous fâchez pas et ne jouez pas la comédie. Vrai ! Ce n'est pas la peine.

— Monsieur, — balbutia la jeune fille saisie d'un subit effroi, — monsieur, encore une fois, où conduit cette route ?

— Au Pré Catelan... je vous l'ai dit.

— Mais... il est tard... et je veux absolument retrouver Henriette.

— Bah !... bah !... rassurez-vous ! Qu'il soit tard ou non, qu'importe ? Je suis avec vous, vous n'avez rien à craindre. Quant à votre amie, il est probable qu'elle est déjà au Pré Catelan, ou bien qu'elle sera retournée à Paris.

— Sans moi ! — s'écria la pauvre enfant avec une inquiétude visible.

— Oh ! rassurez-vous. Nous allons trouver une voiture, et, si vous le permettez, je vous reconduirai chez vous.

Le trouble et l'embarras de la jeune fille augmentaient visiblement.

— Mais, — balbutiait-elle en cherchant ses paroles, — cela ne se peut pas...

— Pourquoi donc ?

— Et votre cheval que vous avez laissé là-bas !

— On me le ramènera demain matin. J'en ai donné l'ordre.

— Cependant...

— Je ne puis vous laisser seule ainsi au milieu du bois, — dit Édouard en serrant tendrement sous le sien le bras rond et potelé dont la douce chaleur pénétrait jusqu'à lui et commençait à lui faire perdre la tête. — D'ailleurs, un hasard comme celui qui, ce soir, m'a permis de vous rencontrer ne réunit pas ainsi deux êtres pour qu'ils se séparent brusquement.

— Monsieur...

— Et vous êtes trop charmante, — continua le jeune homme, — pour que je ne désire pas, de toute la force de mon âme, que cette première entrevue ait une suite...

— Je vous en prie, monsieur !... — s'écria la pauvre petite en s'élançant vivement de côté pour échapper à l'étreinte de son cavalier, car le bras d'Édouard s'était glissé furtivement autour d'une taille souple et fine qu'il enlaçait amoureusement.

— Voyons, voyons, chère belle, — continua Édouard, — encore une fois, ne jouons pas une comédie inutile. Vous êtes jolie, vous me plaisez, je crois même que je vous aimerai bientôt ; en attendant, je vous désire beaucoup. Que diable ! je ne suis pas un monstre, et je n'ai jamais fait peur à personne. Ne faisons pas de sotte pruderie. Partons tous les deux pour Paris, et allons souper à la *Maison-d'Or*. Ça vous va-t-il?

Et en parlant ainsi, Édouard, emprisonnant dans les siennes les mains de sa compagne, s'efforçait doucement de l'attirer à lui, en enlaçant de nouveau cette taille qui se dérobait à ses caresses.

— Monsieur... monsieur... — fit la jeune fille éperdue.

— Eh! mon Dieu! — s'écria en riant le jeune homme, — pourquoi cet effroi ridicule? Voyons, laissez-moi mettre un baiser sur vos beaux yeux!

Edouard se pencha, et sa bouche effleura les longs cils de la jeune fille.

Celle-ci se redressa comme si un serpent eût voulu la mordre.

Elle était fort pâle, et le geste avec lequel elle repoussa son entreprenant compagnon fut empreint d'une telle dignité, qu'Edouard, intimidé, recula malgré lui.

— Monsieur, — dit-elle avec un accent qui, de tremblant et d'effrayé, était devenu subitement calme et froid, — monsieur, je vous avais pris jusqu'ici pour un homme du monde, je regrette de m'être trompée...

— Mademoiselle... — fit Edouard, assez embarrassé de sa contenance.

— Lorsque je vous ai vu vous élancer, au péril de votre vie, au-devant de la voiture qui m'emportait, — continua la jeune fille, — j'ai compris que vous étiez brave. Lorsqu'en revenant de mon évanouissement, je vous ai vu me prodiguant des soins empressés, j'ai deviné que vous étiez bon. Lorsqu'enfin vous m'avez offert votre assistance protectrice pour ne pas me laisser seule au milieu de ces bois que je ne connais pas, j'ai pensé que vous étiez un homme bien élevé... Mais maintenant, monsieur, dites vous-même ce qu'il faut que je suppose?

Ces paroles avaient été prononcées avec une telle noblesse, une telle simplicité, qu'elles touchèrent Edouard au cœur.

Sa généreuse nature lui reprocha sa conduite : il se trouva petit, mal élevé, presque lâche, en face de cette enfant sans defense qui se faisait de sa dignité une armure formidable.

Deux larmes de repentir mouillèrent ses paupières, et s'inclinant respectueusement devant la jeune fille calme et immobile :

— Il faut supposer, mademoiselle, que je ne suis qu'un sot, — dit-il d'une voix émue. — Je pourrais peut-être donner pour excuse à mon impertinence, et l'entraînement que m'a fait subir votre beauté splendide, et le hasard de cette rencontre, et l'ignorance où je suis de votre situation, et... même vos paroles qui m'annonçaient que vous alliez avec une amie au Pré Catelan... ce qui pourrait prêter à de fâcheux commentaires, mais je ne me défendrai pas. — Ce que j'ai fait, était l'acte d'un homme sans éducation, je le reconnais, et je vous en demande humblement pardon.

— Je vous pardonne, monsieur, — répondit froidement la jeune fille.

— Merci, mademoiselle, — dit Edouard en s'inclinant de nouveau et si bas cette fois, que son genou toucha la terre ; — merci, mademoiselle, et je vous jure que je suis digne de cette générosité. J'ai obéi à un mauvais mouvement, et je serais véritablement désolé que vous me prissiez pour un homme mal élevé. Si vous daignez consentir à ne pas repousser mon bras pour vous aider à retrouver votre compagne, je vous affirme que vous ne pourrez avoir près de vous un frère plus chaste, ni un cavalier plus respectueusement dévoué. Au reste, vous êtes libre, mademoiselle. Si vous me refusez votre confiance, veuillez marcher seule ; je vous suivrai de loin pour veiller sur vous, sans même vous adresser la parole.

La jeune fille fut touchée à son tour par le sincère repentir de son cavalier et par la noble façon dont il rachetait sa faute précédente.

Elle tendit à Edouard sa petite main sur laquelle celui-ci déposa un baiser tellement respectueux, que la duègne la plus rigide n'aurait pu s'en montrer offensée.

— Je vous remercie, — dit-elle gravement, — de me permettre de vous estimer comme vous le méritez sans doute: car, après le service que vous m'avez rendu, il m'eût été bien pénible, croyez-le, de m'être vue forcée de bannir le souvenir de celui qui s'était généreusement dévoué pour me sauver. J'accepte votre bras, monsieur.

Edouard se releva plus fier et plus heureux qu'un soldat qui vient de recevoir la croix des mains de son général.

Se découvrant respectueusement, il présenta son bras à sa compagne, qui y posa ses doigts fins et effilés.

Tous deux se remirent en marche et continuèrent silencieusement à suivre le cours du ruisseau.

En ce moment, le roulement rapide d'une voiture retentit sur la route voisine.

— Henriette! Henriette! — appela une voix fortement timbrée.

— Max! répondit une autre voix à peu de distance des deux jeunes gens.

— Le comte de La Fresnaye! — murmura la compagne d'Edouard en s'arrêtant subitement.

— Qu'avez-vous, mademoiselle? — demanda le jeune homme.

— C'est Henriette, monsieur... je vous remercie...

— Quoi! vous me quittez ainsi? — s'écria Edouard en voyant la jeune fille se dégager et s'élancer en avant.

— J'ai retrouvé mon amie, — répondit-elle rapidement et en prenant les mains de son cavalier, qu'elle serra entre les siennes avec un mouvement convulsif. Je vous remercie encore, mais... je vous en supplie... quittez-moi sur-le-champ!

— Mais...

— Je vous en conjure, monsieur! A ce prix, je vous pardonnerai complétement.

Et la jeune fille, qui paraissait en proie à une terreur soudaine, quitta brusquement Edouard et voulut courir vivement dans la direction d'où étaient parties les voix, mais son cavalier la retint avec un geste suppliant.

A cet endroit, la rivière décrivait une courbe brusque et s'élançait presqu'à angle droit vers la gauche du bois.

Un fourré épais et des massifs touffus d'églantiers et d'aubépine encadraient le lit du ruisseau et formaient autour des deux jeunes gens un rideau de feuillage impénétrable aux regards.

C'était ce double accident de terrain qui avait jusqu'alors empêché Henriette d'apercevoir celle qu'elle cherchait avec tant de sollicitude, car elle était séparée du couple à la rencontre duquel elle marchait, par une distance de quelques pas à peine.

Sur la route qui dominait la petite allée, on entendait le piétinement d'un cheval, et les pas rapides d'un homme qui cherchait à se frayer un passage pour descendre jusqu'auprès de la jeune femme.

— Allez un peu plus loin, Max, — disait Henriette, — vous trouverez un chemin, et rassurez-vous, la pauvre enfant n'a aucun mal.

— Eh! morbleu! je le sais bien! — répondit le comte, dont la voix accusait une mauvaise humeur évidente.

Les mains de la jeune fille frémissaient dans celles d'Edouard.

— Laissez-moi, monsieur! laissez-moi! il le faut, — disait-elle en se reculant doucement.

— Un seul mot, mademoiselle. Je ne vous demanderai même pas votre nom, mais, par grâce... répondez-moi... Dites-moi si vous aimez, dites-moi si vous êtes libre?

6

— Mais... monsieur...

— Je vous en supplie !... répondez-moi !...

— Non, non !... laissez-moi partir... J'entends les pas d'Henriette. Et d'ailleurs... que vous importe !

Edouard l'attira à lui par un mouvement rempli d'une ardeur respectueuse dont sa compagne ne pouvait s'offenser.

— Il m'importe ! — murmura-t-il à son oreille avec une voix douce et vibrante. — Il m'importe beaucoup, car, dussiez-vous me punir de ma témérité, je vous dirai, avant de vous quitter... je vous dirai... que je vous aime !...

— Monsieur ! — fit la jeune fille en se reculant encore, mais sans toutefois chercher à dégager ses mains qu'Edouard étreignait dans les siennes.

On entendait les branches craquer sous les pieds légers d'Henriette, et la voix du comte s'éleva plus rapprochée encore.

La jeune fille tressaillit de nouveau, et, faisant un effort pour se soustraire à la situation étrange dans laquelle elle se trouvait, elle se pencha en avant et présenta, par un mouvement délicieux de chasteté, son front uni et pur au jeune homme qui fixait sur elle un regard anxieux.

Edouard, ému et tremblant, appuya ses lèvres sur ce front virginal.

La belle enfant qui n'avait pas eu, sans doute, conscience de ce qu'elle venait de faire, étouffa un cri léger et rougit subitement.

— Vous ne m'avez pas répondu... — dit Edouard en la retenant encore.

— Eh bien !... je suis libre et je n'ai jamais aimé ! — balbutia-t-elle si bas, qu'Edouard devina les paroles plutôt qu'il ne les entendit. Puis, plus rapide que l'oiseau qui s'envole, elle franchit l'espace qui la séparait de son amie, et, tournant brusquement le coude formé par la rivière, elle disparut aux yeux du jeune homme lequel, muet d'émotion et de bonheur, demeura immobile à la même place, ne sachant s'il devait avancer ou reculer, suivre les traces de sa charmante compagne ou se soustraire aux regards des personnes qui venaient au-devant d'elle.

Il était temps que la jeune fille quittât son cavalier, car, une seconde plus tard, Henriette les surprenait tous deux.

La pauvre enfant, toute tremblante encore, se précipita dans les bras de son amie, mais avec ce tact particulier à la femme, et qui ne lui fait défaut jamais, même dans les circonstances les plus sérieuses, tout en pressant dans ses bras celle qu'elle était heureuse de revoir, elle l'entraîna vivement dans une direction opposée et augmenta ainsi la distance qui les séparait d'Edouard.

Un coup d'œil furtif lui démontra que, de l'endroit où elle se trouvait, Henriette n'avait pu apercevoir le jeune homme.

— Ainsi, tu n'as pas été blessée, tu n'as pas souffert dans ta chute? — demanda Henriette en rendant à son amie caresse pour caresse.

— Non... non... Mais j'ai entendu la voix du comte. Viens! il doit être inquiet...

— Mais où est donc la personne qui t'a prodigué ses soins?

— Je ne sais... je l'ignore... j'ai couru devant moi... au hasard... et ce hasard m'a bien servie puisque te voilà. Mais, viens! viens donc!

Et elle s'efforçait encore d'entraîner sa compagne.

— Je n'en reviens pas qu'il ne te soit rien arrivé! — disait Henriette en la suivant.

— Non! non! elle n'est pas blessée, elle se porte à merveille, au contraire, — ajouta une voix sardonique qui vint se mêler à celle des deux femmes, tandis que le comte de La Fresnaye, écartant les branches qui dominaient la route, sautait légèrement à terre.

— Quel bonheur! C'est la Providence qui t'a préservée, — répetait Henriette en embrassant la jeune fille.

— Tenez, mademoiselle, — continua le comte en tendant

à celle-ci un petit paquet qu'il tenait à la main, — tenez! voici ce que vous avez oublié sur le rocher de la cascade.

— Qu'est-ce que cela? — demanda Henriette en s'emparant de l'objet que présentait le comte.

— Le corset de mademoiselle, à qui un galant chevalier a bien voulu servir de femme de chambre, à ce que l'on m'a raconté, — répondit M. de La Fresnaye.

Henriette regarda curieusement son amie, dont le frais visage se couvrit tout à coup d'une pâleur effrayante.

Mais le comte ne laissa pas aux deux femmes le temps d'entrer en explication.

— Une voiture vous attend, — dit-il. — Il est onze heures passées, et je ne crois pas que vous veuilliez ce soir aller au Pré Catelan?

— Ne venez-vous donc pas avec nous? — demanda Henriette.

— Si fait, je vous suis. — Allez donc!

Et le comte, invitant d'un geste impératif les deux femmes à gagner la grande route, jeta autour de lui un regard investigateur.

Puis, tandis que Jean aidait Henriette et sa compagne à gravir le talus au sommet duquel attendait une calèche de louage, M. de La Fresnaye fit quelques pas rapides et se trouva en présence d'Édouard qui, toujours immobile, n'avait pas perdu une syllabe de ce qui venait d'être dit.

— C'est vous, n'est-ce pas, qui venez d'accompagner cette jeune dame? — demanda le comte à voix basse et en regardant fixement Édouard.

— Oui, — répondit celui-ci.

— Bien! pas un mot de plus! Demain vous serez à Tortoni à trois heures, si toutefois vous n'êtes pas un lâche!

— Monsieur! — s'écria Édouard stupéfait.

— Silence! — répéta le comte en lui serrant le bras; et,

quittant brusquement le jeune homme, il s'élança sur la trace des deux femmes.

Toutes deux étaient déjà installées dans la calèche.

Max y monta à son tour en murmurant :

— Je tuerai cet homme. — Puis, se tournant vers Jean, qui attendait à la portière : — Allez atteler votre cheval, — continua-t-il. — Vous direz à votre maître de m'envoyer la note du dégât, je payerai tout.

Jean salua, et la voiture partit au grand trot.

VIII

Un cours de morale immorale.

— A qui diable en veut cette espèce d'énergumène ? — se demanda Édouard en revenant de son ébahissement. — Sur ma parole ! il a l'air d'un tyran de mélodrame. C'est un jaloux à coup sûr, mais à quelle classe appartient cette jalousie effrénée ? Est-ce celle d'un amant, d'un frère, d'un mari ou d'un père ? D'un père ! Il est trop jeune, car il m'a fait l'effet d'être à peu près de mon âge. — D'un mari..... mais puisqu'elle m'a dit qu'elle était libre ! — Reste le frère ou l'amant.

Et Édouard se prit à peser successivement la conduite qu'il devait tenir, suivant l'une ou l'autre de ces deux acceptions.

— Si c'est un frère, — dit-il, — je lui expliquerai franchement ce qui s'est passé, et il faudrait qu'il eût le caractère bien mal fait pour se formaliser, et, au lieu d'un cartel que ce monsieur a tout l'air de vouloir me proposer, pour ne pas m'adresser les remerciements auxquels j'ai droit. Mais si c'est un amant... un amant ou un amoureux farouche... pardieu! nous verrons. Dans tous les cas, je serai très-certainement demain à Tortoni à l'heure indiquée, et, quel qu'il soit, ce Bartholo trouvera à qui parler! — C'est qu'elle est réellement d'une beauté adorable, cette jeune fille! — continuat-il en pensant à celle qu'il avait tout à l'heure près de lui. — Jamais je n'avais ressenti ce que j'ai éprouvé en l'embrassant chastement sur le front. Ma foi! si c'est de l'amour, et je le crois, l'amour est une bonne chose, et je ne suis pas fâché de faire sa connaissance. — Quels beaux yeux! Quelles jolies épaules! Quelle délicieuse petite main! — Oh! je la retrouverai en dépit du monsieur en question, car elle ne m'a pas repoussé après tout. — Ah! mais! je me sens vivre, moi! — Un duel probable, un amour certain! Vive Dieu! mon père peut me proposer toutes les filles de tous les armateurs bordelais et autres, du diable si je consens à quitter Paris en ce moment! — Mais, à propos, — fit-il en s'arrêtant, — ce pauvre Georges doit me croire pour le moins mort et enterré. — Je vais chercher mon cheval, et, en un temps de galop, je serai au Pré Catelan! — C'est qu'il faut maintenant que son Pongevin me prête les deux cent mille livres, dussé-je vendre, pour les avoir, jusqu'à mon droit d'aînesse, si ce superbe droit signifiait encore quelque chose! — Sur ce, en route!

Et Édouard, l'esprit joyeux, le cœur plein et le pied léger, fournit, durant l'espace de quelques minutes, une course rapide qui le ramena jusqu'à la cascade de Longchamps.

Avant de passer devant l'endroit où il avait failli être brisé par la voiture, il s'arrêta en se rappelant la sensation qu'il avait éprouvée.

Puis il gravit le talus pour revoir encore ce banc de rocher sur lequel il avait transporté le corps inanimé de la jeune fille.

En arrivant près de la victoria renversée, il aperçut deux hommes qui paraissaient occupés à relever les débris.

L'un de ces hommes était le garçon du café, l'autre était Jean, à qui le comte de La Fresnaye avait, quelques minutes auparavant, donné l'ordre d'aller chercher le cheval.

— J'étais bien sûr que je ne me trompais pas et que j'avais reconnu ma voiture, — disait le garçon en s'efforçant de soulever la victoria.

— Eh! oui, — répondait Jean, — c'était moi, malheureusement.

— Ah çà! vous avez donc quitté votre ancienne maîtresse?

— C'est elle qui m'a planté là.

— Pourquoi donc?

— Dame! il paraît que ça n'allait pas. Elle n'avait plus le sou.

— Pauvre petite femme!

— Peuh!... je ne la regrette guères.

— Eh bien! je la regrette, moi! — Elle me donnait toujours cinquante centimes pour boire.

— Oui, mais elle me faisait faire un métier de chien, à moi. Toujours sur le siége; jamais deux heures de repos; le cheval attelé des huit et neuf heures par jour. Si ce n'est pas tuant...

— C'est donc vous qui êtes le cocher de cette voiture? — demanda Edouard en se mêlant tout à coup à la conversation.

Les deux hommes se retournèrent.

Le garçon reconnut sur-le-champ M. Verneuil.

— Monsieur vient chercher son cheval? — dit-il.

— Oui. Amenez-le-moi promptement.

— A l'instant, monsieur, — répondit le garçon en s'éloignant.

— Et vous, répondez-moi, — dit Édouard en se tournant de nouveau vers Jean.

Celui-ci flaira une récompense honnête au bout de ses réponses, et mettant le chapeau à la main :

— Oui, monsieur, — fit-il en s'inclinant, — c'est moi qui conduisais cette pauvre victoria, quand la violence de l'ouragan a fait emporter mon cheval.

— A qui appartient cette voiture ?

— A M. Brion.

— Ah ! c'est une voiture au mois ?

— C'est-à-dire qu'hier encore elle était au mois. J'étais à *l'ordinaire* chez une petite dame ; mais comme elle ne me payait plus, nous l'avons quittée ce matin. Les personnes que je conduisais m'avaient pris pour la soirée.

— Et savez-vous le nom de ces personnes ? — demanda Édouard en hésitant un peu.

— Je l'ignore, monsieur.

— Mais au moins vous connaissez leur adresse ?

— Non, monsieur.

— Comment ! Vous n'avez donc pas été les prendre ?

— Monsieur m'excusera ; mais ces dames sont venues elles-mêmes au bureau, ce soir à sept heures ; elles ont demandé une voiture, elles ont attendu que je sois attelé, et nous sommes partis. Je crois cependant que la jolie dame qui accompagnait celle qui a failli être tuée, a donné au bureau son nom et son adresse, car, en partant, le piqueur m'a recommandé de ne rien dire si on ne me payait pas.

— C'est tout ce que vous savez ?

— Mon Dieu ! oui, monsieur. La dame m'a seulement demandé mon nom, pour me faire appeler quand nous serions au Pré Catelan ; et nous allions nous y rendre, lorsque ce brigand de Bayard s'est mis à ruer et à filer malgré moi.

— Bien ! — dit Édouard en fouillant dans sa poche,

Il tira un double louis de son porte-monnaie, et le donnant au cocher :

— Si demain vous pouvez adroitement connaître le nom et l'adresse de ces dames, — continua-t-il, — et m'avoir quelques renseignements sur elles, vous aurez le double de cette somme.

— Et où faudra-t-il aller trouver monsieur ? — demanda Jean avec un empressement d'heureux augure.

— Chez moi, rue de la Chaussée-d'Antin, 22, M. Édouard Verneuil. N'oubliez pas le prénom, sans quoi on vous conduirait à mon père.

— Cela suffit. Demain monsieur peut compter sur moi.

Édouard fit un geste d'adieu, et alla jusqu'à l'endroit où le garçon avait conduit son cheval.

Cinq minutes après, il arrivait au galop devant le portail splendidement illuminé qui sert d'entrée au Pré Catelan.

Édouard laissa son cheval en garde à l'un de ces nombreux valets d'occasion qui pullulent à la porte de tous les lieux publics, et pénétra dans le jardin à la mode.

L'animation de la fête était alors à son comble.

Le théâtre venait de finir, le feu d'artifice allait être tiré, et les orchestres, placés aux quatre coins du parc, faisaient entendre tour à tour les plus entraînantes symphonies.

Les promeneurs, dispersés autour de la pelouse, animaient ce brillant coup d'œil, et donnaient une existence matérielle à ce jardin enchanté, dont l'aspect magique semble plutôt dû à l'imagination qu'à la réalité.

Édouard se lança au milieu de la foule, lorgnant les femmes, saluant les hommes de sa connaissance, et cherchant son ami le baron Georges d'Aureilly de Pontac.

Après avoir inutilement parcouru les multiples allées qui se croisent et se recroisent en tous sens, tantôt longeant la pelouse, tantôt la coupant brusquement ; les unes conduisant à des sortes de petits labyrinthes, les autres descendant, semblables à des chemins creux, toutes bordées de grands arbres et de belles fleurs s'épanouissant dans de splendides corbeilles, toutes éclairées par le feu de mille lanternes chinoises qui scintillaient jusque dans le moindre buisson. — Édouard, convaincu que Georges n'était pas au nombre des promeneurs, se dirigea vers le côté sombre du Pré Catelan, qui se trouvait situé derrière le théâtre champêtre.

Avant d'atteindre l'allée réservée aux équipages, il aperçut un groupe au milieu duquel trônait le baron d'Aureilly.

Ce groupe était composé d'une douzaine de personnes, parmi lesquelles les femmes étaient en grande majorité.

C'étaient d'abord mesdemoiselles Rosa, Céline et Nathalie, nos anciennes connaissances de Madrid ; puis quatre ou cinq de leurs compagnes et amies, toutes assez jeunes, plus ou moins jolies, et portant la brillante livrée du vice élégant.

Une seule, parmi ces femmes au type vulgaire, décrit d'ailleurs tant de fois déjà ; une seule, disons-nous, mérite que nous arrêtions le cours de notre récit pour la présenter au lecteur.

La personne dont nous parlons était de taille moyenne, plutôt petite que grande, mais admirablement faite.

Le buste divin de la Vénus de Milo pourrait seul donner une idée de l'adorable proportion des formes sveltes et potelées, souples et fines, délicates et somptueuses qu'accusait le corsage artistement coupé d'une robe de taffetas blanc, aux volants garnis d'un large velours bleu de ciel.

Les épaules demi-nues étalaient leur riche carnation sous le tissu diaphane d'un col de dentelle en point d'Angleterre.

Les manches, outrageusement larges, suivant la mode de cette époque, laissaient apercevoir, presque jusqu'aux attaches des épaules, un bras d'une blancheur de marbre et d'un contour exquis.

On regrettait la richesse des bracelets, sous le luxe desquels disparaissait un petit poignet d'une ténuité charmante, et qui se jouait à l'aise sous les anneaux d'or qui le couvraient.

La main pure, admirablement gantée, dessinait sa forme aristocratique sous le chevreau de couleur tendre.

La tête, d'une beauté idéale, offrait un mélange du type grec, allié au type arabe ; le nez était droit, et les yeux énormes ; — les sourcils, puissamment arqués, enfouissaient leurs fines extrémités sous un flot de cheveux châtains dont les doubles bandeaux encadraient l'ovale de la figure.

La bouche petite, aux lèvres un peu épaisses, dominait un menton aux fossettes luxuriantes.

L'expression générale de la physionomie était vive, animée, douce et parfois effrontée.

Évidemment cette femme devait être accessible aux bons sentiments : rien en elle ne dénotait la méchanceté ni la ruse.

Évidemment encore, elle devait être gaie et d'un caractère facile, car le sourire semblait être inséparable de ses traits charmants ; mais évidemment aussi, cette femme devait être la digne fille de ces bacchantes antiques dont elle avait hérité de l'enchanteresse beauté.

En effet, si ses lèvres annonçaient l'amour de la sensualité, son regard hardi annonçait la luxure, et l'expression provoquante de son sourire aurait suffi pour faire fondre la glace que feu Joseph, de trop pudique mémoire, avait dans les veines à la place d'un sang généreux.

Coiffée d'un chapeau de crêpe blanc, s'enveloppant dans un châle turc aux éblouissantes couleurs, cette créature séduisante était bien le type de la courtisane, dans toute l'acception du mot.

Elle se nommait Régine, et sa naissance, beaucoup plus commune encore que celle de Lindor, se perdait dans le vague de ses souvenirs.

Elle supposait cependant, à juste titre, que le tour de

l'hospice des Enfants-Trouvés avait dû jouer un rôle important dans son existence.

Toujours était-il, pour le présent, que, perchée au sommet de l'échelle de la galanterie parisienne, elle y tenait avec insouciance le sceptre de la beauté.

Régine, habituée à ne résister à aucun désir, à contenter ses plus audacieuses fantaisies, Régine comptait ses amoureux de chaque jour par douzaine, et, disait la chronique scandaleuse, ses amants par quarteron.

Telle qu'elle était cependant, on comprenait l'empire qu'elle devait exercer ; et si nous ajoutons qu'à défaut d'éducation, Régine avait un esprit vif et prompt à la riposte, on s'étonnera moins encore du nombre véritablement épouvantable de ses conquêtes.

Au moment où nous la mettons en scène, elle était nonchalamment étendue sur une chaise-fauteuil en fer doré, occupée à écouter le cours de haute morale que Georges avait entrepris d'ouvrir depuis quelques instants.

Autour d'elles étaient assises les autres femmes dont nous venons de parler, tandis que MM. Pougevin, Cornuel, Charleval, d'Ornay et autres célébrités de la Bourse et du Club fumaient force cigares en lorgnant ces dames, et en leur adressant de temps à autre quelques-uns de ces madrigaux spirituels que la jeunesse d'à présent a cru devoir substituer à la conversation caduque de nos pères.

— Ainsi, — disait Rosa en s'adressant à Georges, qui venait de terminer un magnifique discours plusieurs fois interrompu par des hilarités générales, — ainsi, tu prétends, toi, que la fidélité en amour est une bêtise?

— Parbleu! — répondit le baron en riant. — Je fais plus : je prétends que la fidélité absolue est une insulte pour celui ou celle en faveur de qui elle se pratique.

— Ah! voilà qui est fort! — s'écria Régine en s'éventant avec la dentelle de son mouchoir.

— Et je le prouve ! — ajouta Georges.

— Ah ! baron, baron !... — commença Cornuel, qui, suivant sa coutume, n'en put dire davantage.

— Qu'est-ce que la fidélité ? — continua Georges en prenant une pose d'orateur.

— Ce n'est pas moi ! — interrompit Régine.

— A qui le dites-vous ? — fit Charleval en soupirant comiquement.

— A l'ordre, les interrupteurs ! — dit Rosa. — Je ne serais pas fâchée de savoir, une fois dans ma vie, ce que c'est que la fidélité, moi.

— La fidélité, c'est la paralysie, — commença Georges.

— C'est l'invalide aux jambes de bois, — interrompit Régine.

— C'est l'ennui, l'insouciance, et le plus souvent le dégoût, — continua l'orateur.

— Ah ! baron, baron ! — fit observer Cornuel en lançant un regard en coulisse à mademoiselle Céline, qui paraissait très-préoccupée des breloques de montre de Lucien d'Ornay, avec lequel elle causait à voix basse. — La fidélité, c'est bien souvent l'amour.

Un hurrah accueillit les paroles de l'associé de Pougevin, qui, tout heureux d'avoir mené à bien une phrase entière, se frottait les mains avec jubilation.

— C'est l'amour à l'agonie ! — répondit le baron d'Aureilly.

— Et il doit savoir ce que c'est, lui ! — dit Céline en désignant Cornuel.

— Oui, — continua Georges, — c'est l'amour à l'agonie ; car l'amour, comme tous les grands sentiments, vit surtout de contrastes. La belle affaire, pour une femme, d'être adorée par un homme qui n'en connaît pas d'autres. Est-ce qu'il n'est pas plus glorieux pour elle d'avoir pour amant un garçon qui, possédant maîtresses sur maîtresses, les quitte toutes

pour revenir à la préférée? N'est-ce pas dire à cette femme :
Tu es la plus belle et la plus charmante! J'ai cru en trouver
de plus dignes que toi de mon amour, et je suis obligé de reconnaître qu'il n'y en a pas! Aucune n'a eu la puissance
de m'attacher à son char, et je reviens à tes pieds?

— Ça, c'est pour les cordonniers ! — dit Régine.

— Georges a raison, — dit Pongevin en riant.

— D'abord, — continua Régine, — il met sa morale en
pratique, ce qui est déjà quelque chose.

— Et je suis de son avis, — ajouta le banquier

— Taisez-vous donc, vieux dépravé ! — s'écria Nathalie en
frappant sur l'épaule de Pongevin. — Il ne manque ici que
votre ami Chambry, l'agent de change pour compléter la société.

— Ah ! — fit Rosa en se levant tout à coup, — voici
Édouard.

— Quel Édouard ? — demanda Régine.

— Eh bien ! Édouard Verneuil, ma chère. Tu sais bien?

Édouard arrivait effectivement, se dirigeant vers le groupe
bruyant.

Georges alla au-devant de lui.

Soit animation résultant des événements de la soirée,
soit disposition particulière, soit enfin la façon dont les lumières de couleurs éclairaient le jeune homme, son gracieux
visage rayonnait de mâle beauté.

Édouard était un charmant cavalier, mais, en ce moment,
sa beauté ordinaire et les charmes de toute sa personne semblaient avoir doublé de valeur.

Cet éclat inaccoutumé frappa tout le monde, surtout les
femmes.

Régine lança sur lui un regard rapide, et soudain son œil
s'anima d'une ardeur extraordinaire.

— Ah çà ! mais, — dit-elle en se penchant vers Nathalie
qui était assise auprès d'elle, — qu'est-ce que tu m'avais donc

dit qu'Édouard Verneuil n'avait rien de remarquable? Mais il est très-joli garçon !

— Tu ne le connaissais donc pas ?

— Non. J'en avais entendu parler, voilà tout.

Régine regarda de nouveau le jeune homme.

— Ma foi ! ce serait drôle ! — murmura-t-elle en répondant à une pensée intérieure.

Puis elle se souleva sur son siége, rajusta son châle, fit bouffer sa robe, et, lissant du doigt ses bandeaux opulents aux reflets chaudement dorés :

— Après tout, pourquoi pas ? — continua-t-elle mentalement. — Il ne serait pas déjà si malheureux... et puis..... je le répète... ça serait drôle !

Rosa, sans remarquer le branle-bas de combat auquel s'était livrée la jolie courtisane, Rosa, disons-nous, préparait de son côté les armes les plus terribles de son arsenal de coquetterie.

IX

Le Pré Catelan.

— C'est fait ! — avait dit Georges en pressant la main d'Édouard.

— Quoi?

— Ton emprunt.

— Bah ! déjà ?

— Mais oui.

— Deux cent mille ?

— Tout autant.

— Merci, mon cher.

— Laisse donc ! Entre amis on se rend tous les jours de ces services-là. Viens que je te présente à Pongevin. Vous conviendrez de l'heure à laquelle tu iras chez lui demain matin. J'irai te prendre avant afin de t'expliquer ses petites conditions, et nous reviendrons chargés de billets de banque.

— Tu es un homme charmant, mon cher Georges, — dit Édouard en serrant avec effusion les mains de son déloyal ami, et en pensant, à part lui, qu'avec une pareille somme à sa disposition, il découvrirait facilement la jeune fille à laquelle il n'avait pas cessé de penser.

Édouard salua les femmes, adressa un sourire particulier à Rosa, échangea des poignées de main avec Charleval et avec d'Ornay, et se trouva en présence du banquier, auquel Georges le présenta.

Quelques secondes après, et comme tous se levaient pour faire une promenade dans le jardin, les femmes marchant ensemble et suivies par les hommes, Édouard et Pongevin se trouvèrent libres de causer.

— Monsieur, — dit d'abord Édouard, — mon ami Georges vous a confié, je crois, le désir que j'avais...

— De contracter un petit emprunt, — interrompit le banquier en souriant, — et sans que le cher papa le sache, bien entendu.

— C'est cela même, monsieur.

— Vous avez besoin, m'a-t-on dit, de deux cent mille francs ?

— Précisément.

— La somme est forte !

— Je le sais.

— Mais, comme je connais votre père, comme je sais qu'un jour à venir vous posséderez une belle fortune, je me suis déterminé à vous obliger dans cette circonstance.

— Je vous en remercie, monsieur,—dit naïvement Édouard, qui trouvait fort naturel de se déclarer l'obligé d'un homme qui allait le voler avec effronterie.

— J'ai des petites conditions à vous imposer, — continua le banquier ; — monsieur d'Aureilly vous les fera connaître, et, si elles vous conviennent, comme je n'en doute pas, car elles ne sont que justes et raisonnables, si elles vous conviennent, dis-je, demain matin à onze heures l'argent sera chez moi à votre disposition. Si vous voulez bien me faire l'honneur d'accepter un frugal déjeuner, je serai véritablement heureux de vous posséder à ma table.

Édouard se confondit en remerciements.

— C'est un homme charmant que ton Pongevin ! — dit-il à voix basse à Georges qui portait en ce moment une attention extrême, au coup d'œil que Régine jetait de temps à autre sur Edouard.

— N'est-ce pas ? — répondit le baron. — Quand je te disais que c'était un banquier et non pas un usurier. Mais, je te laisse, mon très-cher, car je vois que cette pauvre Rosa meurt d'envie de te prendre le bras...

— Et moi, je n'y tiens nullement, — dit Edouard.

— Pourquoi ?

— Parce qu'elle ne me plaît plus.

— Eh bien ! et Régine ? te plaît-elle, celle-là ?

— Quelle Régine ?

— Oh ! oh ! — dit Georges en riant, — tu n'as pas remarqué Régine ? Mauvais indice, mon pauvre Edouard !

— Qu'est-ce que tu veux dire ?

— Je veux dire que tu dois être amoureux.

— Moi ? — dit Edouard en rougissant malgré lui, comme si on l'eût accusé d'une mauvaise action.

— Écoute, — continua le baron, — il y a un fait certain, fait prouvé par de nombreuses expériences. Tous ceux qui, ayant vu pour la première fois Régine, ne l'ont pas subitement admirée avaient le cœur pris antérieurement. Or, voici un quart d'heure que tu es avec elle sans te douter seulement de sa présence ; donc, je te le répète, tu dois être amoureux,

— Et où est-elle cette Régine merveilleuse?

— Devant toi ! Tiens ! c'est cette magnifique créature qui marche à côté de Nathalie, et qui précisément a les yeux tournés vers nous.

— Cette femme est réellement fort belle ! — dit Edouard fasciné par le regard ardent de la courtisane.

— Et si tu échappes à Rosa, tu n'échapperas pas à celle-là ! — pensa le baron d'Aureilly.

Cependant la jolie Rosa, piquée du peu d'attention que faisait à elle le jeune homme dont la veille encore elle était la maîtresse, Rosa se rapprochait insensiblement d'Edouard, et, par une manœuvre savamment combinée, se trouva bientôt à ses côtés.

Régine suivait du coin de l'œil les manœuvres de la pécheresse et haussait dédaigneusement ses blanches épaules, tout en échangeant quelques paroles avec Nathalie.

Pongevin et Cornuel causaient affaires de Bourse.

Charleval arrêtait toutes les femmes qu'il rencontrait pour leur débiter ses galanteries d'un goût un peu équivoque, et Lucien d'Ornay donnait à voix basse son adresse à Celine, qui lui promettait d'aller le lendemain visiter chez lui une magnifique galerie de tableaux dont le joyeux viveur lui disait le plus grand bien depuis le commencement de la soirée.

En voyant Rosa s'approcher, Georges quitta Edouard et rejoignit Régine qui marchait en avant.

— Ma belle enfant, — lui dit-il, — voulez-vous que je vous pose une charade ?

— Posez, mon bon ! — répondit Régine qui sourit en montrant ses dents blanches et bien rangées, — posez ! ça ne sortira pas de vos habitudes.

— Méchante ! Voilà l'énigme !

— J'écoute.

— Je fais courir mon premier, je cours après mon dernier...

— Et je retiens le tout ! — interrompit la jeune femme.

— Parlons sérieusement : vous avez le père, vous voulez avoir le fils...

— Et vous ne seriez pas fâché de compléter la trinité, hein ?

— Ma foi...

— Monsieur est bien honnête ! — dit Régine en faisant une révérence ironique.

— Écoutez, chère belle, vos grands yeux parlent encore mieux et plus vite que votre petite bouche. J'ai suivi depuis dix minutes la direction de vos regards, et...

— Et ? — demanda Régine.

— Eh bien, j'ai deviné.

— La belle malice !

— Prenez garde !

— A quoi ?

— Milord est jaloux, — dit Georges en affectant d'appuyer sur le mot milord.

Régine éclata de rire.

Puis reprenant son sérieux et regardant Georges en face :

— Voulez-vous que je vous apprenne une nouvelle, à vous ? — demanda-t-elle.

— Oui.

— M. Messac est à Paris.

— M. Messac ? — s'écria Georges en tressaillant malgré l'empire qu'il avait sur lui-même.

— En personne, mon cher baron.

— Il est à Paris, dites-vous ?

— Oui.

— Depuis quand donc ?

— Depuis ce matin.

— Vous en êtes certaine ?

— Parbleu !

— Mais, comment savez-vous ?

— Est-ce que je n'ai pas habité Bordeaux l'année dernière ? Est-ce que je n'ai pas vu cinquante fois M. Messac ? Eh bien, je l'ai rencontré tantôt sur le boulevard des Italiens bravant le soleil et la chaleur.

— Eh bien, pourquoi me dites-vous cela ? Qu'est-ce que cela me fait ? — dit Georges en affectant une indifférence qui était loin de son cœur.

Régine le regarda sournoisement.

— Ah ! mesdames ! voici le feu d'artifice ! — s'écria Charleval en désignant du doigt une fusée qui s'élevait brillamment dans les airs.

Les jeunes femmes se dirigèrent vivement vers la pelouse, au centre de laquelle étaient dressées les charpentes qui devaient servir aux exercices pyrotechniques.

— Un bon conseil, ma chère petite, — dit Georges en retenant Régine — J'ai deviné vos pensées relativement à Edouard ; eh bien ! si vous m'en croyez, vous agirez activement.

— Pourquoi ? — demanda la jeune femme sans paraître vouloir nier le moins du monde la pensée que lui prêtait le baron.

— Parce que vous avez une rivale.

— Une rivale ?

— Oui, Rosa a juré de reprendre ce soir même Edouard dans ses filets.

— Rosa ! — fit la pécheresse avec une petite moue dédaigneuse.

— Et, — continua Georges en désignant du geste l'ex-maîtresse d'Edouard qui était parvenue enfin à enlacer son bras sous celui du jeune homme, — et vous voyez qu'elle n'a pas perdu son temps.

— Vous croyez? — dit Régine en relevant orgueilleusement la tête.

Et sans ajouter un mot elle passa fièrement devant le baron et rejoignit Nathalie qui avait pris le bras de Pongevin.

Georges laissa échapper un léger sifflement de ses lèvres.

— Moi qui cherchais un moyen de brouiller Edouard avec son père, — murmura-t-il, — étais-je sot de n'avoir pas pensé à cela! Mais comment se fait-il que cette drôlesse m'ait parlé de M. Messac. Je n'ai pourtant jamais confié mes projets à personne. Bah! c'est le hasard. Et puis que m'importe ce que peut supposer Régine.

Georges, fumeur intrépide, fouillait dans sa poche, tout en monologuant ainsi, pour y puiser un dixième cigare.

Il amena avec le panatellas une carte de visite.

— Tiens! — dit-il, — c'est la carte du monsieur de ce soir! Et moi qui ne songeais plus à cette affaire. — Max de La Fresnaye. Je voudrais bien connaître la position sociale de ce monsieur.

— Qu'est-ce que c'est? Une femme qui t'a donné sa carte? — demanda Charleval qui, avec Lucien et Edouard, formait un groupe à quelques pas du baron.

Rosa était allée rejoindre Céline.

— Non, — répondit Georges, — ce n'est pas une carte de femme. A propos, messieurs, qui de vous connaît le comte Max de La Fresnaye?

— Moi! — dit Lucien.

— Moi, aussi, — ajouta Charleval.

— Les renseignements vont abonder, à ce qu'il paraît. Quel homme est-ce?

— Un charmant garçon; mais un cerveau brûlé, — dit le comte d'Ornay.

— Un gaillard qui a eu au moins une douzaine de duels, — continua Félix.

— Et qui chaque fois a tué son homme, — ajouta Lucien.

— Au reste, homme de cœur...

— Et d'honneur...

— D'une excellente famille de la Gironde.

— Il passe une partie de l'année dans ses terres, aux environs de Bordeaux.

— Et il habite Paris chez sa sœur, la marquise d'Hauterive, une délicieuse jeune femme, veuve depuis deux ans d'un secrétaire d'ambassade.

— Bref! — dit Georges, — c'est un duelliste que votre comte de La Fresnaye?

— Mais, à peu près, — répondit Charleval.

— C'est un garçon qui a une main étonnante! — ajouta Lucien; — mais à quel propos nous demandes-tu cela?

— A propos de rien, — dit Georges qui, prenant Edouard par le bras, l'emmena à quelque distance.

Les deux jeunes gens sortirent de la foule qui se pressait sur la pelouse pour mieux voir le feu.

— Je t'ai rendu un service d'argent ce soir, — dit le baron à son ami, — il faut demain que tu me rendes un service d'honneur.

— Lequel? — demanda vivement Edouard.

— Tu as entendu ce qu'on disait tout à l'heure du comte de La Fresnaye?

— Oui.

— Eh bien! je me bats avec lui!

— Toi?

— Moi-même.

— Comment cela? Pour quel motif?

— Pour une bêtise.

— Alors l'affaire peut s'arranger.

— Laisse donc! Tu comprends bien qu'on n'arrange pas une affaire avec un monsieur qui a tué douze hommes en duel. On se bat, voilà tout.

— Mais...

— N'insiste pas, c'est inutile. J'avais dit au comte que j'attendrais après-demain ses témoins ; mais puisqu'il paraît que ce monsieur est un spadassin de profession, je veux prendre l'initiative. Demain en sortant de chez Pongevin, tu me feras le plaisir de te rendre chez lui et de lui dire que je suis à sa disposition. Comme il est l'offensé, il a le choix des armes. Tu accepteras tout. Cependant s'il y a moyen de prendre l'épée, je préférerais cette arme.

— Mais Lucien dit qu'il est de première force !

— Tu peux être sûr qu'il n'a pas plus d'années de salle que moi et que je suis aussi brave que lui, ainsi la partie est égale.

— Cependant...

— Voyons ! veux-tu, oui ou non, me rendre ce service ?

— Ce serait m'offenser que de douter de moi.

— Donc, c'est convenu. N'en parlons plus. Tiens, voici sa carte. Edouard prit la carte et lut l'adresse du comte.

— Rue de Rivoli, 224, — dit Edouard.

— Oui, il paraît qu'il demeure chez sa sœur, la marquise d'Hauterive, — ajouta Georges.

— C'est bien ! J'irai demain. Quel sera ton autre témoin ?

— Lucien ou Félix ; mais nous verrons ensuite. Le point essentiel est que tu dises au comte que je suis à sa disposition.

— A midi, je serai chez lui.

— Merci !

En ce moment le feu d'artifice s'éteignait au milieu des feux de Bengale qui illuminaient le Pré Catelan.

La foule commençait à s'écouler, et valets et gamins se croisaient en tous sens, courant après les voitures.

— Comment êtes-vous venu, monsieur Verneuil ? — demanda Pongevin.

— A cheval, monsieur, — répondit Edouard.

— Eh bien ! l'un de mes domestiques ramènera votre cheval à Paris et vous reviendrez en voiture avec nous; car, j'espère que nous souperons cette nuit ensemble.

— Mais...

— Oh! pas d'objections!

— Vous viendrez! — ajouta Nathalie.

— Tu viendras! — murmura Rosa à l'oreille d'Edouard.

— Eh! certainement! — ajouta Georges, — nous ne nous quitterons pas avant six heures du matin.

— Où soupe-t-on? — demanda Charleval.

— A la *Maison-d'Or*, — répondit Céline.

— Bon! les premiers arrivés attendront les autres.

— Convenu! — répéta-t-on de toutes parts.

— Voyons! classons-nous! — dit Georges. — Lucien, tu emmèneras dans ta voiture Céline et Ninie. Cornuel a son coupé, il prendra un homme. Félix emmène deux dames...

— Et toi? — demanda Charleval. — Tu as renvoyé ton cheval.

— Oh! moi! je me caserai toujours! sois sans crainte!

— M. Verneuil vient avec nous avec Rosa, — dit Pongevin.

— Pardon, messieurs, — dit Régine en s'avançant et en se plaçant près d'Edouard, — mais j'offre une place à monsieur Verneuil dans ma victoria.

— Ah! ah! — fit Charleval en riant. — Le bel Edouard est en hausse ce soir.

— Régine! — s'écria Rosa avec colère.

— Acceptez-vous, beau chevalier? — demanda Régine en glissant son bras sous celui du jeune homme.

— Mais... — balbutia Edouard ébloui par le regard de feu que lançait l'œil noir de la courtisane.

— C'est dégoûtant, ce que tu fais là! — murmura Rosa en rougissant de courroux.

— Bah! — fit Régine avec une suprême insolence. — Il n'y a que les épinards qui soient bons réchauffés, ma chère!

L'amour c'est comme la sauce blanche, ça ne vaut pas le diable quand c'est remis sur le feu !

Une élégante victoria s'arrêta en ce moment devant la porte du parc.

Régine s'y élança, gracieuse et legère, et, tapant sur la soie bouffante de sa robe, elle indiqua une place à ses côtés.

— Venez-vous ? — dit-elle à Edouard.

Celui-ci hésita un instant encore, mais cette femme était si jolie, sa beauté avait quelque chose de si saisissant et de si entraînant, qu'il oublia d'un même coup et Rosa et la jeune fille, et les événements de la soirée, et l'amour qui venait de naître dans son cœur.

Obéissant au charme qui émanait de toute la personne de Régine, Edouard sauta lestement auprès d'elle.

Ses amis battirent des mains en criant : bravo !

— A la *Maison-d'Or* ! — ordonna Charleval au cocher.

La victoria partit suivie par la calèche de Pongevin.

— Viens, ma pauvre biche ! viens, mon Ariane éplorée ! — dit Charleval à Rosa en l'entraînant vers sa voiture. — Je te consolerai, moi, en te racontant les aventures de Télémaque.

— A merveille, — pensait Georges. — J'ai tant de chance, qu'évidemment je tuerai le comte de La Fresnaye !

Une heure après, un cabinet de la *Maison-d'Or*, resplendissant de bruit et de lumière, indiquait aux passants attardés que la jeunesse, la folie, l'amour et les plaisirs n'étaient pas tout à fait morts dans la bonne ville de Paris.

DEUXIÈME PARTIE.

SI VIEILLESSE SAVAIT...

I

Un ci-devant jeune homme.

M. Anatole Verneuil, le père d'Edouard, et le chef de la maison de banque Verneuil et Compagnie, habitait, rue de la Chaussée-d'Antin, une fort belle maison qu'il tenait de l'héritage de son père, l'un des financiers les plus connus de l'époque de la Restauration.

Cette maison, située presque en face de la rue Neuve-des-Mathurins, était occupée presque entièrement par le banquier.

Au rez-de-chaussée il avait fait établir sa caisse, au premier étage étaient ses bureaux ; il s'était réservé le second pour ses appartements particuliers, et son fils Edouard habitait le cinquième.

Deux étages seulement appartenaient donc à la spéculation du propriétaire, et étaient occupés par des locataires étrangers.

M. Verneuil avait vingt-cinq ans, et il venait de se marier lorsqu'il perdit son père : c'était vers la fin de l'année 1828.

Une succession embrouillée, une liquidation difficile nécessitèrent de sa part une attention sérieuse et de tous les instants.

M. Verneuil était, à cette époque, l'un des hommes les plus remarquables de la finance.

Calculateur habile, spéculateur hardi, comprenant qu'il avait à faire une magnifique fortune, désireux de se placer au premier rang, il avait concentré toute son activité et toute son intelligence pour mener à bien les travaux qu'il avait entrepris.

Aussi, grâce à son esprit, à son savoir, à son infatigable ardeur, ses affaires prospérèrent au point, qu'en 1840, — à l'époque où il perdit sa femme, — son inventaire s'éleva au chiffre rond d'un million.

M. Verneuil restait veuf avec deux enfants.

Son fils Edouard, qui avait alors onze ans, et sa fille Clémentine, qui entrait dans sa neuvième année.

L'un et l'autre étaient en pension.

Une fois sa vie de ménage brisée par la mort de sa femme, M. Verneuil changea peu à peu ses habitudes.

Fatigué du travail et ignorant les plaisirs, il résolut, à trente-sept ans accomplis, de bouleverser toute son existence passée.

Il intéressa dans les bénéfices de sa maison, son caissier, homme probe et intelligent, en qui il pouvait avoir toute confiance, et lui abandonna peu à peu la direction des affaires.

Puis, il se lia avec d'élégants financiers, viveurs émérites, qui accueillirent avec empressement le banquier millionnaire.

M. Verneuil avait plus usé de son cerveau que de son cœur, de sorte que cette jeunesse tardive, qui survenait tout à coup, sembla avoir toute la fougue et tout l'entraînement qui, d'ordinaire, n'appartiennent qu'au printemps de l'existence.

Le banquier, enivré par ses premières excursions dans le monde des plaisirs faciles, se lança à corps perdu dans le tourbillon parisien, et devint insensiblement l'un des lions les moins ridicules parmi les vétérans de la galanterie.

Cependant sa nature ne se métamorphosa pas au point de renier tout à fait les idées qu'il avait conçues dans sa jeunesse.

L'homme à bonnes fortunes ne chassa pas le financier.

Prodigue dans ses folies, genéreux dans ses amours, il comptait toujours et sagement, et le chiffre des dépenses n'atteignait jamais celui de ses revenus ; de sorte que, la maison de banque ne souffrant pas du changement de vie de son chef, voyait sa prospérité s'accroître en dépit des mauvaises langues de la Bourse, qui avaient tout d'abord annoncé une déconfiture prochaine en raison des sottises commises publiquement par le spéculateur.

Le crédit même, résistant à ces bruits fâcheux, se voyait de jour en jour plus solide et mieux établi que jamais.

Au reste, si M. Verneuil courait les ruelles comme un abbé du bon vieux temps, il fréquentait régulièrement la Bourse comme tous ses confrères, si bien qu'on pouvait être aussi certain de le rencontrer de une heure à trois, son carnet à la main, dans les coulisses du temple de Plutus, que de le trouver le soir coquetant au fond du boudoir d'une célébrité du monde galant.

Un beau jour cependant, le banquier constata une triple vérité qui assombrit son front.

C'était un dimanche, et M. Verneuil se regardait complaisamment dans une glace, en rabattant juvénilement son col de chemise sur une étroite cravate en moire bleu de ciel, couleur que le banquier affectionnait, en sa qualité de blond.

Clémentine et Edouard causaient dans la chambre voisine, et leur père pouvait entendre toute leur conversation.

— J'ai vingt ans, — disait Edouard.

— Je vais en avoir dix-huit, — répondait Clémentine.

— Et j'ai des cheveux gris! — murmura M. Verneuil en examinant d'un œil inquiet les touffes argentées qui garnissaient son front.

M. Verneuil réfléchit huit jours durant, puis il s'arrêta à un parti décisif.

Le marquis de Chamille, homme de vingt-six ans, d'une excellente famille et dont la fortune était belle, avait eu plusieurs fois l'occasion de voir mademoiselle Clémentine, et l'avait trouvée fort de son goût.

De son côté, mademoiselle Clémentine s'avouait que, dans ses rêves de jeune fille, elle n'avait pas rencontré un mari plus présentable que ne l'était le marquis.

Celui-ci avait plusieurs fois parlé à M. Verneuil de son ardent désir de devenir son gendre; mais le banquier, effrayé à la pensée qu'il pouvait se voir, un jour ou l'autre, grand-père de petits bambins qui le relégueraient définitivement dans la catégorie des vieillards; le banquier, disons-nous, avait éludé avec adresse une réponse, en se rejetant sur l'extrême jeunesse de sa chère fille.

Mais, pensant bien que cette raison perdait chaque jour de sa valeur, et qu'il faudrait un matin laisser deviner la véritable cause de son refus, M. Verneuil se résolut à brûler ses vaisseaux.

D'ailleurs, Clémentine, désireuse de connaître le monde et de goûter un peu aux plaisirs, commençait à l'embarrasser fort.

Donc, il fit venir le marquis, lui annonça qu'il était décidé à couronner ses vœux, à le nommer son gendre, pourvu, toutefois, que le mariage se fît sans bruit, sans cérémonie, à la campagne, dans une terre qu'il venait d'acheter.

Comme ce qui importait aux deux jeunes gens était d'être unis l'un à l'autre, ils consentirent facilement et sans la moindre objection au désir du chef de famille.

Le mariage eut lieu.

Le lendemain, M. Verneuil faisait appeler pardevant lui son fils Edouard, son gendre le marquis, et sa fille Clémentine ; et, remettant aux deux derniers vingt beaux billets de mille francs, à titre de cadeau de noce, il les engageait à aller passer leur lune de miel dans les principautés allemandes, ou tout autre pays qui se trouverait plus à leur convenance.

Edouard, lui, reçut la moitié de cette somme pour visiter l'Italie.

Les enfants remercièrent avec effusion le cher papa et se mirent en route.

M. Verneuil, libre enfin, accourut à Paris.

Il acheta chez Chardin une eau merveilleuse qui fit disparaître la nuance indécise de sa chevelure et y substitua un blond cendré de l'effet le plus chatoyant.

Le soir même du jour où s'était accompli ce miracle, M. Verneuil, plus jeune que jamais, parlait de la révolution de juillet comme d'un souvenir confus de sa plus tendre enfance, — déclarait n'avoir jamais vu Talma, — et répondait à Lucien d'Orthay, qui s'accusait d'avoir trente-cinq ans :

— A deux ans près, nous sommes du même âge ; mais j'avoue que je suis l'aîné.

Notons en passant qu'à l'heure où M. Verneuil faisait généreusement cet aveu, son extrait de naissance faisait foi de quarante-huit printemps accompagnés de tout autant d'hivers.

Les passions de l'homme sont comme les fruits de la terre, les unes et les autres doivent venir en leur saison.

Les cerises appartiennent au printemps de l'année, comme les folies amoureuses au printemps de la vie.

L'hiver, on n'a plus que des conserves, et chacun sait ce qu'elles valent !

De même que les fruits poussés hors saison, ou conservés en dépit des lois de la nature, perdent leur qualité, leur essence et leur fraîcheur, de même les passions humaines, déplacées de l'époque à laquelle elles appartiennent, s'entachent de ridicule, d'âcreté, et, — faut-il le dire? — de dégoût.

Un jeune vieillard est absurde et ennuyeux, — un vieux jeune homme est insoutenable et pénible à la vue.

Le cœur a beau, — dit-on, — demeurer jeune, il n'en a pas moins contracté, lorsque le corps ne l'est plus, toutes les rides que l'expérience de la vie creuse chaque jour.

Toujours est-il que de cette alliance anti-naturelle de verdeur et de maturité, il résulte un état de chose incomplet, dans lequel le mauvais sentiment prend souvent le dessus.

Ainsi, M. Verneuil en vint peu à peu, lui qui était excellent père, à être gêné par la présence de ses enfants.

A leur retour de voyage, il s'efforça de trouver de nouveaux prétextes pour les éloigner; mais Clémentine voulait s'installer à Paris, et Édouard avait grande envie de goûter aux plaisirs de la capitale.

M. Verneuil se résigna donc, se consolant avec ses amis et ses maîtresses, et rajeunissant de jour en jour davantage sa fille et son fils, afin de se rajeunir lui-même.

— Il en arrivera à remettre Edouard au collége, et Clémentine en nourrice! — disait d'Ornay, un jour que le banquier prétendait que sa fille s'était mariée à quinze ans et quelques jours.

Mais plus les années s'écoulaient, plus le banquier se plaisait dans son genre d'existence, et moins par conséquent il supportait l'ennui d'avoir près de lui de vivants extraits de naissance qui, dans la personne d'un grand garçon et d'une jolie jeune femme, semblaient le saluer de la triste formule employée par les trappistes.

Seulement, au lieu de :

— Mon frère, il faut mourir!

C'était :

— Mon père, il faut vieillir ! — qu'entendait l'oreille blessée du vieux séducteur.

Au commencement de la première partie de cette histoire, nous avons vu comment le banquier espérait arriver à éloigner son fils en le mariant à la fille de l'armateur de Bordeaux.

Nous savons aussi qu'il était loin d'avoir réussi.

Et maintenant que le lecteur connaît suffisamment l'homme que nous voulions lui présenter, nous allons reprendre le cours de notre récit, et le prier de s'introduire avec nous dans l'appartement du banquier.

Nous sommes au lendemain de la soirée durant laquelle s'étaient accomplis les divers événements qui forment la première partie, ou pour mieux dire le prologue de l'histoire qui va suivre.

Dix heures du matin viennent de sonner à l'horloge de Saint-Nicolas-d'Antin.

M. Verneuil, vêtu d'un négligé élégant, attend, en se posant devant une glace, la venue de Justin, son valet de chambre de confiance, qu'il vient de sonner pour procéder à sa toilette de jour.

Sur une petite table en bois de rose, incrusté de palissandre, est une lettre tout ouverte, sur laquelle le banquier jette un coup d'œil complaisant en murmurant :

— Cette Régine est décidément une fille adorable, et j'en suis positivement amoureux fou !

En ce moment la porte s'ouvrit et Justin entra.

II

La toilette d'un lion.

Le valet de chambre de M. Verneuil était un homme de vingt-huit à trente ans, à la physionomie intelligente et rusée.

Il avait su s'emparer complètement de la confiance de son maître, qui n'avait plus de secrets pour lui.

Grâce au puissant levier de la flatterie, Justin remuait à sa guise les sentiments du banquier et les dirigeait dans tel sens qu'il lui plaisait, — pourvu toutefois que ce sens conduisît droit la main de M. Verneuil à laisser tomber quelque bonne gratification dans celle du valet, car l'intérêt était naturellement le grand mobile de toutes les actions du moderne Scapin.

Lorsque Justin pénétra dans la chambre de son maître, portant sur son bras une pile de gilets et une demi-douzaine de pantalons, M. Verneuil était, — nous l'avons dit, — en contemplation devant la lettre ouverte placée sur une petite table à sa portée.

— A quelle heure a-t-on apporté cette missive? — demanda-t-il en s'installant dans un fauteuil, tandis que Justin, après avoir déposé sur une chaise les divers objets de toilette qu'il portait entre ses bras, ouvrait un nécessaire en vermeil, et préparait les rasoirs et la crème pour faire la barbe.

— A huit heures et demie, — répondit le valet de chambre.

— Pauvre chère enfant! — fit M. Verneuil en tendant le

col en avant afin que Justin assujettît par derrière la serviette qu'il venait de lui placer sur la poitrine.

— Est-ce que madame est malade?

— Non, non pas.

— C'est qu'hier soir elle avait fait dire à monsieur qu'elle souffrait d'une violente migraine.

— Oui. Elle avait été contrariée parce que cette réunion d'actionnaires m'avait empêché d'aller passer la soirée auprès d'elle. — Elle est si sensible!

— Elle aime tant monsieur!

— Là, sincèrement, le crois-tu? — demanda M. Verneuil qui, le bas de la figure entièrement barbouillé de mousse de savon, levait béatement les yeux au ciel.

— Si je le crois! — répondit Justin en passant rapidement sur le cuir la lame du rasoir, position qui lui permettait de sourire tout à son aise sans être vu par son maître. — Si je le crois! Mais il faudrait être idiot ou aveugle pour ne pas reconnaître la passion véritable que monsieur a allumée dans le cœur de madame. — Le rasoir ne fait pas mal à monsieur?

— Non.

— D'ailleurs, — continua le valet de chambre en promenant d'une main exercée l'acier finement trempé sur le visage du vieux séducteur, — d'ailleurs, cet amour a-t-il quelque chose qui puisse surprendre monsieur? Il me semble qu'il doit être habitué à ces sortes de choses, car toutes ces dames...

— Oui... oui... je sais bien... mais... tu sais... Régine est si belle et si noble...

— Raison de plus. — L'eau est prête.

M. Verneuil, se levant alors, se dirigea vers un magnifique lavabo placé dans l'un des angles de la chambre.

— Figure-toi, — continua-t-il, tout en s'aspergeant d'une eau savamment mélangée à l'aide de compositions chimiques dont la propriété devait être d'assouplir la peau et de la préserver des rides, — figure-toi, Justin, qu'elle m'écrit, la pauvre enfant, qu'elle a passé une nuit des plus agitées..

— En vérité? — fit Justin qui tendait à son maître une serviette en fine toile de Frise.

— Elle a fait des rêves affreux : elle a songé qu'elle m'oubliait pour un rival... *et cœtera... et cœtera...* et cet affreux cauchemar a tellement torturé son sommeil, qu'elle me dit qu'elle va essayer de dormir jusqu'à une heure ou deux, que je ne vienne qu'en sortant de la Bourse, et que je n'oublie pas de lui apporter la petite croix qu'elle avait vue avant-hier chez Lepavec, le bijoutier du Palais-Royal.

— Ah! très-bien! — répondit Justin en aveuglant son maître à force de poudre de riz, afin de mieux dissimuler un sourire qu'il ne parvenait pas à étouffer.

— Tu vas aller tout à l'heure chercher ce bijou.

— Oui, monsieur.

— Enlève-moi donc ces maudits cheveux blancs qui s'obstinent à pousser sur la tempe gauche.

Justin prit une petite pince en argent et commença à épiler son maître, qui suivait de l'œil l'opération en se mirant dans une petite glace à main.

— Il me semble que cette eau ne vaut plus rien, — dit-il en désignant un flacon sur lequel se lisait cette étiquette révélatrice :

TEINTURE BLONDE POUR LES CHEVEUX.

— En effet, — répondit Justin, — je trouve qu'elle donne aux magnifiques cheveux de monsieur une teinte rougeâtre peu vraisemblable.

— Diable!... diable!... — fit le banquier très-inquiet.

— Nous allons essayer de l'autre flacon.

— C'est cela.

— Monsieur s'arrange-t-il les sourcils lui-même? — demanda le valet de chambre qui présenta à son maître une brosse excessivement mince enduite d'une matière grasse et brune destinée à simuler les sourcils absents.

— Donne...

En ce moment on frappa à la porte.

— Je n'y suis pas ! — s'écria précipitamment le banquier en s'arrêtant court dans l'opération délicate qu'il venait d'entreprendre.

Justin courut à la porte et l'entre-bâilla en se plaçant en face de l'ouverture, de manière à barrer l'accès de la chambre, ou plutôt et pour mieux dire, du laboratoire de M. Verneuil.

— C'est M. Edouard, — fit-il en tournant la tête vers son maître.

— Edouard ? Que me veut-il ?

— Il demande si monsieur est visible ?

— Tout à l'heure, tout à l'heure ! — Qu'il attende !

Justin referma la porte.

— Ce garçon est d'une indiscrétion invraisemblable, — dit M. Verneuil ne se souvenant pas qu'autrefois il aimait à ce que ses enfants vinssent l'embrasser à son lever.

Il est juste d'avouer qu'à cette époque le banquier ne passait qu'un quart d'heure à sa toilette, et que maintenant il trouvait trop courte la matinée entière.

— Comme mes lèvres sont pâles ce matin ! — Donne-moi donc de l'opiat carminé... Là .. bien... très-bien...

M. Verneuil se contempla de nouveau dans la glace. — Grâce à la préparation bienfaisante, sa lèvre, violacée quelques minutes auparavant, était maintenant d'un rouge de grenade épanouie.

Justin, qui avait fait chauffer les fers à frisure, procéda à l'arrangement des cheveux et à celui des favoris.

Il releva la moustache de son maître à l'aide de la cire soi-disant hongroise.

La figure de M. Verneuil, — en raison des soins minutieux que prenait d'elle l'adroit valet, — se métamorphosait peu à peu.

Une jeunesse factice prenait la place des stigmates de la vieillesse qui, tout à l'heure encore, étaient imprégnés sur le visage, et la science du parfumeur, jointe à l'art de l'habile Frontin, réparait ou semblait réparer *du temps l'irréparable outrage.*

La poudre de riz, adoucissant les nuances trop vives du teint général, donnait aux traits une pâleur intéressante, tandis que le rouge végétal, artistement appliqué sur les pommettes, gratifiait d'une fraîcheur agréable l'ensemble de la physionomie.

Sous les frottements réitérés de la patte de lièvre, le nez perdait ses bourgeons naissants et son coloris trop accusé.

Grâce à l'azur bienfaisant que renfermait la boîte à toilette, les veines du col et celles des tempes dessinaient vaguement leurs réseaux, donnant à la peau une transparence qui en indiquait la finesse.

L'eau merveilleuse, grâce à laquelle favoris, moustaches et cheveux abandonnaient leur teinte douteuse, rendait au banquier le parfum de jeunesse qu'il voulait conquérir à tout prix.

Puis, une fois cette opération de régénérescence accomplie, M. Verneuil se mit en devoir de procéder à l'habillement complet de sa personne.

Les nuances les plus douces et les plus printanières, les coupes les plus élégantes et les plus hardies attestaient le soin tout particulier que mettait le lion à disputer à la nature une apparence de verdeur que celle-ci semblait vouloir lui refuser avec le même acharnement qu'il mettait à la conquérir.

Le col finement empesé de sa chemise de batiste se rabattait sur une étroite cravate de taffetas noir.

Un habit d'été, aux basques arrondies, boutonné sur la

poitrine par un seul bouton, laissait apercevoir le piqué blanc du gilet, dont la nuance s'harmonisait merveilleusement avec celle d'un pantalon de toile anglaise à petits carreaux écrus et bleus.

Le banquier, tout en s'examinant d'un œil satisfait à l'aide d'une énorme glace qui lui renvoyait l'image de sa personne des pieds à la tête, le banquier prenait des poses coquettes et essayait ses mines les plus agréables.

— En vérité! je suis fort bien... parfaitement bien! conclue-t-il mentalement en ébauchement une pirouette sur les talons de ses souliers vernis.

§

Que le lecteur ne croie pas que nous chargions à dessein le portrait du personnage que nous venons de placer sous ses yeux.

Le type qu'offrait M. Verneuil n'est malheureusement pas rare de nos jours, et nous avouons, pour ce qui nous concerne, que nous avons été bien souvent à même d'étudier, *de visu*, les ridicules de bon nombre de ces vieillards s'obstinant à ne pas vouloir vieillir.

Les détails que nous venons de donner à propos de la toilette du banquier, ne sont pas le fruit de notre imagination, et nous confessons que nous n'avons fait ici que peindre le plus fidèlement possible un spectacle auquel nous avons assisté plusieurs fois.

Une chose véritablement remarquable est que, parmi ceux qui forment la classe si nombreuse des ci-devant jeunes gens, beaucoup sont doués d'une intelligence réelle, et dépensent autant d'esprit pour cultiver un ridicule, qu'ils en feraient preuve pour mener à bien une opération serieuse.

Ainsi, M. Verneuil, en tout ce qui ne concernait pas les agréments physiques de son individu, était un homme d'un sens parfaitement droit, d'une lucidité de conception exquise et d'un jugement sain.

Capable de donner d'excellents conseils, incapable d'une action déloyale, bon, serviable, obligeant par caractère, honnête par temperament, il était justement apprécié par le monde au milieu duquel il vivait.

De une heure à trois, lorsque l'homme à la mode faisait place au financier, M. Verneuil était véritablement l'un des rois de la Bourse, et chacune de ses paroles était écoutée comme un oracle infaillible.

Jamais le banquier n'avait participé à une opération douteuse, jamais ses commettants n'avaient eu à formuler contre lui la plainte la plus légère.

Sa maison jouissait, à juste titre, d'une vieille réputation d'équité et de sagesse qui faisait bien souvent la douleur des maisons rivales pour lesquelles son honorabilité semblait être un blâme de tous les instants.

Eh bien! ce même homme une fois rentré dans la vie privée, depouillait ses excellentes qualités pour endosser la livrée de la sottise.

La vanité, l'orgueil, l'égoïsme, la fatuité dominaient alors dans son cœur.

Prenant pour argent comptant les plus niaises flatteries, il devenait, sans s'en apercevoir, la proie d'une foule de misérables intrigants qui, en arrière, se moquaient de ses ridicules.

Oubliant que l'un des plus beaux apanages de la vieillesse était l'exemple à donner aux jeunes générations, il se lançait dans une société équivoque, qui le bafouait en l'exploitant.

Se refusant obstinément à regarder la vérité face à face, il avait été dupe bien souvent déjà de bon nombre de ces beautés vénales qui ne voyaient en lui qu'une proie facile à dévorer.

Comme tant d'autres de ses pareils; il s'était brouillé successivement avec des amis véritables, dont les sages conseils s'etaient efforcés de le ramener dans la voie du bon sens.

Enfin, et comme nous croyons déjà l'avoir dit plus haut, il en était arrivé peu à peu à prendre en aversion ses propres enfants, tant était puissante sa crainte de se voir relégué parmi les hommes de son âge.

Edouard surtout, Edouard qui approchait de la trentaine, était, pour le vieux lion, une sorte de bête noire.

Il voulait se débarrasser à tout prix de ce grand garçon, dont la présence était un certificat vivant des cinquante-cinq ans qu'il cherchait à oublier lui-même.

Nous connaissons le moyen que le banquier avait imaginé pour arriver à son but.

Expédier Edouard à Bordeaux et être pour jamais délivré de sa personne, semblait à M. Verneuil la chose du monde la plus simple et la plus facile.

Il ne faisait aucun doute que son ami, M. Messac, ne se trouvât honoré d'une telle alliance.

Seulement, il avait compté sans la résistance que son fils, lui-même, offrirait à ses projets.

Et maintenant, que le lecteur nous pardonne d'être revenus un peu longuement peut-être, sur les côtés saillants du caractère du banquier, mais, ainsi que le prouvera la suite de notre récit, ces redites n'étaient pas inutiles.

Ceci posé, nous reprenons :

§

Edouard, impatient, avait par trois fois heurté à la porte du sanctuaire, sans avoir pu en obtenir l'entrée.

Enfin M. Verneuil, coiffé, paré, parfumé, habillé, se décida à recevoir son fils.

Justin sortit après avoir introduit le jeune homme.

— Bonjour, mon père, — dit Edouard en s'approchant.

— Bonjour, Edouard, bonjour, — répondit le banquier en

roulant entre ses doigts une feuille de papier à cigarette. — Que me voulez-vous donc de si bon matin ?

— Je venais, — dit Edouard qui, évidemment, avait préparé d'avance son thème, — je venais vous demander si notre conversation d'hier soir était réellement sérieuse?

— Comment cela, monsieur?.

— Si ces projets de mariage dont vous me parliez....

— Ces projets, — interrompit froidement le banquier, — ces projets sont parfaitement arrêtés, monsieur, et vous les réaliserez.

— Je regrette, mon père, qu'en cette circonstance ma volonté ne puisse se soumettre à la vôtre, mais...

— Mais? — demanda M. Verneuil en voyant son fils hésiter.

— Mais je ne puis me soumettre à votre désir, mon père.

— Pourquoi cela, je vous prie?

— Parce que je n'ai nulle envie de me marier...

Le banquier frappa du pied avec colère.

— Ainsi, monsieur, — fit-il en conservant une tenue droite et raide, autant par dignité naturelle que par crainte de froisser son col de chemise ; — ainsi, monsieur, vous ne voulez pas renoncer à cette existence débauchée qui vous a fait contracter pour cent mille francs de dettes? Ainsi vous refusez un établissement avantageux qui assurerait votre avenir ? Ainsi vous trouvez indigne de vous d'épouser mademoiselle Ernestine Messac?

— Permettez, mon père, — répondit le jeune homme, sans paraître le moins du monde intimidé par le courroux paternel; — permettez! Je n'ai pas la prétention de me croire supérieur à mademoiselle Ernestine, et je me déclare, au contraire, parfaitement indigne d'elle...

— Phrases creuses que cela !

— Je refuse tout simplement de quitter Paris pour aller m'ensevelir dans une ville de province.

8.

— Mais Bordeaux est une ville magnifique !...

— Je ne discute pas ce point...

— C'est un second Paris !

— Je préfère le premier.

— Monsieur !

— Mon père, — dit Edouard avec le calme parfait d'une résolution fermement prise, — mon père, veuillez vous mettre à ma place. Est-ce que vous consentiriez à renoncer ainsi brusquement à vos habitudes... à vos amitiés de chaque jour... à vos... plaisirs ?...

— Il ne s'agit pas de moi, monsieur ! — interrompit M. Verneuil. — Je n'ai pas, que je sache, cent mille francs de dettes, moi !

— Mon père, si je les ai, ces cent mille francs de dettes, ce n'est pas ma faute.

— Comment ! ce n'est pas votre faute ? Et qui donc vous a contraint à faire ces folies ?

— Mais... ma position... la vôtre même...

— Ma position, à moi ?

— Sans doute, mon père. Veuillez m'écouter sans vous mettre en colère. — Je suis votre fils, je porte votre nom, et tout Paris connaît votre fortune.

— Ma fortune est à moi, monsieur, je l'ai loyalement gagnée.

— Personne ne songe à contester ces deux points, mon père, et vous savez que je ne me suis jamais écarté du respect qui vous est dû...

— Je le sais, — répondit sèchement le banquier.

— Croyez-vous, mon père, qu'il soit facile d'être le fils de M. Verneuil, l'un des banquiers les mieux posés de Paris, et de vivre avec les deux cents francs par mois que vous me donnez ?

— Mon père, à moi, ne me donnait pas plus, monsieur, et je vivais tout comme un autre.

— Mais mon grand-père ne possédait peut-être pas huit chevaux dans ses écuries, des équipages admirablement tenus, une loge à l'Opéra et...

— Monsieur! — s'écria le banquier furieux, — oseriez-vous me reprocher mes dépenses?

— Dieu m'en garde! — répondit Edouard en s'inclinant respectueusement. — Je n'ai qu'un désir, celui de vous voir heureux. Je voulais seulement vous expliquer comment il s'était fait que j'avais été forcé de...

— De dépenser cent mille francs en cinq années!

— Mon père, je vous en prie, écoutez-moi!

— J'écoute, monsieur!

— Eh bien! voici ce que je voulais vous proposer : ajoutez un zéro à ma pension mensuelle. Donnez-moi deux mille francs, au lieu de deux cents, et je vous jure que je m'arrangerai avec mes créanciers; je les payerai peu à peu et je ne ferai aucune dette nouvelle.

— Il ne vous appartient pas de me poser des conditions, monsieur, — répondit le banquier. — C'est à vous à subir les exigences de ma volonté. Je payerai vos dettes, et vous épouserez mademoiselle Messac avant un mois d'ici...

— Mais... mon père... si je n'accepte pas?

— Vous vous arrangerez alors comme vous le voudrez ou comme vous le pourrez, mais vous n'aurez pas à compter sur moi pour empêcher vos créanciers de vous poursuivre.

— C'est là votre dernier mot, mon père?

— Oui, monsieur.

— Ainsi je n'ai rien à espérer en dehors de ce mariage?

— Rien!

— Alors, mon père, mon parti est pris.

— Et quel est ce parti, monsieur?

— Je ne me marierai pas!

M. Verneuil fit un geste de violence, puis reprenant son sangfroid prêt à l'abandonner :

— Je vous donne vingt-quatre heures pour réfléchir, — dit-il.

— Je vous remercie, mon père : mais cela est inutile, je ne quitterai pas Paris.

— C'est ce que nous verrons, monsieur! — s'écria le banquier. — En attendant, veuillez mettre un terme à cette discussion qui me fatigue...

— Mon père, je vous en prie, ne nous quittons pas ainsi! — dit Edouard, dont les excellents sentiments souffraient du désaccord qui régnait entre lui et le banquier.

— Soumettez-vous alors!

— Je ne le puis pas!...

— Et pourquoi, s'il vous plaît?

— Parce que... je ne saurais aimer mademoiselle Messac.

— Sornettes que cela! Elle est charmante!...

— Je ne dis pas, mais...

— Assez sur ce sujet, monsieur! Demain matin vous viendrez me dire votre dernier mot!

Edouard hésitait à sortir, lorsque Justin entra dans la chambre de son maître.

— Monsieur, — dit-il en s'adressant à celui-ci, — il y a là une personne qui demande à vous parler.

— Qui est-ce?

— Voici le nom de ce monsieur, — répondit Justin en tendant une carte sur laquelle Verneuil jeta les yeux.

— M. Messac! — s'écria-t-il, — Messac est à Paris! Faites entrer!

— M. Messac! — murmura Edouard, — c'est le diable qui l'envoie, celui-là!

— Préparez-vous à m'obéir, monsieur, — fit le banquier en se tournant vers son fils.

— Ne parlez pas de ce mariage, je n'y consentirai jamais! — s'écria le jeune homme, saisi d'une sorte de terreur panique, en songeant qu'il allait se trouver face à face avec l'homme qu'on voulait lui imposer pour beau-père.

— Restez! — dit Verneuil avec un geste impératif.

— Impossible, mon père, j'ai un rendez-vous à onze heures, — répondit Edouard en saisissant son chapeau.

— M. Messac! — annonça Justin en ouvrant la porte.

— Adieu, mon père! — fit brusquement Edouard.

Et, sans donner le temps à M. Verneuil de formuler de nouveau l'ordre d'attendre l'arrivée de l'armateur bordelais, le jeune homme souleva une portière en damas cramoisi, qui cachait une porte dérobée, et l'ouvrant précipitamment, il s'élança au dehors.

— Drôle! — murmura M. Verneuil en voyant Edouard disparaître sous le rideau d'étoffe de soie.

Puis, après s'être adressé un sourire dans une glace, afin de s'assurer de la bonne grâce de sa personne, car M. Verneuil tenait à faire de l'effet, même sur ses amis, le banquier s'avança au-devant du visiteur que Justin venait d'introduire.

III

Une nouvelle inattendue.

Edouard, après avoir quitté l'appartement de son père, descendit vivement l'escalier de la maison et s'élança dans la rue.

— J'ai fait ce que je devais faire, — se dit-il en suivant la direction du boulevard, — maintenant je n'ai plus aucun scrupule et je vais signer mes lettres de change.

Dix minutes après, il atteignait l'extrémité du boulevard des Italiens ; et il échangeait une poignée de main avec Georges qui l'attendait à la porte de l'usurier.

— Peste ! — fit celui-ci en remarquant l'émotion d'Edouard, — tu as l'air tout évaporé ce matin. Est-ce que tu ne fais que de sortir de chez la belle Régine ?

— Régine ? — répondit Edouard, — mais je ne l'ai pas revue depuis cette nuit.

— Eh bien ?

— Eh bien ! quoi ?

— N'est-ce pas qu'elle est ravissante ?

— Je crois que oui.

— Comment ! tu crois ?

— Dame ! sans doute. Je ne l'ai vue qu'à la lumière, moi.

— Bah ! ses volets étaient-il donc fermés ce matin ?

— Mais, je te répète que je ne l'ai pas vue ce matin.

— A quelle heure l'as-tu donc quittée ?

— Je l'ai quittée cette nuit, après souper, à sa porte.

— A sa porte ? — s'écria Georges en riant.

— Oui.

— Innocent !

Edouard regarda son ami et se prit à hausser les épaules.

— Je voulais être seul, — répondit-il.

— Et dis-moi, cher Joseph, n'aurais-tu pas laissé ton paletot entre les main de madame Putiphar ? — demanda Georges en riant ironiquement.

— Si je l'avais laissé, je le reprendrais ce soir, — répondit Edouard.

— Tu y vas donc ?

— Oui.

— Vous avez rendez-vous ? — A quelle heure ?

— A minuit.

— Où cela ?

— Aux Champs-Elysées.

— Et tu seras exact, hein ?

— Ma foi... je n'en sais rien... cela dépend ?...

— De quoi ?

— De beaucoup de choses...

— Eh bien, si tu fais poser Régine, tu auras tort.

— Pourquoi cela ?

— Parce qu'elle serait femme à s'en venger un jour ou l'autre, et...

— Il ne s'agit pas de Régine, — interrompit Edouard; — il s'agit de M. Pongevin. Il est onze heures un quart, il doit nous attendre...

— Cela est vrai, — répondit Georges, — mais avant de monter chez lui, il faut que je t'explique les petites conditions qu'il exige...

— Inutile, je les accepte toutes.

— Mais...

— Mon parti est pris, j'emprunte.

— Très-bien !

— Et si je fais des sottises, tant pis pour mon père. Il ne tenait qu'à lui, il y a cinq minutes, de m'en empêcher.

— Comment cela ? — demanda vivement Georges.

Edouard lui raconta en deux mots l'histoire de la démarche qu'il avait tentée avant de se décider à avoir affaire à M. Pongevin.

Lorsque Georges apprit que l'entretien du père et du fils s'était terminé sur l'arrivée de M. Messac, il fit un mouvement qu'il réprima aussitôt.

— Régine ne m'avait pas trompé, — pensa-t-il.

Puis, revenant à Edouard.

— Ecoute, dit-il, — je vais monter avec toi chez Pongevin, et, une fois l'affaire terminée, je vous laisserai déjeuner en tête-à-tête, j'ai moi-même des occupations sérieuses ce matin. — Songe seulement que tu dois aller chez M. de La Fresnaye.

— Sois tranquille.

— Et tu m'attendras en revenant, chez Tortoni. — J'y serai à deux heures,

— Bien, — fit Edouard en franchissant la porte du banquier.

Quelques moments après, Edouard, installé devant le bureau de M. Pongevin, signait et paraphait les lettres de change en question, recevait une contre-lettre du banquier à propos des renouvellements, s'engageait à ne pas liquider sa fortune sans solder d'abord le montant de ses acceptations, et enfin, prenait des mains de son escompteur un mandat sur la banque de France du montant de deux cent mille francs, payable à vue, au porteur.

En serrant le précieux papier dans son porte-monnaie, Edouard ne put réprimer un soupir de regret, car il songeait à la brèche énorme qu'il venait de faire à son patrimoine.

Mais une pensée de joie vint illuminer son front.

— Maintenant, — se disait-il, — je retrouverai ma jolie inconnue, sur le compte de laquelle cet imbécile de cocher n'a pu me donner ce matin aucun renseignement.

Pendant qu'Edouard se livrait à ces réflexions de natures opposées, Georges et M. Pongevin étaient passés dans une pièce voisine, — le fameux salon décoré du non moins fameux tapis d'Aubusson.

M. Pongevin compta douze billets de mille francs chacun qu'il remit à Georges.

— Merci! — dit celui-ci, — mais vous devriez me remercier aussi, vous, car tous les oiseaux que je vous amène n'ont pas d'aussi belles plumes que celui-ci.

— Nous verrons plus tard, — répondit le banquier. — En attendant, à quand le mariage?

— A bientôt, mon cher !

— En vérité ?

— Tel que vous me voyez, je vous quitte pour aller serrer la main à mon futur beau-père.

— Il est donc à Paris ?

— Oui.

— Voyons, dites-moi son nom ?

— Vous le saurez en recevant ma lettre de faire part. Songez toujours à ce que vous m'avez promis.

— A condition que vous n'achèterez la corbeille que quand le contrat sera signé.

— Parbleu !

— Monsieur est servi ! — dit le valet de chambre de Pongevin en apparaissant brusquement dans le salon.

— Adieu ! — fit Georges.

Et traversant le cabinet du banquier, il serra la main d'Edouard en lui recommandant encore de ne pas oublier la visite que celui-ci devait au comte de La Fresnaye, puis il sortit de la maison et se dirigea rapidement vers la rue de la Chaussée-d'Antin.

— A quel propos mon cher cousin est-il venu à Paris sans me faire part de son voyage ? — se demandait le baron d'Aurcilly tout en longeant la base des maisons qui forment le côté droit du boulevard. — Et pourquoi vient-il ainsi chez M. Verneuil dès le lendemain de son arrivée ? Ce vieil imbécile aurait-il donc manigancé d'avance le mariage de son fils ? Impossible ! il m'en aurait parlé. Il faut qu'il se soit passé là-bas quelque chose d'extraordinaire. Ernestine serait-elle de la pérégrination ? Ma foi ! je le désirerais presque. Mais, oui !... A tout prendre, ce voyage pourrait bien tourner au mieux de mes intérêts.

Et Georges, combinant dans sa tête un plan nouveau relatif à l'événement, atteignit la porte du logis de M. Verneuil.

— Où est ton maître ? — demanda-t-il à Justin avec l'aisance d'un intime habitué de la maison.

— Dans sa chambre, monsieur.

— Il n'est pas seul, n'est-ce pas ?

— Non. Je viens d'annoncer quelqu'un.

— Eh bien ! annonce-moi à mon tour.

— Mais... c'est que monsieur est en affaires.

— Qu'importe !

— Il m'a défendu de le déranger pour qui que ce soit.

— Eh ! je n'étais pas compris dans cette défense.

Justin mentait en parlant ainsi, car son maître ne lui avait donné aucun ordre, mais en sa qualité d'exploiteur des faiblesses du banquier, il détestait Georges dont il avait deviné, sinon le but, du moins les instincts.

Plusieurs fois déjà il s'était efforcé de nuire au baron dans l'esprit du banquier, mais Georges avait su enfoncer si adroitement les flèches de la flatterie dans le cœur du vieux lion, que celui-ci avait pour lui une amitié véritable.

Justin, comprenant qu'il briserait son influence contre celle de M. d'Aureilly, s'était donc abstenu et avait changé de tactique.

Aussi, cette fois encore, s'inclina-t-il devant la volonté de Georges, et se résolut-il, quoique bien à contre cœur, à aller annoncer sa venue.

Au nom du baron d'Aureilly de Pontac, jeté par le valet au milieu de la conversation des deux amis, M. Messac se leva vivement tandis que M. Verneuil criait d'une voix engageante :

— Entre donc, cher ! entre donc ! Comment ! tu te fais annoncer maintenant ?

— Je savais que tu n'étais pas seul, — répondit Georges en saluant tout d'abord M. Messac auquel il tendit la main avec empressement.

— Bonjour, Georges ! bonjour ! — fit l'armateur en répondant au geste amical du baron.

— Bonjour, mon cher cousin, — répondit Georges.

— Comment! vous êtes donc parents? — s'écria le banquier avec étonnement.

— Mais, oui, — répondit M. de Messac avec l'un de ces francs sourires qui, en égayant la physionomie, décèle la placidité de l'esprit et l'honnêteté du cœur, — mais oui, nous sommes parents par les femmes. Tel que vous me voyez, mon cher Verneuil, j'ai épousé jadis une demoiselle de Pontac, ce qui me procure l'insigne honneur d'être aujourd'hui le cousin du baron d'Aureilly.

— Si l'honneur est pour vous, le bonheur fut pour moi, cousin, — dit le baron avec empressement, — car je n'oublierai jamais les services que vous m'avez rendus.

— Oui, je sais que vous avez bon cœur, Georges.

— Et Ernestine ma belle petite cousine, comment se porte-t-elle ?

— Très-bien ! Vous la verrez probablement ces jours-ci.

— Comment ? Elle est donc à Paris ?

— Mais certainement.

— Alors, c'est un voyage de famille que vous accomplissez?

— Tout à fait.

— Je devine. Ernestine avait envie de visiter la capitale.

— Effectivement ; mais ce n'est pas là le seul motif qui m'ait déterminé à quitter Bordeaux.

— Dans tous les cas, — dit M. Verneuil, — soyez le bienvenu, mon cher Messac, et laissez-moi vous remercier d'avoir reçu votre première visite.

— Êtes-vous à Paris pour longtemps au moins ? — demanda Georges qui s'efforçait de pénétrer les causes du voyage de l'armateur.

— Pour un mois ou deux.

— Bravo, cousin, bravo ! Si vous avez besoin d'un cicerone pour voir la grande ville, faites état de moi, je vous prie.

— Ma foi ! ce n'est pas de refus. J'ai besoin de quelqu'un

qui connaisse parfaitement les habitudes parisiennes pour mener à bien une opération que je veux entreprendre.

— Et peut-on savoir quelle est cette opération ?

— Oh! elle est bien simple et j'allais en faire part à mon ami Verneuil lorsque vous êtes arrivé. En deux mots, voici la chose : je viens à Paris tout exprès pour marier ma fille...

— Vous mariez votre fille ! — s'écrièrent à la fois Georges et le banquier.

— Mon Dieu ! oui...

— Diable ! — pensa M. Verneuil en reprimant une légère grimace, — voici mes projets détruits... ou à peu près

Georges ne dit rien, mais ses sourcils se rapprochèrent et il passa la main sur son front qui venait de se mouiller de sueur.

Le baron voyait tout à coup s'anéantir tous ses rêves dorés.

Cependant, sa nature énergique ne lui fit pas défaut.

Pas un muscle de son visage ne décela le coup que venait de lui porter involontairement le négociant de la Gironde.

Il demeura calme et souriant, et ce fut sans le moindre tressaillement dans la voix qu'il reprit :

— Mais, Ernestine n'a pas encore vingt ans, et je vous avais toujours entendu dire que vous ne la marieriez pas avant qu'elle ait atteint cet âge.

— C'est vrai, je le voulais, mais les circonstances... des motifs puissants, que moi seul puis apprécier, me contraignent à revenir sur cette décision, et aujourd'hui tout est arrangé.

— Ainsi le mariage est arrêté ? — demanda Verneuil.

— Tout à fait arrêté ?

— Depuis longtemps ?

— Depuis six semaines.

— Et Ernestine est contente ? — dit Georges.

— Enchantée.

— Son futur est riche ?

— Il a une trentaine de mille livres de rente.

— Il est dans les affaires?

— Non! il ne fait rien et se contente de vivre de ses revenus.

— Il habite Paris? — demanda à son tour le banquier.

— Deux ou trois mois par an.

— Et... le nom de ce fortuné mortel est-il un secret? — fit Georges en s'efforçant de jouer l'indifférence.

— Non pas, il se nomme le comte Max de La Fresnaye.

Cette fois, Georges ne fut pas assez maître de lui pour ne pas réprimer un geste d'étonnement.

— Voilà qui est bizarre! — dit-il.

— Est-ce que vous le connaissez? — demanda M. Messac.

— Je l'ai vu hier pour la première fois, — répondit le baron en songeant qu'en ce moment même Edouard Verneuil devait être auprès du comte en train de régler les conditions du duel.

— Quant à moi, je ne connais pas ce monsieur, — dit vivement le banquier parisien ; — mais je regrette, mon cher Messac, que vous ayez engagé votre parole sans me prévenir. J'aurais eu à vous proposer un parti au moins aussi avantageux que celui que vous avez trouvé.

— Que voulez-vous, mon cher Verneuil, — les choses ont marché plus vite que je ne le supposais, et... encore une fois, des circonstances graves et impérieuses...

— Mademoiselle votre fille adore donc ce monsieur?

— Non... pas précisément. Ernestine voit ce mariage d'un air favorable, voilà tout. . C'est moi qui me trouve lié...

— Très-bien, n'en parlons plus! — dit M. Verneuil en voyant que son ami désirait ne pas être pressé davantage sur ce sujet.

— Et ne disiez vous pas, cousin, que vous aviez besoin de moi? — demanda Georges devenu entièrement maître de lui-même.

— Oui, j'ai besoin d'un ami qui se charge de trouver pour

mes enfants une résidence parisienne digne d'eux et... de moi.

— C'est une surprise que vous voudriez leur faire, peut-être ?

— Précisément.

— Eh bien ! cousin, comptez sur moi. Dès aujourd'hui je vais me mettre en route.

— Et quant à vous, mon cher Verneuil, — continua l'armateur, — je voulais vous consulter sur certains placements financiers...

— A vos ordres, — répondit le banquier.

— A propos... connaissez-vous la maison Pongeyin?

— Oui... oui... solide, mais peu honorable.

— Ah ! très-bien.

— Est-ce que vous avez affaire avec cette maison-là?

— Oui et non. — Je ne suis pas en relation avec elle, mais on m'a proposé tout à l'heure son papier.

— Oh ! vous pouvez le prendre en toute sécurité.

— Au reste, l'affaire n'est pas faite. Il s'agit d'une opération avec un confrère du Hâvre, et rien n'est arrêté encore. Pour le moment, il est question de moi...

Depuis quelques minutes, Georges, entièrement absorbé dans ses réflexions, n'écoutait pas ce qui se disait entre ses deux compagnons.

Le tintement du timbre de la pendule qui sonna deux heures et demie le rappela à la situation présente.

— Edouard m'attend ! — pensa-t-il.

Et se levant vivement :

— Je vous laisse causer finance, — dit-il en s'adressant à M. Messac, — et je vais m'occuper, sans plus tarder, de vous être agréable.

— Merci, mon ami, — répondit l'armateur. — Demain j'irai vous rendre une petite visite, et nous causerons plus au long.

— Dînes-tu ce soir avec moi, cher ? — demanda Verneuil en serrant la main que Georges lui tendait.

— Je ne sais pas, — répondit celui-ci. — Si tu ne me vois pas au bois, tu me trouveras sans doute à la *Maison-d'Or*, à six heures.

— Bien. — A ce soir, alors.

— A ce soir.

Georges salua les deux hommes et sortit.

— Corbleu ! — fit-il en mettant le pied dans la rue, — c'est la Providence qui m'a jeté hier sur le chemin de ce monsieur. Pourvu maintenant qu'Edouard ait obtenu l'épée.

En arrivant à *Tortoni*, le baron chercha des yeux son ami.

Edouard n'était dans aucun des salons.

— Allons ! je vais attendre ! — murmura Georges en s'asseyant. — Garçon ! donnez-moi du café.

— Monsieur ne déjeûne pas ? — demanda le garçon en s'approchant.

— Non ! je n'ai pas faim ! Dépêchez-vous !

Il y avait dans la voix du baron quelque chose de si étrangement impératif, que le garçon se précipita dans le laboratoire et se hâta de servir le café commandé.

Georges s'installa devant une petite table placée à côté de l'une des fenêtres.

— Voyons, — se dit-il, — la situation est-elle désespérée ? — Il y a dans ce mariage quelque chose d'étrange que je ne puis deviner. Pourquoi ces réticences de la part de M. Messac ?

« Sa fille voit ce mariage d'un œil favorable, — continua-t-il en se rappelant les paroles de l'armateur ; — mais ce sont les circonstances surtout qui l'ont contraint à cette union...

« Que diable cela veut-il dire ?

« Je connais mon très-cher cousin. Il possède une volonté de fer, que l'on ne fait pas plier aisément.

« Lui qui s'était toujours promis de ne marier Ernestine qu'à un homme qui prendrait un jour la suite des affaires de sa maison, comment se fait-il qu'il se soit décidé tout à coup à lui donner pour époux un gentilhomme vivant de ses rentes ?

« Ces motifs sont donc bien graves, ou d'une nature bien extraordinaire, pour qu'il paraisse ne pas être tenté de les révéler ?

« Ma parole d'honneur ! — je m'y perds !

« Et cet Edouard qui n'arrive pas ! »

Georges se pencha vers la fenêtre ouverte et regarda au dehors.

— Après tout, — reprit-il, — si je tuais après-demain ce M. de La Fresnaye, cela n'avancerait pas beaucoup mes affaires.

« Qui sait, au contraire, si cette mort ne deviendrait pas un obstacle invincible à mes projets ?

« Il faudrait pouvoir tourner la situation.

« Si je trouvais un moyen adroit de tout apprendre avant l'exécution de ce duel !...

« Oui... Mais quel moyen ? »

Et Georges, passant la main sur son front, essaya de faire jaillir de son cerveau une idée qui vînt le tirer d'embarras ; mais, contre son habitude, son esprit demeura inactif et stérile.

Incapable de résister au besoin d'agitation qu'il éprouvait, le baron se leva et se mit à parcourir le café presque désert.

IV

Les deux lettres.

Georges attendit ainsi une demi-heure, en trompant son

impatience par un mouvement semblable à celui que se donne un écureuil dans sa cage.

Formant projets sur projets et ne s'arrêtant à aucun, le baron sentait s'augmenter l'état d'irritation dans lequel il se trouvait.

— Edouard ne l'aurait-il pas rencontré? se disait-il; — mais dans ce cas il serait revenu.

En ce moment, un homme, vêtu d'un habillement complet en velours de coton vert foncé, et portant à sa boutonnière une médaille en cuivre, sur laquelle se dessinait un énorme numéro, pénétra dans le premier salon du café élégant.

Portant la main à sa casquette, cet homme se dirigea vers la dame de comptoir, et lui montrant une lettre qu'il tenait à la main.

— Madame, — demanda-t-il, — c'est-y pas ici qu'est un monsieur qui s'appelle comme ça !

La dame prit la missive et en lut la suscription.

Puis agitant une sonnette qui se trouvait à sa portée :

— François! dit-elle au garçon qui accourut, — avez-vous vu ce matin monsieur le baron d'Aureilly de Pontac?

— Oui, madame, il est là! — répondit le garçon en désignant du geste le petit salon qui donne sur la rue Taitbout.

— Remettez-lui cette lettre alors

François porta la lettre au baron.

— Ah! ah! — c'est d'Édouard! — murmura celui-ci en décachetant vivement la missive, et en la parcourant rapidement des yeux.

— Y a-t-il une réponse, monsieur? — demanda le garçon.

— Non, — non! — qui a apporté cela?

— Un commissionnaire.

— Bien! Payez-le, et qu'il s'en aille au diable! — s'écria le baron en donnant tous les signes d'une vive impatience.

Puis, quand il fut seul, il recommença la lecture de la lettre qu'il venait de recevoir.

9.

— Ah ça, sambleu! — dit-il en froissant convulsivement le papier qu'il tenait à la main. — Tout le monde s'est donc ligué aujourd'hui pour me poser des énigmes! Qu'est-ce que ce petit imbécile d'Édouard veut dire avec ses phrases sangrenues ?

Et Georges se prit encore à lire la lettre, mais cette fois, ce fut à demi-voix.

Voici ce que contenait cette missive signée par Edouard Verneuil et datée d'un café des Champs-Elysées avoisinant le tir au pistolet situé au rond-point.

« — Mon cher Georges, — ne m'attends pas plus longtemps ; des circonstances excessivement graves me forcent à me rendre immédiatement chez le comte d'Ornay, qui, tu le sais, demeure en haut des Champs-Elysées.

« J'ai vu monsieur de La Fresnaye.

« Demain, les conditions de votre rencontre seront définitivement arrêtées, mais avant de se battre avec toi, le comte doit se battre avec une autre personne.

« Pardonne-moi donc de t'avoir fait attendre, mais encore une fois, je te le répète : il m'a été impossible de venir te trouver.

« Au revoir, cher, et bien à toi,

« Edouard Verneuil. »

2 heures après midi

A peine Georges achevait-il sa troisième lecture sans avoir pu parvenir à comprendre ce qu'il y avait d'obscur dans la lettre de son ami, qu'un groom, en livrée élégante, gravit lestement les marches du perron du café.

Jetant un regard rapide et intelligent dans les trois salons qui s'ouvraient, à sa droite, à sa gauche et en face de lui, il aperçut le baron d'Aureilly.

Fouillant alors dans la poche de l'étroite redingote noire qu'une ceinture sanglait au-dessus des hanches, il en tira une petite enveloppe en papier rosé, puis, il se dirigea vers le baron.

— Ah c'est toi, Bouton-d'Or? — fit Georges en se retournant. — Qu'est-ce que tu veux ?

— Remettre cette lettre à monsieur, — répondit le groom.

— Encore! — s'écria le baron en souriant. — Ah çà, mais c'est une véritable journée épistolaire que celle-ci ! C'est ta maîtresse qui m'envoie cela ?

— Oui, monsieur.

— T'a-t-on dit d'attendre la réponse ?

— Madame ne m'a rien dit, mais j'attendrai.

Le groom se retira discrètement à quelque distance.

— Que peut me vouloir cette folle Régine ? — dit Georges en brisant le cachet de cire parfumée qui scellait le billet. — Voyons cela ! Et il commença à lire, tout en se caressant la moustache :

« Mon cher baron.

» Je trempe dans l'encre ma petite patte blanche, — suivant votre expression favorite, — afin de vous envoyer par Bouton-d'Or ces quelques lignes qui vous trouveront Dieu sait où.

« Bouton-d'Or a l'ordre de courir tous les endroits possibles jusqu'à tant qu'il ait rencontré Votre Hautesse.

« Voici ce dont il s'agit :

« J'ai besoin de causer sérieusement avec vous, attendu que j'ai un grave conseil à demander à votre estimable cervelle.

« Je suis pincée, mon pauvre Georges, pincée au point que je pourrai incessamment chanter la romance :

« J'ai donc enfin connu l'amour !.. »

« Mais ce n'est pas tout à fait de cela qu'il s'agit.

« Je me suis fourrée dans la tête une belle idée que je veux vous communiquer avant de la mettre à exécution.

« Là est la question.

« Puis-je assez compter sur votre amitié pour penser que vous répondrez à mon appel?

« Oui, n'est-ce pas?

« Donc, je vous attends à sept heures, — c'est l'instant où mon ours prend sa nourriture, et nous pourrons au moins causer librement.

« Je compte sur vous et je jette ma plume pour vous donner ma petite main à baiser.

« RÉGINE. »

— Ce pauvre Verneuil! — dit Georges, — s'il savait qu'on le traite d'ours!

Puis faisant signe à Bouton-d'Or de venir à lui :

— Tu diras à ta maîtresse, — continua-t-il, — que je serai chez elle à l'heure qu'elle m'indique.

Le groom s'inclina, salua et partit.

Georges demeura quelques moments immobile, et, relevant subitement la tête :

— Je crois que j'ai trouvé ce que je cherchais, — fit-il en roulant entre ses doigts la lettre de Régine. — Allons! Régine a bien fait de m'écrire, et Edouard peut passer la journée chez Lucien s'il le veut. — Ce soir je saurai ce qui peut contraindre mon cher cousin à donner sa fille à ce comte de La Fresnaye!

Et Georges affermissant, par un geste familier, son chapeau sur sa tête, sortit du café et gagna le boulevart en fredonnant son motif favori.

Si le lecteur le permet, nous allons laisser le baron d'Aureilly continuer sa promenade, et, rétrogradant de quelques heures, nous reviendrons au moment où Edouard Verneuil, après avoir reçu l'argent que lui remettait Pongevin en échange de sa signature, prenait congé du soi-disant banquier.

§

Lorsque la veille au soir, Edouard obéissant à l'attraction qu'avaient exercée sur lui les beaux yeux de Régine, s'etait élancé à sa suite dans l'élégante voiture de la courtisane, il avait oublié, pour un moment, avons-nous dit, la jolie inconnue qu'il avait secourue, et à propos de laquelle il avait senti son cœur battre plus vivement dans sa poitrine.

Edouard plaisait à Regine.

Soit caprice de bacchante, — soit passion vraie née instantanément, — la belle jeune femme se sentait entraînée par une force invincible vers le jeune homme auquel elle prodiguait ses plus alléchantes coquetteries.

Aussi, durant la route du Pré-Catelan à la Maison-d'Or, Régine fit-elle briller tous les feux de son esprit vif et mordant, et étala-t-elle complaisamment toutes les grâces dont la nature prodigue l'avait douée dans le but de rendre plus saisissante encore l'impression qu'elle avait produite sur le fils du banquier.

Un élan sincère d'amour, de quelque durée qu'il soit d'ailleurs, comporte avec lui une sorte de chasteté instinctive qui épure, pour un moment, les mœurs les plus dissolues.

La nature de Régine n'était pas, du reste, aussi vulgaire que l'est ordinairement celle des autres femmes de sa sorte.

Son cœur, parfaitement capable de sentiments généreux, avait une sorte de délicatesse primitive que l'existence plus que mondaine de la jolie pécheresse n'avait pas étouffée.

De tous les hommes qu'elle avait rencontrée jusqu'alors, Edouard était le seul qui eût produit sur elle une impression réelle, et cette impression avait eu pour effet de chasser du cœur de Régine ses instincts de courtisane et de n'y laisser que ces qualités exquises que Dieu a données en dot à la femme quand il a voulu en faire la merveille de ses créatures.

Aussi, aucun des compagnons d'orgie de la vierge folle, aucune de ses compagnes de luxurieuses débauches n'auraient-ils pu la reconnaître, lorsque doucement appuyée dans le fond de sa victoria, ses petits pieds à demi enfouis sous l'opulence de sa jupe et dont l'extrémité s'appuyait sur la toile vernie roulée, ses mains moelleusement croisées sur ses genoux, Régine égrenait au profit d'Edouard le chapelet des perles de son esprit.

Une tendresse ineffable se répandait sur ses moindres paroles prononcées par une voix voluptueusement voilée.

Edouard, de plus en plus fasciné, se laissait aller, lui aussi, à la poétique disposition de sa compagne, et, certes, quoique la chose pût paraître étrange, la jeune fille la plus pure et la plus ingénue eût pu y assister, sans crainte d'entendre blesser ses chastes oreilles et de sentir rougir son front virginal, à la longue conversation tenue par cette reine de la dépravation parisienne et par ce jeune homme habitué aux discours équivoques et cyniques des viveurs émérites.

Si bien, qu'une fois arrivés à la Maison-d'Or, une fois en présence de ces hommes et de ces femmes aux allures libres, et dénuées de toutes décences, Régine et Edouard se sentirent mal à l'aise, sans se rendre compte du sentiment étrange qui les dominait.

Tous ces gens qui les entouraient leur paraissaient sottement maussades, leur gaieté bruyante leur semblait triste, leurs rires éclatants les énervaient, leurs paroles hardies et triviales irritaient leurs oreilles.

Placés à table à côté l'un de l'autre, ils demeuraient, en apparence, froids et ennuyés.

Régine ne se donnait même pas la peine de répondre aux épigrammes que lui lançaient les convives et aux saillies provoquantes que se permettait mademoiselle Rosa, qui, noyant son chagrin amoureux dans un flot de champagne frappé, s'efforçait d'envoyer les traits les plus acérés à son ex-admirateur et à celle qui, pour nous servir d'une expression triviale, mais parfaitement vraie, lui avait coupé l'herbe sous le pied.

Cependant la nouvelle Ariane parvint à si bien ensevelir son dépit sous les restes de sa raison, qu'elle en arriva bientôt à confondre l'ingrat Édouard avec Félix de Charleval, assis à sa droite, et persuadée que son amant lui revenait, elle prodigua ses plus douces tendresses à son heureux voisin.

Bientôt la gaieté devint si bruyante et si générale, que l'on ne s'occupa plus du couple prétendu amoureux.

Régine et Édouard demeurèrent donc silencieux et rêveurs en toute liberté.

Ils ne s'étaient pas adressé un seul mot depuis leur entrée dans le restaurant.

Leurs mains même ne s'étaient pas rencontrées.

Une fois seulement, le soulier de satin de Régine effleura la botte vernie de son cavalier, et, pour être vrai, il faut dire que, soit insouciance, soit intention arrêtée, ce soulier mignon s'appuya doucement et tendrement sur son compagnon d'un autre sexe.

Une même commotion électrique sembla frapper spontanément les deux jeunes gens, car, à ce contact amoureux, tous deux tressaillirent.

Régine retira vivement son pied avec la chaste émotion d'une jeune fille à son premier amour.

Édouard sentit son cœur battre plus violemment, puis tous deux encore retombèrent dans leur rêverie.

A les voir, on les eût pris très-certainement pour deux amants épris tendrement l'un de l'autre, et cependant celui qui eût pu lire dans leur pensée, comme nous allons le faire, aurait constaté les routes très-différentes que suivait en ce moment leur imagination.

Régine, elle, obéissant à l'ardente fougue de sa nature, se

voyait transportée, à l'aide d'un pouvoir magique, sur les rives enchantées de quelque fleuve inconnu roulant des ondes limpides au milieu d'un Eldorado quelconque.

Là, vivant en joie, sans autre souci que celui de se faire chaque jour plus belle et plus parée, elle entendait Edouard, son amant, murmurer à ses oreilles ces phrases enchanteresses que l'amour sait faire parler dans toutes les langues.

Le luxe, la richesse, les plaisirs venaient encore augmenter la puissance de la passion qu'elle avait inspirée.

La physionomie expressive de la belle courtisane reflétait les impressions qu'elle ressentait, et si ses compagnons avaient eu alors conscience de leurs sentiments d'observation, nulle doute qu'ils n'eussent en partie deviné aux regards étincelants de ses grands yeux, au tressaillement sensuel de ses lèvres, à l'ardente rougeur qui couvrait son front, ce qui se passait dans son âme en proie à une sorte d'extase.

Hélas! si la pauvre petite avait pu, elle aussi, deviner de son côté les pensées de celui qu'elle croyait aimer, ses rêves de bonheur auraient bien vite étendu leurs ailes et se seraient envolés vers d'autres régions.

Edouard, en effet, était bien loin de la Maison d'Or, bien loin de ses compagnons et bien loin de Régine.

Les événements qui s'étaient accomplis durant la soirée étaient revenus en foule assaillir son esprit.

Il se retraçait, avec délice, toutes les circonstances qui avaient accompagné l'évanouissement de sa charmante inconnue.

Il sentait encore entre ses bras ce corps souple et léger qui s'abandonnait à lui.

Il revoyait, avec les yeux de l'esprit, le tableau enivrant qui s'était offert à ses regards, lorsqu'élevant la lanterne que lui avait prêtée le garçon de café, il avait contemplé la jeune fille à demi couchée sur le banc de la cascade.

Puis, c'était sa promenade, lorsque moelleusement appuyée

sur son bras, la ravissante créature suivait avec lui l'étroit sentier courant au bord de la rivière.

Il se rappelait son émotion lorsqu'il avait laissé échapper des paroles d'amour et l'espèce d'encouragement tacite renfermé dans les derniers mots prononcés par la jeune fille, lorsque la voix rude de l'homme qui paraissait avoir sur elle un droit incontestable, s'était fait subitement entendre.

Edouard se perdait en conjectures sur le compte de cet individu, et il pensait avec une sorte de joie que le lendemain ils devaient se retrouver tous deux face à face, puisque l'inconnu lui avait donné à Tortoni un rendez-vous auquel ni l'un ni l'autre ne manquerait évidemment.

Enfin, au moment où Régine, bercée plus que jamais par les doux rêves qui la transportaient dans un monde fantastique, laissa glisser sa belle main sur le bord de la table et que cette main tomba sur celle du jeune homme, celui-ci, subissant le charme d'une illusion complète, saisit brusquement cette main blanche et satinée et la porta avec ardeur à ses lèvres.

— Je t'aime! — murmura la courtisane en fermant doucement les yeux.

— Je t'aime!... je t'aime! — répéta convulsivement Edouard continuant son rêve, et croyant s'adresser à la belle jeune fille qui occupait toute sa pensée.

— Bravo! bravo! — cria toute la table. — A la santé des amoureux!

Ce bruyant hourra réveilla subitement les deux jeunes gens.

Régine rougit à la grande hilarité des convives, et Edouard, passant lentement la main sur son front, promena autour de lui un regard étonné.

— Partons! — dit Régine en se levant.

— C'est vrai! — voici le jour, — ajouta M. Pongevin en quittant également la table.

— Allons donc! allons donc! est-ce que vous êtes gris? —

s'écria Céline en frappant sur l'épaule de l'associé du banquier.

— Ah!... Céline!... ah!... Céline!... — murmura M. Cornuel, qui ayant effectivement bu comme une éponge, éprouvait une difficulté d'autant plus grande à achever ses phrases.

— Laisse-le dormir, petite! — dit Lucien d'Ornay à l'oreille de Céline.

Celle-ci lança une œillade à son interlocuteur, et, tournant gracieusement ses blanches épaules :

— Au fait! — répondit-elle, — il y a assez longtemps qu'il m'ennuie!...

Et laissant M. Cornuel ronfler tout à son aise, elle s'échappa sous prétexte d'aller chercher son burnous laissé, probablement avec intention, dans un cabinet voisin.

Lucien la suivit comme bien on pense, et tous deux descendant rapidement l'escalier du restaurant, s'élancèrent en riant aux éclats, dans un coupé de louage.

Régine avait renvoyé sa voiture.

Edouard, revenu complètement à la situation, lui offrit son bras, car la première heure du jour se levant radieuse, Régine voulut revenir à pied.

La situation morale d'Edouard était étrange.

Son cœur et son esprit subissaient deux influences diverses.

Son cœur appartenait, tout entier, il n'en pouvait plus douter, à la jeune fille qu'il avait secourue, mais à peine la courtisane eut-elle appuyé son bras sur le sien, que le charme qui émanait de toute sa personne reprit son empire et vint s'emparer de l'esprit du jeune homme.

Par un effet singulier, beaucoup plus commun pourtant qu'on ne saurait le penser, son amour était à l'une et ses désirs à l'autre.

Régine, languissante, énamourée, appuyant ses deux petites mains sur le bras d'Edouard, glissant paresseusement son petit pied sur l'asphalte, faisant sentir dans sa démarche de créole toutes les ondulations de son corps charmant, Régine dont le front s'éclairait doucement sous les premières teintes de l'aurore, Régine sublime de grâces, et respirant l'amour, était bien la sirène antique, et on comprenait tout ce que cette femme pouvait faire oublier.

Edouard était jeune, ardent, impressionnable...

Peu à peu son bras pressa tendrement celui de sa compagne et, une fois arrivés en face du logis de Régine, lorsque celle-ci eût tiré le cordon de la sonnette, que la porte s'entr'ouvrit discrètement, et que la jeune femme, les yeux à demi-voilés, présenta son front à la bouche du jeune homme, les lèvres de celui-ci s'imprimèrent sur ce charmant visage, et ce furent les grands yeux de la courtisane qui reçurent le brûlant baiser.

Régine se redressa vivement, saisit à deux mains la tête d'Edouard, et lui rendit sur le front le baiser qu'elle venait de recevoir... Puis, s'élançant rapidement, elle poussa la porte, et Edouard étourdi, émerveillé, demeura seul sans avoir repris conscience de lui-même.

— Edouard, — murmura la voix de Régine qui, au travers du battant de chêne massif, parvint à l'oreille du jeune homme. — Edouard ! demain soir, à minuit, je serai aux Champs-Elysées. — Viendrez-vous ?

— Oui ! — répondit Edouard, — oui, je viendrai, car je t'aime !

— Merci ! — dit la courtisane dont la voix trembla subitement, et Edouard put entendre le doux bruit d'un baiser envoyé par les lèvres de Régine, sur le bout de ses doigts mignons.

Régine habitait la rue Neuve-des-Mathurins.

Edouard regagna le boulevard par la rue Tronchet.

Arrivé place de la Madeleine, le vent qui soufflait avec assez de force, vint baigner ses tempes d'un air frais et pur qui, — d'après les théories de MM. de la Faculté, — rétablit promptement l'équilibre des fluides.

— Non ! non ! je n'irai pas ! — dit-il à voix haute, et comme répondant à une pensée intérieure. — Non ! non ! j'ai obéi à l'entraînement de mes sens et non à celui de mon cœur, car celle que j'aime, ce n'est pas Régine, c'est une belle jeune fille dont l'image sera toujours là !

Edouard avait grande envie de continuer sa promenade matinale, mais MM. les balayeurs et mesdames les balayeuses dont les escadrons envahissaient en ce moment le quartier de la Chaussée-d'Antin, et notamment le boulevard, firent voltiger subitement sous les caresses de leurs balais, de tels nuages de poussière que le jeune homme, à demi suffoqué, gagna rapidement la rue de la Chaussée-d'Antin, et suivant l'expression de Joseph Prudhomme, *se réintégra dans son domicile politique.*

Le lecteur se rappelle sans doute la visite qu'Edouard crut devoir faire à son père des que l'entrée de la chambre de celui-ci lui fut permise.

On sait également quel en a été le résultat, et comment après avoir refusé une seconde fois la main de mademoiselle Ernestine, le jeune homme s'enfuit précipitamment à l'annonce de la visite de l'armateur de Bordeaux.

On se souvient aussi de sa rencontre avec Georges, puis de son entrée chez M. Pongevin, et enfin de la consommation de la dette qu'il contracta en poussant un soupir.

Après le départ de Georges, Edouard et Pongevin déjeunèrent en tête-à-tête, et le banquier qui venait de plumer un pigeon, se montra, vis-à-vis de sa victime, d'une amabilité charmante.

Il voulut à toute force présenter son nouveau client à madame son épouse, et Edouard fut contraint de se soumettre au désir de son hôte, qui le conduisit dans la chambre de madame Pongevin.

Celle-ci, en toilette plus voyante qu'élégante, plus somptueuse que comme il faut, accueillit avec un sourire affable le fils de M. Verneuil, et daigna même, ainsi que l'avait prédit Georges, lui donner sa blanche main à baiser.

La blanche main était bien un peu brune et beaucoup maigre, mais Edouard n'y fit pas la moindre attention, et l'effleura galamment de ses lèvres.

Bref, midi et demi sonnait, lorsque le banquier rendit la liberté à son convive.

Edouard, alors, sauta dans une voiture qu'il arrêta au passage, et donna l'ordre de le conduire vivement rue de Rivoli.

Ainsi qu'on le voit, il n'avait pas oublié la promesse faite à Georges, et il allait prévenir M. le comte Max de La Fresnaye, que son ami était à son entière disposition.

Rappelons ici au lecteur, que la veille au soir, Edouard n'avait pas entendu prononcer le nom du comte, et qu'il ignorait complètement que l'homme qui avait interrompu son entretien avec la jeune fille, et qui lui avait assigné un rendez-vous à Tortoni, était le même que celui avec lequel le baron d'Aureilly avait eu déjà maille à partir.

Ce qu'il savait parfaitement, au moins, c'était que ce M. de La Fresnaye avait la réputation d'un duelliste fameux, et qu'au dire de Lucien d'Ornay et à celui de Felix de Charleval, le comte avait sur la conscience, le trépas d'une douzaine d'adversaires.

Aussi, Edouard, avec la coquetterie naturelle à tout homme brave en pareille circonstance, jeta-t-il un regard attentif sur sa toilette, et boutonnant son habit, époussetant ses bottes et mettant ses gants, se prépara-t-il à l'entrevue sérieuse qui allait avoir lieu.

Le coupé de louage s'arrêta rue de Rivoli, presqu'à l'angle de la rue d'Alger.

Edouard sauta lestement à terre, et, ordonnant au cocher de l'attendre, il pénétra sous la voûte de la maison, portant le numéro indiqué sur la carte du comte.

XII

Mademoiselle Ernestine.

Au moment même où Edouard pénétrait dans la maison du comte de la Fresnaye, auquel il s'apprêtait à aller porter le message belliqueux du baron d'Aureilly, M. Messac, pressant dans les siennes la main de M. Verneuil, prenait congé du banquier, qui voulut à toute force le reconduire jusqu'au seuil de sa porte.

— Ainsi ce mariage est bien décidé! — disait M. Verneuil.
— Mon Dieu! oui, mon cher ami, — répondait l'armateur, et il n'y a même plus à y revenir.
— Allons, c'est fâcheux! bien fâcheux!
— Voyons donc! quel est le parti si beau que vous aviez à me proposer pour ma fille? — demanda M. Messac en se rapprochant curieusement.
— Pourquoi le dire maintenant? cela est inutile.
— Bah! Dites tout de même.
— Non...
— Je vous en prie...
— Mon cher Messac, le gendre que j'aurais eu à vous proposer...
— C'est? — dit le négociant bordelais en voyant son ami hésiter encore.
— C'est... mon fils tout simplement.
— Le petit Edouard?
— Le petit Edouard qui a aujourd'hui vingt-sept ans, et qui est aussi grand que vous et moi, — répondit naïvement M. Verneuil en étouffant un soupir, car, avouer l'âge de son fils, était presque avouer le sien, et nous savons que, sur ce

chapitre-là, le digne banquier était d'humeur peu communicative.

Mais les circonstances exigeaient l'aveu de la vérité, et de plus, pour M. Messac, qui depuis de longues années était en relations d'affaires avec la maison Verneuil, les cinquante-cinq printemps du financier n'étaient pas un mystère.

— Votre fils! — répéta l'armateur en réfléchissant.

— Oui, mon fils, dont la fortune est égale à celle de votre fille, et qui serait devenu votre associé par ce mariage. Il aurait habité Bordeaux, ce qui ne vous aurait pas privé de la présence de votre charmante Ernestine.

— Que voulez-vous, mon cher Verneuil, je le regrette, mais cela ne se peut pas.

— Pourquoi?

— Parce que ma parole est donnée.

— Mais...

— Je vous en prie, n'insistez pas. Il faut que ce mariage ait lieu.

— Il faut? — répéta M. Verneuil en soulignant pour ainsi dire ces deux mots.

— Oui... oui... il le faut! — Quelque jour vous saurez pourquoi.

— N'en parlons plus, mon cher ami, — dit le banquier en remarquant une sorte de tristesse qui se répandit tout à coup sur la physionomie du négociant girondin.

— Soyez certain, cependant, — ajouta vivement M. Messac, — que cette obligation n'a rien qui puisse porter atteinte à l'honneur de ma famille.

— J'en suis convaincu... — répondit M. Verneuil en serrant la main que lui tendait son ami.

— Ce sont des circonstances graves... étranges... indépendantes de ma volonté...

— Permettez, — interrompit M. Verneuil, — chacun de nous a ses petits secrets, et je ne veux pas connaître les vôtres. Qu'Ernestine soit heureuse, c'est tout ce que je désire. Ainsi donc, n'en parlons plus. — Il est l'heure de la Bourse, il faut que je m'y rende. Y venez-vous avec moi?

— Non, — répondit M. Messac, — je vais retrouver ma fille. — Au revoir.

— A demain, n'est-ce pas?

— Oui, sans doute.

L'armateur, prenant une dernière fois congé du banquier, par un geste amical, s'éloigna rapidement tandis que M. Verneuil regagnait son appartement.

— Justin! — fit celui-ci en appelant à haute voix.

— Monsieur? — répondit le valet qui accourut aussitôt.

— Fais atteler la calèche.

— Bien, monsieur.

— Ensuite, voici cent louis, tu iras chercher la petite croix que je veux offrir à Régine.

— C'est tout?

— Oui. — Ah! tu me feras songer aussi, à mon retour de la Bourse, à envoyer à la petite Coralie une jardinière en laque. Je crois la lui avoir promise. — C'est bien tout! va!

Justin sortit.

— Au diable ce mariage! — fit M. Verneuil, demeuré seul. — Edouard aurait fini par consentir... Il faudra que je cause sérieusement de tout cela avec Georges. Il est homme de bon conseil, et il me donnera, j'en suis sûr, un excellent avis. — Nous verrons...

— La calèche est attelée, — dit Justin qui rentra au moment où son maître, livré à de profondes réflexions, essayait de combiner un plan à l'aide duquel il pût, d'un même coup, faire rompre le mariage projeté par l'armateur, et mener à bonne fin celui d'Edouard avec mademoiselle Messac.

M. Verneuil tenait essentiellement à l'accomplissement de cette union, ainsi que nous l'avons expliqué plus haut, et il y aurait renoncé avec d'autant plus de peine qu'il pensait, à juste titre, qu'une occasion semblable se présenterait difficilement.

Dans l'alliance d'Edouard et de mademoiselle Ernestine, tout semblait concourir pour le mieux de chacun.

D'une part, Edouard entrait dans une excellente famille et faisait un fort beau mariage, ce qui mettait à l'abri de toute inquiétude le côté paternel de la situation du banquier.

D'une autre, Edouard, contraint à habiter Bordeaux, se mariant là-bas, debarrassait son père de sa présence, et ne le forçait pas à jouer aux yeux du public parisien le rôle respectable qu'il redoutait à l'égal du ridicule.

Aussi, avant d'aller à la Bourse, le banquier résolut-il de voir son ami Georges d'Aureilly, afin de lui raconter nettement les choses et de solliciter du baron, — conseil dans cette occurrence, — suivant la promesse qu'il s'en était faite.

— Où peut-être Georges ! — se demanda-t-il en montant en voiture.

Puis, après quelques secondes de réflexions :

— A Tortoni ! — dit-il au cocher.

Le léger véhicule partit au grand trot.

§

Laissons maintenant M. Verneuil, que nous retrouverons bientôt, courir à la recherche de son ami, le baron Georges, et, si le lecteur le permet, rejoignons l'armateur bordelais qui, suivant à pied, le côté droit de la Chaussée-d'Antin, vient, en ce moment, d'atteindre l'angle formé par l'élégante artère du quartier fashionable et la rue de la Victoire.

M. Messac était un homme de soixante ans.

Sa taille élevée paraissait d'aspect plus noble encore par suite de l'habitude qu'avait le négociant de porter haut la tête.

Sa démarche ferme annonçait une constitution robuste.

L'ensemble de sa physionomie exprimait la bonté, la franchise et une sorte de douceur calme tempérée par l'éclat d'un regard légèrement empreint de fierté.

On devinait que cet homme devait obéir à de nobles sentiments, mais que si la générosité et la mansuétude formaient le fond de son caractère, il devait, à l'occasion, savoir faire respecter son droit.

M. Messac, en effet, le bienfaiteur des pauvres et le protecteur de toutes les infortunes, était la terreur des *condottieri* du commerce girondin.

Pardonnant toujours une faute, il se montrait inflexible pour tout ce qui lui semblait entaché de fraude et de déloyauté.

Depuis longtemps président du tribunal de commerce de sa ville natale, il avait conquis la juste réputation d'un magistrat intègre, éclairé et impartial.

Son sens droit et profond en avait fait, à défaut d'un jurisconsulte savant, un juge consulaire remarquable.

M. Messac était dans les affaires depuis trente-huit ans; — (il avait, en 1818, succédé à son père) et jamais une contestation ne s'était élevée entre lui et ses nombreux clients.

Les capitaines de ses navires l'estimaient et le respectaient; — ses commis le redoutaient et lui obéissaient sans murmurer; — ses matelots l'adoraient et se seraient montrés, à l'occasion, d'un dévouement sans bornes.

M. Messac s'était marié jeune encore.

En racontant dans le chapitre cinquième les années d'enfance du baron d'Aureilly, nous avons dit que les premiers temps du mariage du négociant avaient été stériles.

Peu s'en fallut même que Georges, adopté par la famille de son cousin, ne devînt un jour l'héritier de la fortune péniblement amassée par trois générations successives d'armateurs.

La naissance de mademoiselle Ernestine vint combler de joie M. et madame Messac et détruire l'avenir doré du baron.

Cet enfant fut le seul fruit de l'union des deux époux, aussi serait-il superflu d'ajouter que la jeune fille se vit, dès son entrée en ce monde, entourée d'un double amour dont chaque année vint augmenter la force.

La tendresse des parents était si grande, et l'enfant justifiait si bien cette tendresse par les grâces charmantes de sa personne et par les précieuses qualités de son petit cœur, que M. et madame Messac voulant se priver le moins possible de la présence de leur fille chérie, ne purent se résoudre à la placer dans un pensionnat, lorsque l'âge arriva où il fut urgent de jeter dans cet esprit précoce les germes de l'éducation.

L'armateur s'enquit dans Bordeaux de professeurs intelligents qui pussent venir donner à domicile des leçons quotidiennes à mademoiselle Ernestine.

Parmi les candidats qui réunirent les qualités requises, se trouvait une femme veuve, parfaitement instruite, issue d'une excellente famille, et que de nombreux malheurs avaient fait déchoir d'une position aisée jusqu'à la dure nécessité d'enseigner pour vivre.

Cette femme, institutrice excellente, s'était formée une belle et productive clientèle parmi les meilleures maisons de a vieille cité languedocienne.

Elle se nommait Eulalie Pujols.

Eulalie s'éprit d'abord pour sa nouvelle écolière d'une amitié profonde.

Peu à peu, cette amitié grandissant avec les années devint, de la part de madame Pujols, une véritable passion dont les élans de tendresse étaient si vifs que, parfois, madame Messac fut sur le point de s'en montrer jalouse.

Dans toutes les maisons où elle allait, Eulalie ne parlait plus que de sa chère petite élève.

A l'entendre, Ernestine était un phénix.

Elle avait un esprit extraordinaire, une facilité désespérante pour toutes celles qui eussent voulu lutter, une adresse de fée, une bonté d'ange, une beauté de sirène, un charme irrésistible, *et cœtera, et cœtera...*

Quand madame Pujols mettait la conversation sur le chapitre de mademoiselle Messac, l'excellente femme ne sentait plus tarir sa verve louangeuse.

Malheureusement cette tendresse, désordonnée dans ses expressions, atteignit un but que la pauvre institutrice était loin de prévoir.

L'amour-propre des jeunes mères, qui lui donnaient le soin de l'éducation de leurs jeunes filles, se froissa singulièrement en entendant vanter à tous propos la petite merveille, au détriment des autres enfants.

Plusieurs personnes s'en fâchèrent même sérieusement, et madame Pujols vit un beau jour le nombre de ses jeunes élèves s'éclaircir d'une façon sensible.

Elle se consola par la seule pensée que, ses occupations étant moindres, elle serait libre de consacrer plus de temps à l'éducation de sa préférée.

Au reste M. Messac, reconnaissant de l'amitié de l'institutrice pour Ernestine, fournissait amplement aux besoins de madame Pujols et lui avait même fait part de l'intention où il était, d'accord avec sa femme, de lui constituer une rente viagère le jour où l'éducation de la jeune fille serait entièrement terminée.

Mais ce que n'avait pu prévoir aussi l'excellente institutrice, ce que M. et madame Messac ne pouvaient soupçonner, et ce qu'Ernestine devait ignorer encore, c'était que de ces louanges, un peu trop exagérées peut-être, il était résulté un germe de jalousie et de haine envieuse envers celle que les jeunes mères ne désignaient plus qu'ironiquement par la qualification de : *petit prodige*.

Des dons trop précieux du hasard ou de la nature deviennent funestes à ceux envers qui ils sont prodigués...

On eût déjà difficilement pardonné à Ernestine d'être la fille unique de l'opulent armateur, et de devenir par cela même la plus riche héritière de toute la province.

Sa beauté, sa grâce, son esprit, son intelligence, si vantés et si prônés, augmentaient encore, aux yeux de la nombreuse famille des envieux et des sots, ce premier tort dont nous venons de parler.

Ajoutons à cela que le mode d'éducation appliqué avait empêché la jeune fille de contracter des amitiés d'enfance que le séjour des pensions rend ordinairement si communes.

Ernestine, habituée à vivre près de sa mère, n'éprouvant pas le besoin d'avoir d'autre compagnie que celle qui l'entourait, Ernestine fut taxée de fierté et de dédain insultant.

Les jeunes filles de son âge s'habituèrent, en écoutant le caquet de leurs mamans, à prendre en haine celle qui était bien loin cependant de mériter le dénigrement que l'on lui prodiguait.

Dans diverses occasions, Ernestine s'était vue écartée par ses jeunes compagnes, et sa fierté en avait souffert.

Ne pouvant soupçonner la cause de la froideur avec laquelle on accueillait ses avances, sa jeune dignité s'offensa et lui fit rendre dédain pour dédain.

La bonne madame Pujols, s'apercevant, sans se rendre compte qu'elle en était la cause première, de l'isolement auquel était réduite son élève, se désolait en silence, attribuant à la sottise envieuse l'espèce d'ostracisme dont était frappée la charmante Ernestine.

L'excellente femme cherchait un moyen de donner à sa chère protégée une amie dont la position élevée la vengeât de la froideur des autres jeunes filles:

Ce moyen, elle le trouva promptement, mais il était dit que l'amitié de la pauvre Eulalie serait plus fatale à mademoiselle Messac que la haine la plus violente.

Mais n'anticipons pas.

Madame Pujols, parmi les élèves qu'elle avait conservées dans les hautes régions de l'aristocratie bordelaise, en avait une qu'elle aimait tendrement aussi, et qui, belle, riche et gracieuse, avait cinq années de plus que la fille de l'armateur.

Cette élève, fille de la comtesse de La Fresnaye se nommait Henriette.

Madame de La Fresnaye avait deux enfants : la jeune fille que nous venons de nommer et un fils aîné, portant le titre de son père décédé, et qui, ayant achevé ses études militaires à l'école de Saint-Cyr, servait en ce moment la France en combattant dans les montagnes de la Kabylie.

Le comte Max de La Fresnaye, âgé alors de vingt-cinq ans, s'était destiné de bonne heure à la carrière des armes.

Mademoiselle Henriette entrait dans son dix-huitième printemps, et, par conséquent, Ernestine en comptait à peine quatorze.

Eulalie résolut de mettre tout en œuvre pour amener un rapprochement entre ces deux représentants féminins de l'aristocratie de naissance et de l'aristocratie d'argent.

Ainsi qu'on le verra, elle devait malheureusement réussir dans son projet.

VI

Les deux tombes.

La comtesse de La Fresnaye ou, — pour nous exprimer suivant l'expression consacrée par l'aristocratie bordelaise, madame la douairière de La Fresnaye était une créature grande, sèche, maigre, anguleuse au physique comme au moral, et haut perchée sur le dada ridicule de la noblesse de province, qui est, par rapport à la grande noblesse parisienne du faubourg Saint-Germain, ce que sont messieurs les chefs de bureau d'un ministère par rapport au ministre.

L'une et les autres faisant consister leur importance respective dans la minutieuse observation de tout ce qu'ils croient devoir ajouter à leur dignité personnelle.

Épluchant, ainsi qu'elle le disait elle-même, avec un soin désespérant les invités de son salon, la comtesse s'était composé une petite société, qu'elle croyait digne de son nom, et qui n'était en réalité que niaisement ennuyeuse et que prétentieusement ridicule.

Un des plus grands soucis de l'estimable douairière était la détermination qu'avait prise M. le comte, — c'est ainsi qu'elle avait l'aristocratique coutume de désigner son fils,— de servir un gouvernement qui n'était pas celui de ses princes légitimes.

Mais, heureusement pour Max, et plus heureusement encore pour Henriette, les deux enfants différaient entièrement de leur mère.

Un contraste frappant existait entre leur nature physique et leur nature morale, et la conformation d'esprit et de corps de madame la douairière de La Fresnaye.

La comtesse était laide, mal faite et disgracieuse dans ses moindres mouvements ; — Henriette avait le visage frais et joli, le corps admirablement modelé, et ses gestes les plus légers étaient empreints d'un charme tout particulier.

Max, lui, était un beau cavalier, libre d'allures et dégagé de manières, ce qui n'excluait nullement la distinction naturelle dont il avait hérité de son père.

La douairière se montrait sans cesse mesquine dans ses idées, étroites dans ses vues, terre-à-terre dans ses pensées.

Henriette avait l'âme élevée, le cœur généreux et la fibre poétique.

Quant à son frère, l'esprit d'indépendance dont il avait fait preuve, à propos du choix de sa carrière, prouvait assez que son caractère hardi, fier et entreprenant aimait à embrasser un vaste horizon.

Aussi, tandis que Max guerroyait en Afrique, Henriette s'empressait-elle de se soustraire le plus souvent possible, aux réunions hebdomadaires que madame de La Fresnaye avait établies dans son salon.

A vrai dire, la jeune fille s'ennuyait fort.

Sa seule distraction était sa causerie de chaque jour avec madame Pujols, et bien qu'elle eût atteint l'âge où d'ordinaire les jeunes personnes repoussent avec empressement l'autorité de l'institutrice, elle conservait précieusement ses heures d'études et de leçons.

Eulalie avait souvent parlé d'Ernestine à mademoiselle de La Fresnaye.

Celle-ci souriait en écoutant les éloges que madame Pujols faisait de la fille de l'armateur, mais peu à peu, l'ennui de la solitude d'une part et l'insistance de l'institutrice de l'autre, s'alliant ensemble pour venir en aide aux projets de cette dernière, Henriette en arriva à désirer voir la pauvre enfant, que sa brillante situation privait du plaisir d'avoir des compagnes.

Seulement une grande difficulté se présentait.

Jamais la noble comtesse de La Fresnaye, qui s'était toujours montrée si ridiculement scrupuleuse sur le choix des fréquentations de sa fille, au point qu'elle l'avait presque complètement isolée, jamais madame de La Fresnaye, ne pourrait consentir à recevoir chez elle la fille d'un armateur, — simple négociant, fils de ses œuvres.

Par bonheur pour les projets d'Eulalie, madame Messac était une d'Aureilly de Pontac.

— Mésalliance! — fit dédaigneusement la vieille dame à laquelle Henriette insinuait adroitement l'idée de recevoir la femme de l'armateur. — Mésalliance! Ne me parlez pas de ces espèces!

Mais Henriette ne se tint pas pour battue.

Sa thèse était faite et elle saurait la débiter.

Les Messac avaient eu des ancêtres échevins et prévôts

des marchands, — puis le commerce des mers ne faisait point déroger, suivant un édit du grand roi, enfin il y avait du sang noble dans les veines d'Ernestine, — madame Messac était d'une antique famille, — et nombre d'autres raisons, toutes plus excellentes les unes que les autres.

Bref, — nous ne raconterons pas toutes les nuances de diplomatie féminine que déploya Henriette.

Nous dirons seulement qu'un beau jour, elle vit ses efforts couronnés de succès, car le désir de voir Ernestine possédant tout l'attrait du fruit défendu, avait fini par s'emparer réellement du cœur de la jeune fille.

Henriette et Ernestine se rencontrèrent d'abord sur un terrain neutre, celui du cours.

C'était madame Pujols qui avait arrangé l'entrevue, — et les atômes crochus dont parles Descartes, s'accrochèrent si bien les uns aux autres dans le cœur des deux jeunes filles, qu'une étroite amitié, également sincère des deux côtés, remplaça promptement les froides politesses du monde.

Henriette se rajeunit, — Ernestine se vieillit un peu, et la conformité des goûts et des sentiments fit disparaître la distance qui séparait les quatorze ans de l'une des dix-huit ans de l'autre.

Madame Messac était heureuse, et son orgueil maternel se sentait doucement flatté en voyant sa fille reçue dans l'un des salons les plus aristocratiques du pays.

L'armateur seul, n'approuvait pas ce que sa femme regardait comme un honneur : il craignait que sa fille n'apprît dans ce monde, nouveau pour elle, à dédaigner la condition de ses parents; mais Ernestine se plaisait dans la société de sa nouvelle amie, et le négociant n'avait pas exprimé hautement ses craintes.

Quelques années s'écoulèrent.

Au moment où Ernestine atteignait sa dix-septième année, deux événements douloureux la frappèrent presque coup sur coup.

Au printemps de 1854, elle perdit sa mere.

La pauvre enfant se montra inconsolable, et il fallut toute l'ardente tendresse de son père, et toute l'énergique amitié d'Henriette et d'Eulalie pour parvenir à vaincre cette douleur effrayante qui menaçait de détruire la santé de la pauvre orpheline.

Puis, à peine la resignation du chagrin, que Dieu dans sa bonté accorde à ses créatures, venait-elle s'établir dans le cœur de la jeune fille, que mademoiselle de La Fresnaye épousait le marquis d'Hauterive, et que ce mariage séparait brusquement les deux amies.

Le marquis, secrétaire d'ambassade, emmenait sa femme à Berlin.

Le comte de La Fresnaye avait sollicité du ministre de la guerre un congé pour venir assister au mariage de sa sœur.

A son arrivée à Bordeaux, Max fut frappé de la beauté angélique d'Ernestine, et il en devint passionnément amoureux.

Le comte, dont l'ardente nature ne pouvait supporter l'incertitude de l'attente, prit le parti de se déclarer, et de demander à M. Messac la main de mademoiselle Ernestine ; mais deux raisons graves vinrent l'empêcher d'accomplir cette démarche.

D'une part, la comtesse, à laquelle il parla de ce projet, lui déclara fort nettement qu'elle ne donnerait jamais son consentement à cette union ; d'autre part, Ernestine portait encore le grand deuil de sa mère, et le moment paraissait peu convenable pour parler des joies de l'hymen.

Max renferma donc son amour dans son cœur, et sitôt après le mariage d'Henriette, il repartit pour aller rejoindre son régiment.

Mais, sous le ciel brûlant de l'Afrique, sa passion, loin de diminuer, augmenta d'ardeur et prit bientôt des proportions gigantesques.

Le comte avait résolu, à la fin du deuil d'Ernestine, de

donner sa démission, de vaincre, coûte que coûte, la résistance de sa mère, et de venir à Bordeaux solliciter son bonheur auprès d'Ernestine elle-même.

La jeune fille, elle, n'avait accordé aucune attention au comte de La Fresnaye, et elle était loin de supposer que le jeune homme s'occupât aussi ardemment de sa charmante personne.

Une fois Henriette partie, la pauvre Ernest ne se trouva seule avec ses souvenirs.

M. Messac, tout en adorant sa fille, ne pouvait lui consacrer tous ses instants.

Son commerce étendu exigeait toute son attention, et les heures de chacune de ses journées étaient scrupuleusement remplies.

Seulement, il avait exigé que madame Pujols abandonnât ses autres leçons, et se consacrât entièrement à sa chère Ernestine.

Ainsi que bien on le pense, celle-ci n'avait pas opposé la plus légère résistance aux volontés de l'armateur.

Ernestine vivait donc doucement auprès de sa bonne institutrice.

Exclusivement livrée à la douleur d'avoir perdu sa mère et au chagrin causé par le départ d'Henriette, la jeune fille ne voulait prendre aucune distraction.

Demeurant des journées entières dans sa chambre, que la sollicitude éclairée du négociant avait embellie avec un goût remarquable, Ernestine ne sortait que pour aller régulièrement s'agenouiller trois fois par semaine sur la tombe de madame Messac.

Aidée par Eulalie, elle mettait tout son bonheur dans le soin pieux qui l'appelait au cimetière.

Le funèbre monument était toujours encombré de fleurs fraîchement écloses et de couronnes tressées par la main de la jeune fille ou par celle de l'institutrice.

Sur le terrain mitoyen de celui où reposait la femmee

l'armateur, s'élevait une tombe, ou, pour mieux dire, les vestiges d'une tombe disparaissant de jour en jour sous les hautes herbes qu'aucune main amie ne prenait soin d'arracher.

Rien de plus triste à l'œil du passant que cette pauvre croix en bois noir que les mouvements successifs du sol sous les pluies d'orage avaient fait pencher, au point que l'un de ses bras touchait presque la terre.

Une pierre, dont les inscriptions disparaissaient sous la mousse, était à demi-cachée par un lit de feuilles sèches que l'intempérie des saisons transformait en fumier.

Entre cette sépulture délabrée et la tombe si fraîchement entretenue de la mère d'Ernestine, le contraste était frappant.

L'une, — pénible témoin de l'oubli du cœur, — semblait, par sa détresse, adresser un reproche douloureux à celle que la pieuse attention d'une famille entière faisait riche et fêtée.

Souvent Ernestine s'était arrêtée devant l'humble monument, et sa pensée avait donné un regret à l'être inconnu dont la dépouille mortelle gisait sous cette espèce de fange.

Un jour même, ce contraste dont nous venons de parler frappa tellement la jeune fille qu'elle se promit de le faire disparaître.

Moyennant un modique salaire, le gardien du cimetière prit l'engagement de nettoyer la tombe, de redresser la croix et de gratter l'inscription effacée par les injures du temps.

La semaine suivante, Ernestine apporta quelques couronnes supplémentaires.

La tombe abandonnée offrait un aspect nouveau.

Sa croix repeinte et redressée, sa pierre soigneusement lavée et les hautes herbes arrachées, attestaient que le gardien avait justement gagné ses honoraires.

Ernestine se pencha et lut l'inscription suivante :

Ci-Git

Louise-Marie FILHOL.

15 mai 1831.

—

Priez pour elle!

La jeune fille s'agenouilla pieusement, fit une courte prière et plaça des couronnes aux quatre coins de la grille nouvellement posée.

A partir de ce moment, Ernestine ne vint pas une fois au cimetière, sans faire à la tombe, dont elle s'était déclarée la protectrice, l'aumône de couronnes fraîches ou de fleurs entr'ouvertes.

Un soir, elle demanda à son père si l'on ne pourrait pas obtenir quelques renseignements sur la défunte.

M. Messac, qui avait approuvé le sentiment délicat auquel avait obéi sa fille, et qui même l'avait embrassée avec des larmes dans les yeux lorsqu'il avait appris ce qu'elle avait fait faire, — M. Messac promit de tenter toutes les démarches possibles pour contenter la curiosité d'Ernestine.

Effectivement, un des commis les plus intelligents de l'armateur se mettait, sur son ordre, en route le lendemain même, et grâce à son activité, venait le soir raconter à Ernestine une courte et touchante histoire.

Louise-Marie Filhol était jadis une jeune et jolie ouvrière, vivant honnêtement du produit de son travail.

Une heure sonna malheureusement où le cœur l'emporta sur la raison, et Louise, obéissant à un amour inspiré par un officier en garnison dans la ville, se laissa séduire par les beaux discours du guerrier amoureux.

Une année après, elle devenait mère et se voyait abandonnée.

Le chagrin l'empêcha de rétablir sa santé altérée par une grossesse pénible.

Louise était pauvre, — sans ouvrage, — bientôt elle se trouva sans pain.

Alors, au decouragement succédèrent le désespoir et la résolution du suicide.

Elle écrivit à celui qui l'avait lâchement trahie ; — elle porta elle-même le fruit de son déshonneur à l'hospice des Enfants-Trouvés, et la nuit même elle alluma près de son lit un réchaud de charbon.

Le lendemain, un commissaire de police constatait son déces et trouvait, sur une petite table placée au milieu de la chambre delabrée, une lettre ouverte, contenant tous les détails que nous venons de retracer.

Quelques bonnes âmes s'émurent, et grâce au faible produit d'une collecte, on put enterrer décemment la pauvre mere.

— Et l'enfant? — demanda vivement Ernestine, après avoir écouté le récit succinct du commis. — Qu'est-il devenu?

L'enfant fut élevé à l'hospice. C'était une petite fille qui promettait d'être fort jolie. A quinze ans, elle disparut et l'on n'entendit plus parler d'elle.

Ce que le commis savait bien, mais ce qu'il n'osait dire dans la crainte d'offenser les chastes oreilles de mademoiselle Messac, c'est que la jeune fille dont il parlait avait été placée à douze ans chez une des plus habiles couturières de la ville, que sa beauté merveilleuse avait attiré autour d'elle tout un cortége d'amoureux, et qu'une belle nuit elle s'était échappée de chez sa maîtresse d'apprentissage pour suivre les pas d'un premier clerc d'avoué, lequel clerc partait pour Paris, afin d'y aller recueillir un petit héritage.

Depuis cette époque, — il y avait dix ans écoulés alors, — qu'était en effet devenue la jolie orpheline? — Le dieu de la Bohême, seul, aurait peut-être pu le dire.

Bref, cette touchante histoire augmenta encore le singulier attachement qu'Ernestine avait voué à la tombe voisine de celle de sa mère.

On était alors au mois de décembre 1854.

Le temps sombre et froid inspirait au cœur une sorte de tristesse.

Ernestine, accompagnée d'Eulalie, venait de quitter la maison paternelle pour aller accomplir son pieux pèlerinage.

Comme la jeune fille et son institutrice arrivaient aux portes du cimetière, le gardien s'approcha vivement :

— Ah ! mademoiselle ! — fit-il en portant la main à sa casquette, — voici près d'une semaine que vous n'êtes venue.

— Cela est vrai, — répondit la jeune fille, — j'ai été un peu souffrante. Mais pourquoi me faites-vous cette observation ?

— Parce que, depuis la dernière visite de mademoiselle, il est venu ici une belle dame qui aurait bien désiré la voir.

— Une belle dame ?

— Oui ; — jolie et bien riche, car elle m'a donné vingt francs pour lui indiquer la tombe qu'elle cherchait...

— Mais, je ne comprends pas...

— Pardon si je vous interromps, mademoiselle ; mais vous allez voir. La tombe que demandait cette dame était justement celle que mademoiselle m'a fait restaurer.

— La tombe de Louise Filhol ?

— Oui, et ça m'a même joliment étonné, car, depuis trente ans que je suis ici, et depuis vingt-trois ans que la tombe existe, jamais, au grand jamais on n'était venu la visiter.

— Mais pourquoi cette dame désirait-elle me voir ?

— Je ne sais pas... Peut-être pour remercier mademoiselle de la bonté qu'elle prend d'apporter des couronnes...

— Comment ! vous lui avez donc dit ?...

— Dame ! cette personne m'a interroge par-ci, m'a interrogé par-là ; — elle a voulu savoir pourquoi il y avait des fleurs fraîches. Alors, moi, j'ai cru qu'il n'y avait pas de mal à lui raconter ce qui en était... et, si j'ai eu tort, que mademoiselle me pardonne... il n'y avait pas mauvaise intention.

— C'est bien, je ne vous gronde pas, — dit doucement Ernestine en voyant l'embarras de son interlocuteur.

Celui-ci salua de nouveau, et la jeune fille, suivie de sa compagne, se dirigea vers l'intérieur du cimetière.

A peine avait-elle commencé sa prière, que le frôlement d'une robe de soie, froissant les feuilles sèches qui encombraient le chemin, retentit derrière elle.

Ernestine détourna la tête et vit s'avancer une belle personne de vingt-trois à vingt-quatre ans, mise avec un luxe peut-être un peu trop recherché, mais si jolie, si fraîche, si gracieuse, que les excentricités de mode les plus grandes lui eussent semblé permises.

En apercevant Ernestine, la jeune femme hâta sa marche, et son séduisant visage prit une expression doucement émue qui en augmentait encore le charme.

VII

Les cancans de province.

— Vous êtes mademoiselle Ernestine Messac, n'est-ce pas ? — dit vivement l'inconnue en arrivant près de la jeune fille.

— Oui, madame, répondit celle-ci un peu troublée par la brusque interpellation qui lui était adressée.

La jeune femme contempla Ernestine avec une attention profonde, — puis deux larmes perlèrent à l'extrémité de ses longs cils aux pointes frisées, et roulèrent sur ses joues rosées.

— Vous êtes si jolie, — dit-elle enfin, — que je m'étonne moins que vous soyez aussi bonne.

— Madame, — balbutia Ernestine que ce compliment fit naïvement rougir...

Son interlocutrice lui prit la main.

— Voulez-vous me permettre de la baiser? — demanda-t-elle avec un accent doucement suppliant.

Et, sans attendre la réponse de la jeune fille, elle s'inclina et pressa sur ses lèvres la petite main qu'elle retenait dans les siennes.

Eulalie, qui contemplait avec étonnement les deux ravissantes créature dont le genre de beauté était cependant complètement opposé, — Eulalie se sentit émue.

Ernestine s'était reculée, mais pas assez vivement pour échapper à l'hommage que lui rendait l'inconnue.

— Ne vous étonnez pas, mademoiselle, — dit celle-ci sans laisser le temps à Ernestine de formuler ses demandes, — ne vous étonnez pas! Je sais tout ce que vous avez fait pour cette pauvre tombe qui renferme un être bien cher à mon cœur. — J'ai tardé longtemps à venir m'occuper d'un soin qui devait être pour moi un devoir. — Votre angélique bonté a devancé mes intentions; c'est une preuve que Dieu me pardonne mes années d'oubli... Je ne chercherai pas à vous exprimer toute ma reconnaissance, mais je serais heureuse, oui, bien heureuse, — continua la jeune femme dont les paupières se remplirent de nouveau de larmes, — si un jour il m'était permis de vous être utile en quoi que ce soit. — Maintenant, je sais votre nom, je vous ai vue, c'est tout ce que j'osais espérer... Quant à moi... vous ne me connaissez pas... vous ne me connaîtrez jamais... Mon nom, — je dois le taire... mais si je vous supplie de m'oublier... je ne vous oublierai jamais, moi !

— Mon Dieu ! madame... je ne mérite pas... — balbutia Ernestine qui ne savait réellement que répondre à l'étrange discours de l'inconnue.

— Mademoiselle, reprit la jeune femme après un moment de silence pendant lequel Ernestine et Eulalie, que l'émotion de leur jolie interlocutrice avait rapidement gagnées, essuyèrent leurs yeux humides, — mademoiselle, j'ai deux prières à vous adresser, ou plutôt deux grâces à solliciter de votre bonté.

— De quoi peut-il donc s'agir, madame ? Je serais heureuse de vous être agréable, car je vous adresserai votre propre phrase : si la bonté du cœur peut se juger par la beauté du visage, votre cœur doit être accessible à tous les nobles sentiments... Veuillez donc parler sans crainte...

La jeune femme sembla hésiter, puis elle reprit :

— Je voudrais vous demander la permission de prier près de vous sur la tombe de votre mère... et... — ajouta-t-elle plus timidement encore, — à côté de vous, sur celle... de... Louise Filhol...

Ernestine, de plus en plus émue, ne put répondre que par un geste à cette délicate façon de lui adresser une nouvelle expression de reconnaissance.

De la main, elle invita la jeune femme à imiter son exemple, et se laissant doucement glisser à genoux sur le marbre du mausolée, elle commença une fervente prière.

L'inconnue courba le front sur ses deux mains jointes et sembla se recueillir profondément.

Au bout de quelques minutes de pieuses méditations, Ernestine et sa compagne quittèrent la tombe de madame Messac et recommencèrent une nouvelle station devant celle de la malheureuse ouvrière.

Puis, elles se relevèrent, le visage baigné de larmes.

— Maintenant, la dernière grâce que je vous supplie de

m'accorder, — reprit l'inconnue d'une voix tremblante, — c'est...

— C'est ? — fit Ernestine en la voyant hésiter.

— C'est de me permettre de vous embrasser, comme on embrasserait un bon ange que le bon Dieu enverrait sur la terre.

— Oh ! bien volontiers ! dit la jeune fille entraînée vers son interlocutrice par un sentiment dont elle ne pouvait se rendre compte.

La jeune femme la prit dans ses bras et la pressa tendrement sur sa poitrine, en appuyant ses lèvres sur le front blanc et uni de la fille de l'armateur.

En ce moment, plusieurs personnes passèrent devant l'allée du cimetière où avait lieu la scène que nous venons de décrire.

Deux d'entre elles, accompagnées par un jeune homme, dont l'une paraissait être la mère, saluèrent mademoiselle Messac, tandis que leur cavalier, en voyant l'inconnue, fit un geste qui témoignait d'un profond étonnement.

Puis il se pencha à l'oreille des deux femmes et murmura très-bas quelques paroles rapides.

Celles-ci tressaillirent comme si leur esprit venait de recevoir une commotion à laquelle il était loin de s'attendre, et leurs regards se relevant vivement, se fixèrent sur le couple gracieux qui se tenait encore enlacé.

Un même geste de mépris échappa aux deux femmes qui, s'éloignant rapidement, allèrent à la rencontre d'autres personnes qui traversaient le cimetière.

Bientôt deux ou trois groupes se formèrent, et une nouvelle étrange, incroyable, parut prêter aux commentaires un aliment inépuisable.

Ernestine et Eulalie n'avaient pas eu le temps de faire attention à ce petit manége, et leur compagne était trop émue pour y prendre garde.

— Merci, mademoiselle, merci ! — disait celle-ci en ser-

rant les mains d'Ernestine, — je ne vous oublierai jamais...
et vous, n'oubliez pas la pauvre tombe dont vous avez pris
jusqu'ici un soin généreux... Dieu sait quand je pourrai venir
m'agenouiller près d'elle ! — Adieu ! il est tard, on m'attend, il faut que je vous quitte, et nous ne nous reverrons
probablement jamais... Adieu ! je vous aimerai toujours !

Et l'inconnue, pressant dans une dernière étreinte les
mains de la jeune fille, la quitta brusquement.

Ernestine et Eulalie, émues, étonnées, ne sachant que
croire ni que penser de la scène qui venait d'avoir lieu, se
regardèrent en silence et se décidèrent enfin à quitter le
cimetière.

Quant à l'inconnue, elle s'était élancée dans une voiture
de place qui l'attendait à la porte, et, son mouchoir sur les
yeux, elle étouffait les sanglots qui gonflaient sa poitrine.

La voiture partit au trot et gagna les *fossés de l'intendance*.

Trois jeunes gens, qui venaient à sa rencontre, firent signe
au cocher d'arrêter.

L'un d'eux ouvrit la portière, et s'adressant à la jeune
femme dont les larmes étaient à peine taries :

— Eh bien ! ma belle, — dit-il d'un ton de voix ironique.
as-tu achevé ta visite ?

— Oui, répondit sèchement l'inconnue, — mais faites-moi
le plaisir de me laisser tranquille, Jules ; je ne suis pas d'humeur à entendre vos spirituelles plaisanteries.

— Peste ! quel air larmoyant ! — s'écria en riant l'un des
deux autres jeunes gens.

— Tiens ! tu as les yeux rouges ! — ajouta celui que la
jeune femme venait de désigner par le prénom de Jules.— Tu
as donc pleuré, ma biche ?

— Elle aura été effeuiller quelques fleurs sur la tombe
d'un ancien amant ! — dit en riant un troisième interlocuteur.

— Allons, viens dîner ! cela te consolera.

— Tu noyeras ton chagrin dans le champagne frappé.

— Non! je veux être seule! — répéta la jeune femme.

— Allons, allons, ma petite! — dit Jules d'un ton méprisant, ne joue pas la comédie du cimetière, c'est trop ennuyeux.

La jeune femme se redressa vivement.

Ses yeux lancèrent au jeune homme un regard courroucé, et ses lèvres frémirent.

— Je ne vous croyais que bête, Jules, — dit-elle froidement; — c'est pourquoi je ne vous envoyais pas promener; mais je vois que votre sottise frise la méchanceté : allez au diable, vous m'ennuyez!

— C'est cela! — répondit Jules, dont l'amour-propre froissé cherchait quelque bonne injure à renvoyer à son interlocutrice; — c'est cela! — je t'ai donné un bracelet hier, et tu me quittes aujourd'hui.

La jeune femme arracha de son poignet un léger bracelet d'or et de corail qu'elle jeta aux pieds de M. Jules; puis s'adressant au cocher, qui demeurait impassible sur son siége :

— A l'hôtel! — dit-elle d'une voix émue par la colère.

— Ta, ta, ta! tu dîneras avec nous, — dit Jules, dont les lèvres pâlissaient. — Où vas-tu?

— A Paris. — Là, au moins, il y a des hommes bien élevés.

Et l'inconnue, lançant aux trois jeunes gens cette insulte suprême pour tous les gens de province, donna encore, et d'une voix plus impérative, l'ordre au cocher de la conduire chez elle.

Celui-ci obéit.

Deux heures après, en dépit des supplications de M. Jules et de ses amis, qu'une femme de chambre refusait de recevoir et de laisser pénétrer près de sa maîtresse, la jeune femme prenait le train express, et se dirigeait à toute vitesse vers la capitale de la France.

§

Au moment même où la locomotive entraînait à sa suite ce gigantesque serpent que l'on nomme un convoi de grande vitesse, — un bruit étrange circulait dans deux ou trois salons bordelais, et prenait une proportion telle, qu'il menaçait de faire rapidement le tour de la ville.

Le salon de madame Lescaret, entre autres, semblait être en ébullition.

Madame Lescaret était la femme d'un armateur et la mère de deux jeunes filles du même âge qu'Ernestine.

Son mari s'efforçait, sans y parvenir, de rivaliser avec M. Messac, et ses filles, laides et peu spirituelles, avaient été déclarées paresseuses et incapables par madame Eulalie Pujols, qui avait renoncé d'elle-même à la tentative de leur donner quelque instruction.

Comme femme et comme mère, madame Lescaret détestait donc cordialement mademoiselle Messac, et lui souhaitait charitablement tout le mal possible.

La société se composait de trois autres femmes d'armateurs : mesdames Rodrigues, Soulignac et Chocarne, qui, à peu près dans la même situation d'esprit que madame Lescaret, étaient toujours prêtes à accueillir comme une bonne nouvelle, et surtout à propager tout ce qui pouvait nuire à la charmante fille du premier armateur du département.

Il paraît que la nouvelle qui, ce soir-là, agitait le salon, était quelque peu scandaleuse, car les hommes souriaient, les femmes levaient les bras et les yeux au ciel, et on avait eu soin de reléguer les jeunes filles dans une pièce voisine, d'où elles ne pouvaient rien entendre.

— Ainsi, — disait madame Lescaret, — cette douleur si éclatante n'était qu'une abominable singerie ?

— Mon Dieu ! oui, — répondait madame Chocarne.

— Ses visites au cimetière n'étaient que prétextes à mauvaises relations.

— Si ce n'est pas honteux!

— C'est ignoble! — ajouta madame Rodrigués.

— Dites donc que c'est infâme, horrible, scandaleux!— reprenait madame Lescaret.

— Et il n'y a pas à dire, madame Soulignac l'a vue! N'est-ce pas, ma chère?

— Mon Dieu! oui; j'étais avec ma sœur et mon fils.

— Et elles s'embrassaient?

— Elles s'embrassaient!

— Votre fils est certain que cette femme qui était avec cette petite dévergondée d'Ernestine était la drôlesse en question?

— Le vaurien la connaît bien, ma toute belle!

— Elle vient de Paris, n'est-ce pas, cette créature-là?

— Oui...

— Et elle est ici depuis plusieurs mois?

— Sans doute!

— Quelle honte pour les Parisiennes, de voir près d'elles de pareilles femmes! — dit madame Rodrigues, qui ne put laisser passer l'occasion de donner un coup de patte aux femmes de Paris.

— Oh! ces Parisiennes sont si étranges!

— De si mauvaises mœurs! — ajouta madame Lescaret.

— Ce n'est pas étonnant, ma chère! comment sont-elles élevées?

— Elles ne le sont pas!

— Moi, je ne comprends pas qu'on habite Paris!

— Ni moi!

— Ni moi!

— Mais revenons à cette effrontée d'Ernestine. Ce n'est pas la première fois sans doute qu'elle avait rendez-vous avec cette fille.

— Certainement.

— Mais, — dit une vieille dame qui n'avait pas encore pris part à la conversation, et qui, veuve, riche et sans enfants, n'avait aucun motif de haine contre M. Messac, ni contre sa fille; — mais, toutes deux au cimetière, qu'est-ce qu'elles pouvaient faire de mal, je vous le demande?

— Comment, ce qu'elles pouvaient faire? — riposta aigrement madame Soulignac.

— C'est bien malin à deviner! — ajouta madame Lescaret.

— Elles convenaient de leurs parties de débauche...

— Qui sait si la coquine ne servait pas d'intermédiaire entre Ernestine et un amoureux?

— Cela est évident!

— Comment expliquer sans cela la réunion de l'une et de l'autre.

— Mais madame Pujols était présente! — fit encore observer la vieille dame.

— Madame Pujols! elle trempe dans tout cela!

— Elle y trouve son bénéfice.

— Cette femme-là est née pour l'intrigue!

— Quand je songe que j'ai failli lui confier l'éducation de mes filles! J'en frémis! — dit madame Lescaret qui avait fait jadis tous ses efforts pour déterminer madame Pujols à ne pas déserter son poste d'institutrice.

— Ah! — dit madame Chocarne, — heureusement que ma fille n'a jamais fréquenté cette Ernestine...

— Je suis certaine qu'avant un mois cette petite se fera enlever!

Et la conversation une fois lancée sur ce terrain, les suppositions les plus infâmantes et les plus calomnieuses vinrent tout naturellement à la bouche de ces dames, qui finirent par en faire des vérités incontestables, malgré les dénégations de la vieille dame, qui se refusait à admettre une perversité si précoce chez une jeune fille dont la réputation était jusqu'alors demeurée pure et sans tache.

Mesdames Chocarne, Soulignac et Rodrigues quittèrent de bonne heure le salon de leur amie, madame Lescaret, pour aller porter la nouvelle scandaleuse chez d'autres intimes.

Madame Lescaret ne se consola de ne pouvoir être de la partie qu'en pensant que, le lendemain, elle pouvait multiplier ses visites et rattraper ainsi le temps perdu.

Bref, lorsque s'éteignit la dernière lampe du dernier salon bordelais, il était passé à l'état de notoriété publique que mademoiselle Ernestine entretenait des relations avec des femmes de mauvaise vie qui protégeaient ses intrigues scandaleuses, et que toute mère se respectant un peu devait empêcher sa fille de parler désormais à la fille de l'armateur.

Il faut bien le dire, les germes de haine qu'avait semés sans le vouloir la bonne institutrice se réveillèrent vivaces en trouvant un aliment à leurs désirs du mal.

Bien peu d'incrédules rejetèrent ces calomnies infâmes, qui, en quelques jours, coururent la ville entière, et trouvèrent partout des gens prêts à les accréditer.

Un ami de M. Messac, convaincu de l'absurdité de ces bruits, mais en ignorant la cause, prit la résolution d'avertir le négociant de ce qui se disait.

Comme bien on le pense, cette nouvelle fut un coup de foudre pour le digne armateur.

Faisant venir immédiatement sa fille, il l'interrogea adroitement et prudemment en présence de son ami.

Ernestine raconta naïvement ce qui s'était passé au cimetière.

Quand elle eut terminé son récit, M. Messac regarda son ami, qui haussait les épaules, embrassa tendrement sa fille et la renvoya sans rien lui dire, ne voulant pas déflorer ce cœur virginal en le souillant par la révélation de la vérité.

Quand il fut seul avec son officieux ami, il lui demanda péremptoirement les noms de tous ceux qui, à sa connaissance, avaient propagé ou écouté sans les combattre ces ridicules calomnies.

L'ami s'exécuta, bien qu'avec regret, et le négociant constata que sur la longue liste qu'on lui donnait figuraient les noms de trente ou quarante de ses clients.

Il écrivit ces noms lui-même sur une feuille de papier ; puis, descendant dans ses bureaux, et s'adressant au caissier et au teneur de livres :

— Tenez, — leur dit-il, — voici la liste de trente-quatre personnes dont vous allez aujourd'hui même arrêter les comptes, et auxquelles vous signifierez sur l'heure qu'à partir de ce moment toutes relations commerciales cessent entre ma ma maison et la leur.

Les commis se regardèrent stupéfaits.

M. Messac renonçait d'un même coup à un million d'affaires par an avec des maisons solides.

Il est juste de dire que, si le préjudice que causait cette mesure prise était grave pour l'armateur, il devenait désastreux pour les maisons envers lesquelles elle s'exerçait.

En effet, M. Messac faisait la banque, et lui, refusant désormais le papier des maisons indiquées, c'était porter à ces maisons un coup terrible dont leur crédit aurait peine à se relever.

Aussi la Bourse fut-elle orageuse, et une députation des négociants menacés venait-elle demander compte à l'armateur de sa conduite incompréhensible.

M. Messac leur raconta simplement les choses, ajoutant qu'il ne voulait plus faire aucune affaire avec des gens qui calomniaient l'honneur de sa fille.

VIII

Les projets de mariage.

Les négociants auxquels s'adressait l'armateur, étaient, il faut l'avouer, parfaitement innocents de ce dont on les accusait, et ils portaient la peine des cancans faits par leurs femmes.

Tous s'empressèrent donc de répondre qu'ils ignoraient cette particularité, qu'ils repoussaient toute pensée calomnieuse avec l'énergie des cœurs honnêtes, et qu'ils s'offraient à donner à M. Messac, telle satisfaction qu'il voudrait bien demander.

Le sentiment qui faisait agir le père, justement offensé, était en effet trop respectable pour que personne trouvât à s'en formaliser.

M. Messac répondit qu'à l'occasion de l'année qui allait s'ouvrir, il donnerait une fête à sa fille, fête à laquelle il conviait le commerce de Bordeaux, et que tous ceux dont les femmes et les filles viendraient fêter la sienne, ne pouvant être que de véritables amis, il s'empresserait de rétablir avec eux des relations commerciales qu'il ne désirait nullement interrompre.

Mais que, regardant comme insulte tout refus à son invitation, il considérerait les absents ou les absentes, — et il appuya sur ce mot, — comme des ennemis personnels auxquels il croirait juste de rendre à l'avenir mal pour mal.

C'était la première fois qu'en présence de ses confrères, le président du tribunal de commerce de Bordeaux s'exprimait aussi énergiquement, et comme chacun connaissait la stricte et inébranlable fermeté avec laquelle il tenait une parole dite, les négociants en rentrant dans leurs logis respectifs, s'empressèrent d'intimer à leurs femmes l'ordre de se préparer à aller faire réparation à celle qu'elles avaient gratuitement insultée.

La soirée fut fertile en scènes de ménage.

Mais l'intérêt parlait, il fallait s'humilier et baisser la tête.

Les invitations de M. Messac furent envoyées et personne ne songea à trouver un prétexte pour les éluder.

Deux camps s'étaient formés dans Bordeaux.

L'un tenait pour Ernestine, et c'était le plus faible.

L'autre tenait contre elle, et c'était le plus nombreux.

Cependant le jour de l'an venu, — c'etait le 1ᵉʳ janvier 1855, — les salons de l'armateur s'encombrèrent, et Ernestine se vit entourée par une véritable cour.

Le matin même de ce jour, le comte de La Fresnaye qui, ne pouvant résister davantage à son amour, avait donné sa démission, arrivait à Bordeaux.

Sa première visite fut pour M. Messac, et le soir il vint saluer la jolie personne dont la présence le troubla tellement, qu'il ne put trouver un mot pour exprimer le plaisir qu'il avait à la revoir.

Cependant, il parvint à lui faire part, dans la soirée, d'une triste nouvelle qu'il venait de recevoir.

Le marquis d'Hauterive, son beau-frère, était mort à Berlin, à la suite d'une courte maladie, et Henriette, jeune veuve après moins d'une année de mariage, allait revenir habiter une terre que possédait son défunt mari dans les environs de Bordeaux.

C'était là qu'elle voulait passer son deuil.

Ernestine prit une part bien vive à la douleur que devait ressentir son amie, mais elle ne fut pas maîtresse d'étouffer une secrète joie à la pensée que dans quelques jours elle embrasserait son Henriette bien-aimée.

Le comte, arrivé le matin même, n'avait pas entendu parler, naturellement, des bruits injurieux qui avaient circulé sur celle qu'il adorait en silence.

Aussi, le lendemain, lorsqu'en présence de la revêche douairière de La Fresnaye, sa mère, il parla carrément de ses projets de mariage, fut-il étrangement étonné de l'éclat de rire méprisant que laissa échapper la vieille dame.

Sur sa demande d'une explication catégorique, madame de La Fresnaye répondit par les calomnies auxquelles elle avait, une des premières, donné crédit dans son salon.

Max, rouge d'indignation, quitta brusquement la douaiière et sa rendit au cercle aristocratique dont il était membre.

Là, il mit la conversation sur mademoiselle Messac.

Un grand belâtre de vingt-cinq ans, sot et ennuyeux personnage, d'une fatuitée désordonnée, se répandit aussitôt en propos tels que le comte, doué d'une médiocre patience, lui ferma la bouche à l'aide d'un vigoureux soufflet.

Un duel fut convenu.

Max voulant absolument savoir la vérité, et n'osant pas s'adresser à M. Messac, lui-même, résolut d'interroger madame Pujols.

Celle-ci lui raconta ce qui s'était passé jusque dans les moindres détails, ce qui exaspéra à tel point la colère de Max, que, le lendemain, il tuait son adversaire d'un coup d'épée en pleine poitrine.

Le soir il retourna au cercle.

— Je regarde mademoiselle Ernestine comme un ange de vertu et de pureté, dit-il en s'adressant aux nombreux membres du cercle qui l'écoutaient en silence. — Il n'y a que des misérables et des lâches qui aient pu ajouter foi aux ridicules calomnies publiées sur son compte. Toute atteinte à la réputation de mademoiselle Messac, sera considérée par moi comme une insulte personnelle, et je donne d'avance le démenti le plus formel à tout propos malveillant tenu sur son compte.

Max en achevant ces mots, prit dans sa poche un paquet de cartes de visite qu'il jeta sur la table.

— Si quelqu'un de vous se formalisait de mes paroles, — ajouta-t-il fièrement, — je serais demain à sa disposition, car je le jure sur mon honneur, j'écraserai la calomnie sans pitié, ni merci!

Le comte promena sur ceux qui l'entouraient un regard provocateur, et quitta le cercle.

Sitôt après son départ le tumulte éclata.

— C'est une insulte pour nous tous! — s'écria-t-on.

— C'est une provocation directe.

— Nous ne souffrons de leçon de personne.

— Nous défendre une chose, c'est nous engager à l'entreprendre.

— Le comte est un insolent.

— Il doit être puni.

Il fut décidé d'un commun accord qu'une réparation de la part du comte était d'absolue nécessité.

On mit dans un chapeau tous les noms des membres présents, et on tira au sort.

Les dix premiers sortants devaient prendre la responsabilité de l'insulte faite au cercle entier.

Ils iraient trouver Max et lui demanderaient une rétractation formelle de ses paroles faute de quoi dix duels successifs devaient venger les offensés.

Si, au premier point de vue, ce combat de dix contre un semblait inégal, et peu conforme aux lois acceptées, en y réfléchissant, il pouvait paraître juste, car tous étaient insultés, et les duels ne devant avoir lieu que successivement jusqu'à ce que le comte succombât, ou fut vainqueur de ses dix adversaires, n'offraient en réalité que les chances ordinaires d'un seul combat singulier.

Le comte de La Fresnaye reçut la députation avec une extrême politesse, refusa de revenir sur ses paroles de la veille, et se déclara prêt à croiser le fer avec toute la jeunesse de Bordeaux s'il y avait lieu.

Les choses aussi avancées, il fallait une solution.

Deux jours après le comte de La Fresnaye blessait grièvement son premier adversaire.

En moins d'une semaine, cinq des dix provocateurs furent mis hors de combat.

On comprend que bien que les précautions eussent été prises pour éviter le bruit et le scandale, ces rencontres successives causèrent une sensation profonde dans la ville.

Il faut le dire, Bordeaux tout entier avait pris la cause du champion de mademoiselle Messac.

Ernestine, vivant seule et isolée, ignorait le bruit qui se faisait autour d'elle et à cause d'elle.

Le brave armateur était désolé.

Il voyait la réputation de sa chère enfant s'entacher de tout ce sang répandu.

La justice elle-même s'émut à son tour, et au moment où Max conduisait sur le terrain son sixième adversaire, le procureur impérial se présenta en personne sur le lieu du combat.

Voulant étouffer cette pénible affaire, le parquet avait résolu sagement de suivre une voie en dehors des coutumes ordinaires.

Le magistrat parla nettement, fermement et paternellement.

Les épées rentrèrent au fourreau, et l'on promit de part et d'autre de demeurer désormais tranquille.

Le comte avait fait facilement la promesse de renoncer aux combats qui devaient avoir lieu, car il comprenait que ce qu'il pourrait faire encore, dépasserait le but qu'il s'était proposé.

De leur côté, les adversaires de Max, intimidés par le sort qu'avaient éprouvé leurs prédécesseurs, ne mettaient plus l'épée à la main que pour obéir à la promesse qu'ils s'étaient mutuellement faite.

Le procureur impérial exigea que chacun des jeunes gens s'éloignât pour quelques temps de Bordeaux ; il leur assigna un but séparé de voyage.

Ce petit exil devait durer trois mois.

Les grandes familles bordelaises se mêlant de l'affaire, elle fut réglée ainsi que l'exigeait le paternel magistrat.

Max alla passer ces trois mois à Paris, et il eut la délicatesse de partir, sans avoir été prendre congé de M. Messac ni d'Ernestine.

Quinze jours après le départ de son frère, Henriette arrivait se jeter dans les bras de son amie, à laquelle elle venait demander à son tour des consolations pour apaiser son chagrin.

La jeune veuve s'établit dans ses terres, et obtint de M. Messac la faveur d'emmener Ernestine avec elle.

La propriété de madame la marquise d'Hauterive était située à trois lieues de Bordeaux, sur la route de La Teste.

M. Messac laissa partir sa fille, et demeura triste et rêveur en songeant à l'avenir d'Ernestine.

Il ne pouvait se dissimuler, en effet, que l'ardente exagération apportée par le comte de La Fresnaye, dans sa façon de prendre la défense de la jeune fille outragée, avait ravivé, au lieu de les éteindre, les propos qui se tenaient tout bas sur le compte d'Ernestine.

Un coup d'épée tue un homme, mais ne réussit pas à imposer silence aux cancans féminins.

Plus que jamais, la fille de l'armateur fit les frais des conversations intimes.

Au nom d'Ernestine on accolait celui de Max, et les mauvaises langues, trouvant un aliment nouveau dans cette alliance, reprirent plus que jamais leur détestable exercice.

M. Messac écrivit au comte de La Fresnaye pour le prier de prolonger son absence, espérant ainsi donner le temps de s'épuiser aux commérages dont ses meilleurs amis croyaient devoir lui rabattre les oreilles.

Max consentit à demeurer à Paris le double du temps prescrit.

Mais en province on n'abandonne pas aussi facilement un sujet de méchants propos et de sottes médisances.

L'absence de Max fut une source nouvelle de suppositions.

Ne le voyant pas revenir, les uns prétendirent qu'il n'était pas parti, qu'il se cachait dans le château de sa sœur, et que la marquise protégeait honteusement les amours clandestines du comte et d'Ernestine.

Les autres ajoutèrent que ces amours pouvaient bien remonter à l'époque du mariage d'Henriette ; car, en y réfléchissant, on se rappela des témoignages de passion que Max avait donnés alors.

Une indiscrétion de la vieille douairière, qui raconta à quelques amis comme quoi monsieur son fils avait eu l'audace de lui demander par deux fois son consentement à un mariage avec mademoiselle Messac, vint donner raison aux commentaires et faire passer en article de foi cette vérité désormais reconnue, qu'Ernestine était la maîtresse du comte.

Comme on se vengeait bien alors des petites douleurs d'amour-propre que la beauté, la richesse, l'esprit et les charmes d'Ernestine, si vantés jadis par madame Pujols, avaient causées aux filles et aux mères !

Des esprits adroits entreprirent bientôt de rattacher ensemble tous les fils des calomnies qui avaient couru, éparpillés jusqu'alors, et bientôt l'historiette suivante fut dans toutes les bouches.

A l'époque du mariage d'Henriette, Max avait séduit Ernestine et était devenu son amant, bien qu'il eût fait venir récemment de Paris une ancienne maîtresse qu'il avait installée à Bordeaux.

Puis le jeune homme était reparti pour l'Afrique, laissant dans les larmes les deux abandonnées.

La maîtresse parisienne avait découvert une correspondance d'Ernestine.

Voulant se venger, elle avait menacé la jeune fille.

Celle-ci, justement effrayée, avait donné au cimetière, comme dans l'endroit le plus convenable pour n'être pas surprise, un rendez-vous à la maîtresse du comte.

Une somme d'argent, acceptée par cette créature en

échange des lettres rendues, l'avait même déterminée à quitter la place.

Ernestine, demeurée seule et sans rivale, avait écrit à Max de revenir. — Quant à l'armateur, ou, suivant les uns, il ignorait tout, ou, suivant les autres, dans le fol espoir de voir un jour sa fille comtesse de La Fresnaye, il fermait les yeux sur cette abominable dépravation.

En racontant cela, on oubliait bien certains détails, on supposait des faits qui devaient être arrivés, on gratifiait le comte d'une maîtresse parisienne qu'il n'avait jamais eue; mais qu'importaient ces broderies légères? Le canevas n'avait-il pas un fond véritable?

Et les calomnies allaient leur train.

Le pauvre armateur se désolait, ne sachant quel parti prendre.

Ernestine, dans son innocence, ignorait tout.

Sur ces entrefaites, la douairière de La Fresnaye quitta cette terre pour un monde meilleur, et alla retrouver au ciel la longue kyrielle de ses nobles ancêtres.

Max revint à Bordeaux.

Cependant M. Messac, confiant en l'honneur d'Henriette et en celui du comte, résolut de les consulter tous deux sur les moyens à prendre pour faire cesser les bruits absurdes dont on venait récemment encore de lui raconter la portée désolante.

Après avoir écouté attentivement le père affligé, M. de La Fresnaye prit la parole.

— Il y a un moyen bien simple, — dit-il, — de répondre à toutes ces odieuses calomnies. Depuis longtemps j'aime mademoiselle Ernestine : — Elle ignore cet amour, je vous le jure. — Accordez-moi sa main. — J'ai vingt-huit ans, — je possède trente mille livres de rente en terres, — je porte un nom honorable, — j'ai donné ma démission. — Rien ne nous empêchera de vivre heureux à Paris, dans un monde digne de nous, et la calomnie n'osera jamais s'attaquer à la comtesse de La Fresnaye.

Henriette joignit ses instances à celles de son frère.

M. Messac, ému par l'accent de loyauté avec lequel venait de parler le jeune homme qui avait autrefois risqué sa vie pour l'honneur de sa fille, M. Messac se prit à réfléchir profondément.

Puis il demanda quelques jours de réflexion pour donner une réponse positive.

Le comte et la marquise se retirèrent, et le soir Ernestine revenait auprès de son père.

Celui-ci entreprit de sonder le cœur de son enfant.

Ernestine n'avait rien à cacher, rien à avouer.

N'ayant jamais aimé, elle considérait Max comme un ami, et l'armateur comprit qu'elle ne s'opposait pas plus à cette union qu'elle ne la désirait. Elle se bornerait à obéir, sans joie comme sans chagrin, à la décision paternelle.

La pensée qu'elle resserrerait encore les liens de l'amitié qui l'unissait à Henriette, devait évidemment être le grand mobile qui entraînerait le consentement de la jeune fille.

A vrai dire même, la violence de caractère dont Max faisait preuve à tous moments, s'était opposée à ce qu'Ernestine éprouvât une affection bien vive pour le comte : elle était loin de le haïr ; mais le sentiment qu'il lui avait inspiré était plus voisin encore de la crainte que de l'indifférence.

Quant à M. Messac, cette alliance détruisait tous ses plus chers projets d'avenir.

Il s'était toujours proposé, n'ayant pas de fils, d'avoir pour gendre un homme digne de prendre la direction de sa maison de commerce.

Les idées, les habitudes, les mœurs du comte étaient entièrement opposées aux siennes, et ne présageaient pas, par leur contraste, une union bien tendre entre le gendre et le beau-père.

Puis, il avait étudié le caractère de M. de La Fresnaye, et

ce caractère impétueux, irascible, violent, ne souffrant pas la contradiction, ne lui présentait pas de suffisantes garanties de bonheur pour l'avenir de sa chère enfant.

Il avait bien pensé d'abord à quitter Bordeaux, à réaliser sa fortune, et à venir habiter Paris, mais il avait réfléchi que lors du mariage d'Ernestine, des informations seraient prises à Bordeaux, que son départ donnerait raison à la calomnie, et que le remède serait pire que le mal.

Enfin le jour arriva où le comte vint chercher la réponse promise.

M. Messac s'en remit à Dieu du soin du bonheur de sa fille, et convaincu que cette union était devenue nécessaire par la force croissante des infâmes propos que nous connaissons, il donna son consentement.

Henriette obtint celui d'Ernestine.

Il fut décidé que le mariage aurait lieu dans trois mois, que le jeune couple habiterait Paris, et que M. Messac et Ernestine, Henriette et Max, partiraient sans plus tarder pour la capitale, afin de s'occuper du soin de monter une maison convenable aux jeunes époux.

M. Messac voulait se charger de tous ces détails.

Les préparatifs de ce quadruple départ nous reportent donc en juin 1856, c'est-à-dire aux quelques jours précédant celui où a commencé la première partie de notre récit.

Henriette qui avait un appartement complet à Paris, appartement qu'elle avait occupé jadis avec le marquis d'Hauterive, Henriette voulait y recevoir M. Messac et sa fille, mais l'armateur n'y consentit pas.

Il avait fait arrêter par un valet de chambre, expédié à l'avance, un logement simple, mais convenable dans la rue de la Victoire.

Tandis que M. Messac réglerait quelques affaires indispensables, Ernestine accompagnerait Henriette qui se chargerait de lui faire connaître les merveilles parisiennes.

Tout ceci bien convenu, on se mit en route.

Maintenant le lecteur sait le reste.

Il connaît la cause qui contraignait l'armateur à marier sa fille avant l'époque où elle atteindrait ses vingt ans révolus.

Il devine que, la veille au soir, Ernestine désireuse de goûter quelques-uns des plaisirs si vantés en province, avait témoigné le désir d'aller visiter le Pré-Catelan.

Henriette, ne voyant aucun obstacle à ce désir, puisque le comte devait les accompagner à cheval et qu'elle ne comptait pas descendre de voiture ni se mêler à la foule, avait accédé avec empressement à la demande de son amie.

On sait ce qui était advenu de cette promenade, et l'on se rappelle les évènements que nous avons décrit dans un précédent chapitre.

Le comte et sa sœur avaient ramené Ernestine rue de la Victoire, et, tous trois, dans la crainte d'alarmer le négociant, avaient glissé sans insister sur l'accident arrivé au bois de Boulogne.

Le lendemain M. Messac était allé visiter son ami Verneuil.

Nous avons assisté à une partie de la conversation qui avait eu lieu entre eux ; nous savons la double impression qu'avait produite sur le banquier parisien et sur le baron d'Aureilly, la nouvelle inattendue du mariage d'Ernestine.

Nous savons encore que M. Verneuil, ne renonçant pas à ses projets, était parti à la recherche de Georges, son conseiller ordinaire, tandis qu'Edouard, porteur d'un message de guerre, sonnait à la porte du comte de La Fresnaye.

Maintenant, si le lecteur le permet, nous allons rattraper M. Messac, qui vient de s'arrêter devant une maison meublée d'apparence confortable, et pénétrer avec lui dans l'appartement où l'attendait mademoiselle Ernestine Messac, la fiancée du comte de La Fresnaye.

IX

L'amour d'une jeune fille.

Tout ce que l'on a dit et écrit sur l'amour sera éternellement faux et éternellement vrai.

La foi est une question de tempérament.

Ce qui est incontestable pour tous, cependant, c'est que l'amour existe.

Maintenant, comment s'empare-t-il du cœur?

Voilà la question.

Pour les uns, la passion s'allume soudaine et instantanée, forte et vive, puissante et terrible.

Pour les autres elle naît doucement, peu à peu. — Sa mère est l'habitude, sa nourrice l'amitié.

Beaucoup nieront la commotion électrique qui, à première vue, galvanise deux cœurs sous l'effet d'un seul regard.

Pourquoi nier un fait tant de fois prouvé?

Quant à nous, nous ne nous chargerons pas à l'aide d'une longue dissertation spiritualiste, de convaincre les incrédules, nous nous bornerons à constater un fait.

Depuis la veille, Ernestine songeait au jeune homme qui avait risqué sa vie pour sauver ses jours.

Obéissant au même sentiment qui régissait à la même heure le cœur d'Edouard Verneuil, la jeune fille se rappelait les moindres détails de l'événement de la nuit dernière.

Elle frissonnait lorsqu'elle se voyait encore emportée dans cette voiture légère, par ce cheval atteint de folie, et qu'elle songeait au moment où Edouard, n'écoutant que son courage, s'était jeté entre le vehicule et la cascade.

Puis c'était le souvenir de la promenade au bord de la rivière qui venait agiter doucement sa poitrine dont l'émotion révélatrice trahissait les sensations du cœur.

Elle rougissait en se souvenant qu'elle s'était appuyée sur le bras de ce jeune homme inconnu, et ses regards s'abaissaient pudiquement lorsque la pensée du baiser qu'elle avait reçu lui faisait monter au front tout le sang qui circulait dans ses artères.

Plusieurs fois Ernestine avait voulu se soustraire à ces souvenirs doux et pénibles, mais elle avait beau se livrer à ses occupations favorites, s'asseoir devant son piano, ouvrir un livre intéressant, écrire à sa bonne Eulalie qui était demeurée à Bordeaux, rien ne parvenait à la distraire.

Ses doigts couraient sur les touches et c'était la voix d'Edouard qui arrivait à son oreille.

Sa main tournait avec impatience les feuillets du volume, et c'était le souvenir de la promenade nocturne faite au bras du jeune homme qui revenait à sa pensée.

Sa plume se trempait dans l'encre pour écrire à madame Pujols, et c'était le récit des événements de la veille qu'elle retraçait pour la dixième fois sur le papier à lettre.

De guerre lasse, la jeune fille ferma le livre, quitta le piano, jeta la plume, et, se laissant aller dans un large et moelleux fauteuil, elle ferma doucement les yeux, rendant la liberté à son esprit qui s'envola aussitôt dans un horizon brillant de douces rêveries.

Ce fut dans cette disposition morale que l'armateur trouva sa fille en rentrant au logis.

Suivant sa coutume, il alla vers elle, et, prenant entre ses mains la jolie tête de l'enfant adoré, il appuya ses lèvres sur le front d'Ernestine.

Celle-ci tressaillit.

— Mon père ! — fit-elle vivement et avec un accent étonné.

— Sans doute, — répondit M. Messac, — ne m'as-tu donc pas entendu rentrer ?...

— Oh! si fait... Mais je ne sais... je crois que je rêvais...

— A quoi donc?

— Je ne me souviens plus, — répondit Ernestine, qui mentait peut-être pour la première fois de sa vie.

— N'as-tu pas vu Henriette ce matin?

— Henriette? — répéta Ernestine en paraissant chercher dans ses souvenirs. — Est-ce que je devais la voir aujourd'hui!

— Sans doute. Elle doit venir te prendre à trois heures et tu ne me parais pas disposée à t'habiller...

— C'est vrai... j'avais oublié...

— Veux-tu que je sonne ta femme de chambre?

— Comme vous voudrez, mon père...

Le ton avec lequel étaient faites les réponses de la jeune fille avait quelque chose de si étrangement machinal, que l'armateur regarda son enfant avec une inquiète sollicitude.

— Ernestine! — dit-il en s'asseyant dans un fauteuil dont le dos était appuyé contre la fenêtre, et en attirant à lui la jeune fille dont le gracieux et chaste visage fut, par conséquent, placé en pleine lumière, — Ernestine! Qu'est-ce que tu as?

— Rien, mon père...

— Si fait!...

— Mais je vous assure...

— Voyons! mon enfant, veux-tu donc avoir des secrets pour moi?

— Non, mon père!

— N'as-tu plus en moi la confiance que tu avais autrefois?

— Oh! — fit la jeune fille en se laissant tomber sur les genoux de son père qui entoura sa taille flexible et la pressa tendrement contre sa poitrine.

— Eh bien! s'il en est ainsi, je prétends que tu me parles avec franchise.

— Je le veux bien, mon père. Interrogez!

— Qu'as-tu?

— Encore une fois, je ne puis le dire, car je l'ignore. Mais depuis ce matin je me sens inquiète et rêveuse.

— Tu ne souffres pas ? tu n'es pas malade ?

— Oh ! non, cher père, rassurez-vous ! je me porte à merveille.

— Est-ce cet accident d'hier au soir, dont l'impression trop vive t'aurait frappé l'esprit.

— C'est possible...

— Ce cheval emporté t'a donc bien effrayée ?...

— Oh oui ! dit la jeune fille en frissonnant.

— Et... tu ne m'as pas dit si ton évanouissement avait duré longtemps ?

— Mais, je ne saurais préciser .. mon père. . je crois, cependant, d'après ce que l'on m'a dit... que je suis demeurée près d'une demi-heure sans connaissance.

— Mon Dieu ! mon Dieu !... et j'étais pendant ce temps, bien calme à me promener tranquillement sur le boulevart ! — dit l'armateur en poussant un soupir.

— Oh ! je n'ai éprouvé aucun mal ! — ajouta vivement Ernestine.

— Et c'est cette bonne Henriette qui t'a prodigué ses soins ?

— Oui, mon père, — balbutia Ernestine en rougissant.

Dans le récit qui avait été fait la veille par le comte de La Fresnaye, la circonstance d'un jeune homme inconnu avec lequel Ernestine s'était trouvée près d'une heure en tête-à-tête, la nuit, au milieu du bois, avait été volontairement omise.

La jalousie de Max était telle, qu'il avait défendu aux deux femmes de lui rappeler jamais ce souvenir désagréable.

Était-ce cette défense qui avait contribué à ramener dans l'esprit de la jeune fille la pensée d'Edouard Verneuil ?

Nous n'osons l'affirmer, mais nous ne le nierions pas.

L'armateur réfléchissait.

12.

Ernestine, appuyée sur l'épaule de son père, était retombée dans ses rêveries.

Tout à coup, le bruit d'une voiture devant la porte de la maison, retentit aux oreilles de M. Messac.

— Voici sans doute Henriette et son frère. — dit-il.

— Le comte ! — murmura la jeune fille en pâlissant.

Elle courut vers la fenêtre et regarda au dehors.

— Non, non, dit-elle en revenant vers son père. — Ce ne sont pas eux.

Puis, soit impression nerveuse, soit effet de la commotion douloureuse que la terreur avait causé la veille à cette organisation délicate, soit enfin par un de ces mouvements spontanés dont le cœur ne peut se rendre compte, Ernestine éclata brusquement en sanglots.

M. Messac, vivement effrayé, courut à sa fille.

Ernestine, à demi affaissée sur une chaise, était en proie à une sorte de spasme.

L'armateur prit un flacon d'éther et en fit respirer le contenu à la pauvre enfant.

Puis, la voyant se calmer peu à peu, il entreprit de connaître la cause réelle de l'état nerveux dans lequel il voyait Ernestine.

Aux tendres interrogations de son père, la jeune fille ne répondait que par des paroles évasives.

Mais enfin, pressée de plus en plus, elle finit par se jeter au col de l'armateur en murmurant :

— Je ne veux pas épouser le comte de La Fresnaye.

— Hein ? — s'écria le négociant bordelais en reculant d'un pas sous l'effet d'un étonnement profond.

— Je ne veux pas être la femme du comte ! — répétait Ernestine.

— Mais... je ne te comprends pas. Explique-toi !

— Je ne le puis, mon père... Je ne sais même pas pourquoi je parle ainsi, mais... je vous le répète... c'est plus fort que moi... Je suis certaine que je ne serais pas heureuse si cette union s'accomplissait.

— Mais alors, elle ne s'accomplira pas ! — dit M. Messac en pressant sa fille sur son cœur. — Tu sais que je ne contraindrai jamais ta volonté, quoiqu'il arrive. Cependant, écoute, Ernestine ! N'obéis-tu pas, en ce moment, à une pensée irréfléchie ? — Qui est-ce qui peut te faire supposer que le comte de La Fresnaye te rendrait malheureuse ?...

— Je ne l'aime pas...

— Tu ne l'aimes pas?

— Non.

— Mais pourquoi ne m'avoir pas dit cela plus tôt ?...

— Parce que je ne savais pas...

— Tu ne savais pas si tu aimais le comte ?

— Non, mon père, — répondit naïvement la jeune fille.

— Et c'est seulement alors depuis quelques heures que tu connais l'état de ton cœur ?

— Oui, mon père.

— Et pourquoi viens-tu de t'apercevoir seulement que tu n'aimais pas le comte de La Fresnaye ?

— Parce que... je ne sais pas ! — dit brusquement Ernestine qui eût été, effectivement, dans l'impossibilité d'expliquer le mystérieux travail qui s'était accompli dans son âme.

M. Messac interrogea le visage d'Ernestine par un coup d'œil scrutateur, mais cette gracieuse physionomie ne reflétait rien que de pur et d'innocent, qui ne put parvenir à éclairer le négociant inquiet.

Cependant M. Messac avait un jugement droit et sain qui, en toutes circonstances, ne lui permettait pas de s'égarer dans la route qu'il avait à suivre pour arriver à son but.

Il pensa judicieusement que l'état d'irritation nerveuse dans lequel était sa fille, devait avoir une cause ignorée peut-être par Ernestine elle-même.

Avec cette douce sollicitude, qui est ordinairement le partage des pères, il résolut de découvrir cette cause.

Attirant donc encore sa fille sur ses genoux, il la berça doucement en silence, comme pour endormir la douleur morale de l'enfant chéri, et prenant une resolution subite, il commença un interrogatoire en forme à propos de tout ce qui s'était passé depuis leur arrivée à Paris.

Ernestine, de son côté, se mit en devoir de répondre à son père, très-résolue à ne lui rien cacher, et quand elle en arriva aux événements de la veille, elle en fit le récit en n'omettant aucun détail.

Plusieurs fois M. Messac l'interrompit pour insister sur un point qui lui paraissait obscur.

En apprenant ce qu'il avait ignoré jusqu'alors, c'est-à-dire tout ce qui était relatif à Edouard Verneuil, dont Ernestine ne savait ni le nom ni la condition, — l'armateur secoua la tête et son front parut se charger de nuages épais.

Il devinait ce qui se passait dans l'esprit de son enfant, et il comprenait que la répulsion que ressentait tout à coup Ernestine, à propos du mariage projeté, venait de ce qu'un amour véritable avait pris naissance dans le cœur de la jeune fille.

Mais qui avait inspiré cet amour?

Quel était ce jeune homme inconnu?

L'armateur se perdait en conjectures.

— Ecoute, chère enfant, — dit-il à sa fille; — Henriette va venir, tu dois l'accompagner à la promenade, il faut le faire. Seulement, ne lui laisse rien soupçonner de ce qui s'est passé entre nous. — Je vais réfléchir, peser mûrement ce que je prétends faire, et demain nous causerons. Mais sois sans crainte. Si ce mariage te déplaît, il ne s'accomplira pas!

Et M. Messac, embrassant tendrement sa fille, sonna la femme de chambre, à laquelle il donna l'ordre de procéder à la toilette de sa jeune maîtresse.

§

Pendant qu'avaient lieu les événements que nous venons

de décrire, et tandis que M. Messac provoquait habilement les confidences d'un jeune cœur qui s'était ignoré jusqu'alors, une scène d'un genre très différent se passait, dans un quartier voisin, entre deux hommes que le hasard avait faits rivaux.

Nous voulons parler d'Edouard Verneuil et du comte Max de La Fresnaye.

Nous avons laissé Edouard au moment où le coupé de louage qu'il avait pris en sortant de chez M. Pongevin venait de s'arrêter en face de la maison habitée par la marquise d'Hauterive et son frère Max.

Cette maison, nous croyons l'avoir dit, était située rue de Rivoli, dans la partie avoisinant la rue d'Alger.

Edouard ordonna au cocher de l'attendre.

Edouard, nous devons le rappeler encore au souvenir du lecteur, — Edouard ignorait complètement, absolument, que l'homme auquel il allait parler de la part du baron d'Aureilly était le personnage qui, la veille, au bois, lui avait, d'une voix presque provoquante, donné un rendez-vous d'honneur à Tortoni pour le jour même.

X

Le comte de La Fresnaye.

— M. le comte Max de la Fresnaye? — demanda Edouard en s'adressant au concierge.

— Au second, monsieur, répondit celui-ci.

— Est-il chez lui?

— Je ne pourrais dire à monsieur. — M. le comte est sorti ce matin, mais je crois qu'il est rentré.

Edouard gravit le nombre des étages indiqué, et arrivé en face d'une porte aux proportions vastes, il tira le bouton de cuivre incrusté dans le montant.

Le son d'un timbre retentit, et un valet vint ouvrir.

— M. de La Fresnaye? — répéta Edouard.

— M. le comte est sorti, — répondit celui-ci.

— Diable! savez-vous à quelle heure il rentrera?

— Je l'ignore ; mais si monsieur veut se donner la peine d'attendre, je vais demander au valet de chambre.

Le domestique, sur un signe affirmatif d'Edouard, ouvrit avec empressement la porte d'un vestibule élégant, sorte de petit salon donnant sur la première antichambre, et s'effaça pour laisser pénétrer le visiteur.

Edouard entra.

Le valet revint bientôt.

— M. le comte devait être rentré à midi et demi, — dit-il — Il est une heure, donc M. le comte ne saurait tarder, et si monsieur veut bien...

— J'attendrai ! — interrompit Edouard.

Le valet s'inclina et sortit.

Edouard prit un siège, plaça son chapeau sur un fauteuil à côté de celui qu'il venait d'attirer, et croisant ses jambes l'une sur l'autre, il s'installa le plus confortablement possible pour pouvoir rêver tout à son aise en attendant l'arrivée du comte Max de La Fresnaye.

Mais à peine quelques minutes s'étaient-elles écoulées durant un profond silence, troublé seulement par le mouvement d'une superbe horloge de style Louis XV appendue à la muraille, qu'Edouard entendit dans la pièce voisine le frôlement d'une robe dont le frou-frou soyeux indiquait l'ampleur élégante et riche.

Quelques mots qui arrivèrent confus et indistincts à l'oreille du jeune homme furent prononcés dans l'antichambre puis une porte s'ouvrit doucement, et une belle jeune femme parut sur le seuil.

Edouard se leva précipitamment et s'inclina.

La jeune femme s'avança vers lui, gracieuse et empressée.

— Vous attendez le comte de La Fresnaye, monsieur? — demanda-t-elle.

— Oui, madame, — répondit Edouard.

— Je suis sa sœur, monsieur, et si, en l'absence de mon frère, il m'était permis de connaître le but de la visite que vous voulez bien lui faire, je serais heureuse de vous éviter une attente peu agréable.

— Mon Dieu! madame, — répondit Edouard assez embarrassé, car il ne voulait jeter aucune inquiétude dans l'esprit de son interlocutrice, et il ne savait trop, d'un autre côté, quel prétexte donner à sa visite matinale; — mon Dieu! madame, ce que j'ai à dire à M. de La Fresnaye est bien peu important... mais... je suis chargé... auprès de lui... d'une mission, et comme la chose ne m'est pas personnelle... je ne puis la confier qu'au comte de La Fresnaye en personne..... Veuillez donc m'excuser, madame, et si je ne suis pas indiscret en attendant ici...

— L'indiscrétion vient de moi, monsieur, — dit vivement la jeune femme, — et je vous prie de me pardonner.

Edouard s'inclina sans répondre, en homme qui ne désire pas prolonger la conversation.

— Il y a sur cette table des albums et des journaux, monsieur, — continua la sœur du comte de La Fresnaye, — et mon frère va rentrer d'un instant à l'autre.

La jeune femme fit une gracieuse révérence, à laquelle Edouard répondit par un salut profond et respectueux,—puis elle sortit.

— Où diable ai-je entendu déjà le son de cette voix? — se demanda le jeune homme dès qu'il se vit seul de nouveau.— J'ai beau fouiller dans mes souvenirs, je ne me rappelle pas avoir déjà rencontré cette dame, et cependant cette voix douce et sympathique ne m'est pas inconnue!

« Ah çà! mais, — continua-t-il en souriant et en passant à

un autre ordre d'idées, — Ah çà ! mais je suis depuis ving[t]
quatre heures en veine de bonne chance à l'égard de la beaut[é]
car, depuis hier soir, voici la troisième femme réellement j[o]
lie que je rencontre. Celle-ci est charmante, Régine est ad[o]
rable, mais ma belle jeune fille de la cascade...

Le retentissement du timbre vint interrompre le mon[o]
logue.

On entendit ouvrir la porte, et presque aussitôt le valet qu[i]
avait introduit Edouard entra dans le petit salon.

— Si monsieur veut prendre la peine de passer dans la [bi]bliothèque, — dit-il, — M. le comte vient de rentrer.

Edouard suivit le domestique.

Celui-ci, après lui avoir fait traverser une salle à mang[er] splendidement meublée, l'introduisit dans une pièce de pr[o]portions assez vastes, sorte de cabinet d'étude, prenant jou[r] sur la cour de la maison.

Les murailles disparaissaient complètement sous d'énorm[es] corps de bibliothèques en vieux chêne sculpté, dont les rayo[ns] pliaient sous le poids des in-quarto, des in-octavo, des i[n-]douze et des in-dix-huit, qui étalaient au soleil et à la pou[s]sière leurs riches reliures et leurs tranches multicolores.

Le plafond était recouvert d'une tenture sombre en cuir [de] Cordoue.

Les meubles, chaises, fauteuils et divans, également e[n] chêne sculpté, paraissaient avoir été tirés de quelque ancie[n] garde-meuble de famille, car la tapisserie dont ils étaient ga[r]nis remontait évidemment à plusieurs siècles.

L'aspect général de la pièce dans laquelle nous venons [de] nous introduire à la suite d'Edouard Verneuil était donc tris[te] et sévère ; à peine quelques vieux émaux accrochés çà et [là] aux montants des bibliothèques en réveillaient-ils la tein[te] foncée par leurs couleurs éclatantes.

Edouard, habitué au luxe pimpant et colifichet de l'époqu[e] jeta autour de lui un regard étonné, s'attendant à trouver da[ns] le propriétaire d'un tel cabinet de travail un vieillard grav[e] et froid, — sorte de savant à l'apparence monastique ;—ausssi fut-il étrangement surpris du contraste qu'offrait le comte, qui, debout dans l'angle d'une fenêtre, le saluait en s'inclinant, avec le caractère antique et solennel de l'ameublement qui l'entourait.

Le comte de La Fresnaye était un personnage de trente ans environ, — de taille au-dessus de la moyenne, et ayant l'apparence et les manières d'un homme du meilleur monde.

D'une physionomie aimable, de tournure distinguée, il pouvait passer, sinon pour un Antinoüs, au moins pour un agréable cavalier.

Sa mise élégante et recherchée, fraîche et coquette, faisait ressortir avantageusement ses qualités physiques.

La boutonnière de son habit laissait apercevoir un mince ruban, rouge dans les deux tiers de sa largeur, et coupé à son extrémité par des filets de couleurs différentes, indiquant qu'à l'ordre de la Légion d'honneur, le comte pouvait, — les jours de grande toilette, — ajouter une brochette suffisamment garnie de décorations étrangères.

Des gants de Suède, jetés négligemment sur les bords d'un chapeau placé sur une table, une cravache à pommeau finement ciselé, posée à côté du chapeau, et des éperons en acier poli, dont les molettes résonnaient aux talons des bottes vernies de M. de La Fresnaye, indiquaient une promenade à cheval que le comte venait probablement d'accomplir.

— A qui ai-je l'honneur de parler, monsieur ? — demanda le comte, tandis qu'Edouard s'avançait gravement vers lui.

— M. Edouard Verneuil, — répondit celui-ci.

Les deux hommes se saluèrent, et, se redressant ensemble, se regardèrent face à face.

Edouard était alors en pleine lumière, tandis que son interlocuteur, tournant le dos à la fenêtre, se trouvait placé dans la demi-teinte.

En examinant le visage de son visiteur, le comte tressaillit.

13

— N'étiez-vous pas hier soir au bois de Boulogne? — demanda-t-il vivement.

— Oui, monsieur, — répondit Edouard.

— Vers onze heures... vous vous trouviez près de la rivière... et vous n'étiez pas seul...

— C'est possible ! — fit Edouard étonné et mécontent de l'accent avec lequel M. de la Fresnaye formulait cette interrogation inattendue.

— Alors, c'est à vous, monsieur, que j'ai donné rendez-vous à Tortoni, pour trois heures, aujourd'hui même.

— En effet ! — s'écria Edouard qui reconnut du même coup et la voix de l'inconnu de la veille et les traits qu'il avait à peine aperçus dans l'ombre, — en effet, monsieur, c'est moi-même.

— Je vous remercie d'être venu ce matin, monsieur.

— Ne me remerciez pas, monsieur ; car en me présentant chez vous, j'ignorais que ce fût avec le comte de La Fresnaye que je devais me trouver cette après-midi.

— Alors, monsieur, quel était donc le but de votre visite?

— Le voici, monsieur, répondit sechement Edouard, choqué de l'accent plein de hauteur que venait de prendre le comte. — Hier soir, avant que je n'aie eu l'honneur de vous rencontrer, vous aviez eu avec l'un de mes amis, une altercation à la suite de laquelle vous echangeâtes mutuellement vos cartes...

— Une altercation ? — répéta le comte en paraissant chercher dans ses souvenirs.

— Oui, sans doute, et peut-être que le nom de votre adversaire vous rendra la mémoire. — Il s'agit du baron Georges d'Aureilly de Pontac.

— Oh ! je me souviens parfaitement, — dit vivement M. de La Fresnaye. — Ainsi, c'est comme témoin de M. d'Aureilly que vous avez pris la peine de passer chez moi.

— Oui, monsieur.

— Très-bien, monsieur, très-bien ! — fit le comte dont les manières changèrent brusquement et dont la voix prit l'inflexion d'une politesse exquise. — Puisqu'il en est ainsi, monsieur, j'ai des excuses à vous adresser...

— Des excuses? — répéta Edouard avec étonnement.

— D'abord, — continua vivement le comte, — j'ai à vous demander pardon de vous avoir fait attendre quelques minutes, — bien que je n'eusse pu deviner l'honneur que vous me feriez ce matin.

Edouard s'inclina froidement.

— Ensuite, je vous prie d'excuser le manque de politesse qui a peut-être présidé à la réception que je vous ai faite. — J'ai la tête un peu malade, monsieur, et j'ignorais à qui je parlais : je suis donc aux regrets de ne vous avoir pas offert plus tôt un siége et d'avoir transgressé par des questions un peu brusques, les lois de l'hospitalité. — Puis-je espérer, monsieur, que vous me pardonnerez?

Et le comte, en achevant ces paroles, attira à lui un fauteuil qu'il offrit du geste à son visiteur.

— Vous n'avez pas besoin d'excuses, monsieur le comte, — répondit Edouard en remerciant du geste, — je ne suis nullement offensé. — Je venais simplement vous dire de la part du baron d'Aureilly de Pontac, qu'a partir de cette heure, il était entièrement à vos ordres.

— Permettez, monsieur, et veuillez prendre la peine de vous asseoir, — dit M. de La Fresnaye en insistant. — Puisque le hasard s'est donné la peine d'avancer l'heure du rendez-vous que nous avions ensemble, nous profiterons de cette heureuse chance, si vous le voulez bien.

Edouard s'inclina de nouveau en signe d'adhésion et prit le siége que lui offrait le comte.

Celui-ci s'assit également, et continua :

— Pour répondre tout d'abord à l'objet de votre visite, monsieur, je vous dirai que M. le baron d'Aureilly m'a prévenu hier soir qu'il attendrait mes témoins demain toute la matinée : des affaires importantes ne lui laissant pas, — ajouta-t-il, — la disposition de cette journée. Bien que je lui sois reconnaissant d'avoir pu hâter de quelques heures l'instant probable de notre rencontre, je demanderai la permission, à vous comme à lui, de m'en tenir aux premieres paroles du baron. — Demain donc, mais demain seulement, mes témoins auront l'honneur d'aller lui demander l'adresse des siens, et les conditions de la réparation qu'il exige seront fixées par eux ainsi qu'ils le jugeront convenable, mais jusqu'à demain je n'appartiens pas à M. d'Aureilly. Je crois, monsieur, que vous deviez reconnaître la justesse de ma demande et qu'elle ne s'écarte nullement des conditions ordinaires?

— Sans aucun doute, monsieur.

— Donc, monsieur, puisque cette première affaire est reglée, ne nous en occupons plus, si vous le voulez bien, et passons à celle qui nous concerne tous deux.

— A vos ordres, — répondit Edouard.

XI

La provocation.

Un silence de quelques minutes se prolongea entre les deux jeunes gens.

Le comte Max de La Fresnaye semblait réfléchir et chercher ses paroles.

Edouard attendait.

Enfin, le comte releva la tête.

— Monsieur, — dit-il lentement et comme obéissant à un sentiment pénible, — monsieur, je dois vous remercier, en premier lieu, de l'assistance que vous avez bien voulu donner à une personne...

— Pardon, — interrompit brusquement Edouard, — je ne saurais recevoir des remerciements que je ne mérite pas. Puisque vous voulez, sans doute, faire allusion à ce qui s'est passé hier soir à la cascade de Longchamp, je dois vous dire, moi, monsieur, que le hasard, qui m'a permis de venir en aide à une personne charmante, a porté avec lui une récompense dont le peu que j'ai pu faire était indigne.

— Comment cela? — Qu'entendez-vous par ces paroles? — demanda le comte dont les traits se contractèrent subitement.

— J'entends que la personne dont vous parlez m'a suffisamment remercié elle-même et que je ne puis encore accepter vos remerciments... à moins, cependant, que ces remerciments ne soient ceux d'un frère.. ou d'un époux!...

Edouard, ainsi qu'on le voit, demeurait calme et froid en face de l'irritation qui semblait prête à s'emparer de Max, et même le jeune homme essayait de faire tourner adroitement la situation à son profit, en cherchant à connaître plus intimement les relations qui paraissaient attacher le comte à la jolie inconnue.

A l'insinuation d'Edouard, Max avait rougi légèrement.

— Je n'ai l'honneur d'être ni le frère, ni l'époux de la jeune fille dont vous parlez, — répondit-il.

— Eh bien! alors, monsieur, vous voyez que je n'ai aucune raison pour accepter vos remerciments.

— Si fait, monsieur, car si je ne suis ni frère, ni époux, je suis fiancé?

— Ah! — fit Edouard, sans pouvoir retenir un mouvement d'étonnement et de dépit, qui n'échappa pas à son interlocuteur.

— Vous comprenez, dès-lors, — reprit le comte, en regardant Edouard avec fixité, — vous comprenez, monsieur, qu'il est une circonstance dont j'ai le droit de me montrer offensé.

— Laquelle, monsieur ?

— La personne dont il est question s'est trouvée seule avec vous pendant près d'une heure entière.

— Cela est vrai.

— Elle passa une partie de ce temps évanouie entre vos bras ?

— Sans doute.

— Et, pour faire cesser cet évanouissement, vous crûtes devoir porter la main sur cette personne...

— J'ai degrafé le corsage de sa robe et coupé le lacet de son corset. C'est cela que vous voulez dire, n'est-ce pas ? — dit brutalement Edouard en plongeant ses regards dans les yeux de celui qu'il pouvait maintenant considérer comme un adversaire.

— Monsieur ! — s'écria le comte en se levant avec un geste de menace.

— Après ? — fit Edouard en imitant le geste de son interlocuteur.

Il était évident qu'une discussion violente allait éclater entre les deux hommes.

Depuis le commencement de l'entretien, le comte, emporté par une jalousie effrénée, ne s'était renfermé qu'à grand'peine dans les bornes de la politesse, et, à partir du moment où Edouard avait appris qu'il se trouvait en face du fiancé de celle qui occupait toute sa pensée, un violent désir d'être desagréable à cet homme et de brusquer le dénoûment prévu de la conversation, s'était impérieusement emparé de l'esprit du jeune amoureux.

Le comte, cependant, parvenant à étouffer la colère qui grondait en lui et à reprendre le calme nécessaire pour continuer l'entretien, le comte rompit le silence, gros de menaces et de dangers qui venait de succéder à ces interpellations provoquantes.

— Monsieur, — dit-il, — avant de continuer sur ce ton, il faut que vous sachiez que la personne dont vous parlez sera ma femme avant trois mois; que je l'aime follement, monsieur, et qu'elle me rend amour pour amour.

— Eh bien ! que m'importe ? — fit Edouard dont les paroles du comte froissèrent la passion qui s'enracinait d'instants en instants plus profondément dans son cœur.

— Il importe, que cette personne, vous l'avez offensée...

— En quoi donc?

— En avouant...

— La vérité ? — interrompit Edouard. — Et qui me dit, monsieur, que vous ne l'offensez pas plus gravement encore vous-même en disant qu'elle vous aime?

— Personne n'a le droit de douter de mes paroles, monsieur ! — s'écria le comte avec éclat.

— Si fait. J'en doute, moi !

— Vous ?

— Moi-même ; car, si j'en dois juger par ce qui s'est passé hier, lors de notre rencontre, je crois que vous inspirez plus de terreur que d'amour.

— Expliquez-vous, monsieur ! — dit le comte en saisissant le bras d'Edouard.

— Pourquoi ? vous me comprenez bien !

— Je comprends, — répondit Max avec un accent railleur et méprisant, — que vous voulez, en ce moment, jouer au Don Quichotte et délivrer les princesses soi-disant opprimées.

— Je joue le rôle d'un homme qui aime et qui se trouve en face d'un rival, — dit Edouard en se dégageant brusquement, — car sachez, monsieur, que celle dont vous vous dites le fiancé, je l'aime, moi ; oui, je l'aime, et cet amour est né dans mon cœur en voyant cet ange de beauté que la Providence plaçait sur ma route.

— Vous l'aimez? — dit le comte d'une voix sourde et en reculant d'un pas. — Vous l'aimez?

— Oui, je l'aime! — s'écria le jeune homme, obéissant,

sans s'en rendre compte, à un sentiment intérieur qui le poussait à parler tout à coup comme si celle qu'il aimait devait être à portée d'entendre ses paroles.

— Taisez-vous, monsieur, taisez-vous! — fit Max en se rapprochant vivement. — Je vous défends de parler ainsi! Je vous défends de revoir celle que vous offensez en ce moment, et si jamais vous poussiez l'audace jusqu'à répéter en sa présence...

— Que je l'aime? — dit Edouard. — Eh! monsieur, avant de la quitter, je lui ai fait hier l'aveu de cet amour.

— Vous avez osé!...

— Certes, et je dois vous dire, au risque de froisser votre orgueil, que mes paroles n'ont pas paru l'offenser autant que vous le prétendez.

— Misérable! — s'écria le comte en laissant éclater la colère qui s'était emparée de lui, et, saisissant l'un des gants qui pendait sur le bord de son chapeau, il le lança, dans un paroxysme de rage, à la figure de son interlocuteur.

Edouard devint blanc comme un linceul: ses yeux s'injectèrent de sang, et il poussa un cri étouffé.

Puis, bondissant en avant, il saisit la cravache placée sur la table et la leva sur le comte de La Fresnaye.

Mais le sentiment de sa propre dignité l'emporta sur celui de la colère, et, brisant la cravache entre ses doigts crispés, il en jeta les débris aux pieds du comte.

— C'est la mort de l'un de nous, — dit-il, — qu'il faut maintenant.

— Des pistolets de tir, à vingt-cinq pas en marchant l'un sur l'autre et en faisant feu à volonté. — Cela vous convient-il? — dit le comte d'une voix saccadée.

— Parfaitement: l'un des deux restera sur le terrain.

— C'est bien ainsi que je l'entends.

— Le jour?

— Demain.

— L'heure et le lieu?

— Huit heures, au bois de Vincennes.

— Nous apporterons chacun nos armes.

— C'est convenu : il est donc inutile que nos témoins se voient d'ici là. Chacun de nous amènera les siens.

— Très-bien.

Les deux hommes se saluèrent froidement, et le comte tirant un cordon de sonnette, donna l'ordre au valet, qui accourut, de reconduire Edouard.

En montant dans la voiture qui l'attendait, Edouard se fit conduire au tir des Champs-Elysées, dans l'intention d'y essayer immédiatement une paire de pistolets.

Il voulait ensuite se rendre chez Lucien d'Ornay, afin de prier celui-ci de l'assister dans son duel.

Mais auparavant, il écrivit la lettre que nous avons lue et qu'il envoya au baron d'Aureilly.

§

Le lecteur se souvient sans doute que M. Verneuil en quittant son ami Messac, avait donné l'ordre à son cocher de toucher à Tortoni avant de se rendre à la Bourse.

Le banquier arriva au moment où Georges, après avoir reçu les deux missives que nous connaissons, se disposait à quitter l'etablissement sanctionné par la jeunesse prodigue et par la vieillesse financière.

M. Verneuil prit le baron par le bras, et tous deux, allumant chacun un cigare, entreprirent, à petits pas, une promenade sur l'asphalte que la chaleur rendait presque désert.

— Très-cher, — commença le ci-devant jeune homme en rejetant sur l'épaule le revers de sa courte redingote et en tendant le jarret de façon à faire envie à un sergent instructeur prussien, — très-cher, j'ai besoin de toi.

— De moi? — fit Georges avec étonnement.

— Oui, de toi, de ton esprit et de ton adresse.

— Pourquoi faire?

— Pour mener à bien une certaine affaire dont je m'occupe fort.

— A tes ordres !

— Qu'est-ce que c'est que cette petite femme qui vient de sourire en passant près de nous? — dit le banquier qui s'interrompit brusquement pour suivre de l'œil une promeneuse élégante dont l'énorme crinoline menaçait d'envahir le trottoir dans toute sa largeur. — Tu la connais ?

— Non.

— C'est donc à moi qu'elle adressait son œillade ?

— C'est possible.

— Jolie tournure ! bas de jambe fin, élégant ! pied coquet ! de la souplesse dans la démarche ! — Si nous la suivions ?

— Laisse donc ! nous en rencontrerons d'autres. — Revenons à ton affaire.

— Soit ! il s'agit de mon... d Edouard.

— Eh bien ?

— Je veux le marier.

— Bah ! — fit Georges en feignant l'étonnement.

— Oui, — ce garçon ne fait rien, il s'ennuie ; il est temps qu'il mène une vie régulière.

— Fais ce que je dis et non ce que je fais ! — dit Georges en riant.

— La situation d'Edouard n'est pas la mienne. J'ai travaillé, moi.

— Et il se repose, lui.

— C'est précisément ce que je n'entends pas. Il faut que jeunesse s'occupe

— Eh bien ! lui as-tu trouvé une femme ?

— Oui.

— Laquelle ?

M. Verneuil ne répondit pas.

Son attention était absorbée par la contemplation d'une fraîche et jolie créature qui s'avançait, pimpante et légère, retroussant coquettement sa robe afin de laisser voir un pied finement chaussé.

Cette jeune personne, — à peine avait-elle vingt ans, — cette jeune personne, au minois provoquant, au sourire fripon, à l'œil effronté, se nommait mademoiselle Tata Maryland, et exerçait la profession de danseuse en sa qualité d'employée dans le corps de ballet de l'Académie impériale de musique.

Le banquier, visiteur assidu des coulisses de l'Opéra, la connaissait assez intimement.

— Bonjour, petite, — fit M. Verneuil en se dandinant d'un air aimable et en posant sa canne sur sa hanche, à peu près comme les chevaliers d'autrefois mettaient leurs lances en arrêt.

— Bonjour, mon bon, bonjour, Georges ! — répondit Tata en tendant la main aux deux hommes.

— Où te conduisent tes petits pieds, chère belle ?

— Mes petits pieds vont tricoter, cher ami, ce qui ne les réjouit pas plus que leur maîtresse.

— Il y a donc répétition aujourd'hui ?

— Oui, pour leur bête de ballet qui passe la semaine prochaine.

— Comme tu es donc fraîche et charmante, mon petit ange ! — dit le banquier en avançant la main pour prendre le menton à la jeune fille. — Quand est-ce que nous soupons ensemble ?

— Allez donc dîner d'abord avec votre Régine ! — riposta Tata en souriant.

— Eh ! eh ! on peut dîner avec l'une et souper avec l'autre.

— Oui, mais on ne déjeûne plus le lendemain.

— Méchante !

— Laisse donc Tata aller à sa répétition ! — dit Georges en s'efforçant d'entraîner son ami.

— Attends un peu ! Comme tu es pressé ! Tu manqueras la Bourse !

— Bah ! on ne fera rien aujourd'hui.

— Mais je serai à l'amende, moi, — dit mademoiselle Maryland, que connaissent ceux de nos lecteurs qui ont lu *Mademoiselle La Ruine*. — Adieu, mes bons !

— Tu danses ce soir ? — ajouta le banquier en la retenant par la main.

— Parbleu ! est-ce qu'on ne nous fait pas faire un métier de galérien !

— Eh bien ! j'irai ce soir flâner dans les coulisses ! Adieu, petite !

— Pauvre vieux ! — murmura Tata en s'éloignant gaiement, — il ferait bien mieux d'aller se coucher !

— Cette petite Tata me poursuit depuis deux mois ! — disait M. Verneuil en reprenant sa promenade ; — il faudra que je soupe avec elle !

— Eh bien ! tu souperas ! — répondit Georges avec impatience. — Mais revenons à Edouard.

— Ah ! oui.

— Tu lui as donc choisi une femme ?

— Certes.

— Une Parisienne ?

— Non ; — une provinciale.

— De quelle province ?

— De la tienne.

— Des environs de Bordeaux ? — continua à interroger le baron, fidèle à son système de paraître ignorer les intentions du banquier.

— De Bordeaux même... Mais, est-ce que ce n'est pas Virginie que j'aperçois de l'autre côté du boulevart ?

— Quelle Virginie ?

— Eh bien ! l'actrice du Vaudeville. Mais oui, c'est elle... Bonjour !... bonjour !... — fit le banquier en envoyant du bout de ses doigts force baisers à une jeune femme qui tournait en ce moment l'angle formé par la rue de Grammont.

— Et le nom de cette jeune fille que tu destines à ton fils ?

— Parbleu ! c'est mademoiselle Messac.

— Ma cousine ?

— En personne.

— Mais puisqu'elle épouse le comte de la Fresnaye !

— Voilà précisément la question. Il faut faire rompre ce mariage, et c'est sur toi que j'ai compté.

— Comment cela ?

— M. Messac a confiance en toi : il te confiera les causes qui le contraignent à contracter cette union, car il y a évidemment force majeure, j'en suis convaincu...

— Et puis après ?

— Après ?

— Oui.

— Dame ! quand nous connaîtrons les causes, nous verrons à agir en conséquence.

— C'est que ce sont ces causes qui influent sur la volonté de Messac qu'il faut apprendre, et je connais trop mon cher cousin pour supposer un instant que, si elles sont sérieuses, comme il y a tout à présumer, il les confie à quelqu'un, — pas plus à moi qu'à un autre.

— Que faire alors ?

— Savoir la vérité par un tiers.

— Oui, mais comment ?

— N'as-tu pas à Bordeaux quelqu'autre correspondant que Messac qui soit un peu plus au courant des affaires de mon cousin ?

— Si fait ! J'ai précisément là-bas un premier commis qui est en ce moment chez Lascaret, le concurrent de Messac.

— Eh bien ! allons au chemin de fer. — Envoie une dépêche télégraphique à ton commis. — Donne-lui l'ordre de partir à l'instant même. — Demain matin il nous donnera des nouvelles, car il y a bien évidemment quelque chose de louche dans cette résolution de marier Ernestine au comte.

— Tu as raison ! — dit M. Verneuil. — Mon commis sera

ici à cinq heures du matin. — Nous souperons ensemble cette nuit et nous l'attendrons à son arrivée.

— Bravo !

Les deux hommes s'élancèrent vivement dans la calèche du banquier.

— Chemin de Bordeaux ! — dit M. Verneuil.

Puis, se tournant vers Georges ;

— En revenant, — ajouta-t-il, — je monterai chez Régine.

— Et moi j'irai à sept heures ! — pensa Georges. — J'ai idée qu'elle pourra me servir, et, — si mon plan réussit, — j'épouse Ernestine aux lieu et place du comte de La Fresnaye !

XII

Régine.

Régine, — ainsi que nous l'avons appris au lecteur dans l'un des précédents chapitres,—Régine habitait la rue Neuve-des-Mathurins.

Elle occupait tout le second étage de l'une des maisons avoisinant la rue de l'Arcade.

Régine avait un appartement splendide meublé avec un goût que l'on ne rencontre pas d'ordinaire chez les femmes de sa sorte, dont le principal désir est d'éblouir tout d'abord les yeux par un étalage extravagant de richesses fantastiques.

Sa salle à manger, son salon et sa chambre à coucher eussent pu servir de modèle à un tapissier chargé du soin de meubler un appartement de véritable grande dame.

Son boudoir seul était une merveille.

Cette pièce, située à l'extrémité de l'appartement et parfaitement isolée, était tendue en damas de soie couleur paille dont le reflet légèrement doré faisait valoir la beauté méridionale de la courtisane.

Une double tenture de nuance vert émeraude découpait ses ovales sur le premier fond.

Une simple baguette d'ébène à filet argenté couvrait l'endroit où les deux étoffes se rencontraient, et arrêtait le contour formé par la soie verte.

Sur chacun de ces ovales se dessinait un pied en bois d'ébène soutenant une statuette en vieil argent.

Des doubles rideaux, paille et verts, encadraient la fenêtre et enfouissaient leurs têtes sous une vaste galerie en bois noir sculpté.

Un tapis, vert tendre, dont le touffu valait celui d'un gazon anglais, couvrait le plancher.

Le plafond, creusé en forme de coupole, était incrusté de médaillons moulés en relief d'un effet merveilleusement artistique.

Les siéges, bas, affectant des formes coquettement capricieuses, étaient recouverts d'une étoffe en velours de soie, couleur paille, rehaussée par des agrements verts.

Une délicieuse pendule rocaille formait le centre de la tablette de la cheminée, et était accompagnée de groupes en vieux biscuits de Sèvres représentant des sujets mythologiques.

Une coupe en argent, ciselée au repoussé et due au talent de Benvenuto, brillait sur un meuble de Boule placé dans un angle du boudoir.

Cette coupe représentait la toilette de Vénus.

Rien de plus suave, de plus gracieux, de plus charmant ni de plus pur que les détails de ce chef-d'œuvre.

Régine, — qui avait un goût prononcé pour les véritables objets d'art, — faisait de cette coupe le *nec plus ultra* de ses richesses.

Aussi le boudoir était-il sa pièce favorite.

Au moment où nous prions le lecteur de s'y introduire avec nous; la jeune femme, nonchalamment étendue sur une causeuse, tournait les feuillets d'un roman nouveau.

Sa toilette était charmante.

Une robe en piqué blanc, toute surchargée de broderies et de dentelles, étalait les flots éclatants de blancheur de sa jupe, de manière à faire entièrement disparaître le siége sur lequel la jeune femme reposait.

Une casaque de chambre était mise par dessus le corsage décolleté de la robe.

Cette casaque, en étoffe indienne, — fond rouge vif à broderies multicolores, — servait encore à faire ressortir la blancheur mate du col et des bras demi-nus.

Des bas de soie à jours chaussaient sa jambe élégante et laissaient apparaître la chair transparente de son pied d'enfant, qui se jouait à l'aise dans un soulier de satin noir.

Ainsi vêtue, Régine était ravissante, et, faut-il le dire? — elle le savait bien.

La coquette fille s'était parée plus que de coutume en songeant que le soir même elle reverrait Edouard.

Mais, en sentant grandir dans son cœur l'amour que lui avait inspiré le fils, elle avait pris subitement le père en aversion.

En revenant du chemin de fer, M. Verneuil s'était fait conduire chez la courtisane, dont il était depuis plusieurs mois le protecteur en titre, possesseur heureux, nous n'oserions dire unique, — et ceci pour cause, — des charmes qui faisaient tourner la tête à un bon nombre de jeunes étourdis et de vieux fous.

Régine avait reçu son adorateur avec une contrainte visible, mais le banquier, dont la fatuité n'était jamais en défaut, avait attribué à une indisposition nerveuse le sentiment de gêne que paraissait éprouver la jeune femme en sa présence.

Aussi, en quittant Régine lui avait-il paternellement recommandé de calmer ses irritations à l'aide d'un repos absolu. lui promettant de venir le lendemain avant la bourse prendre de ses nouvelles.

Régine n'avait rien repondu.

— Adieu, ma jolie maussade! — dit M. Verneuil en essayant de baiser une main qui s'empressa de fuir ses lèvres. — Adieu, ma toute belle! Pensez un peu à moi...

Et le sémillant quinquagénaire sortit, parfaitement convaincu que c'était la jalousie qui causait d'affreux ravages dans le cœur de Régine.

— On aura fait quelques cancans sur mon compte, — pensa-t-il en se caressant le menton. — La chère enfant aura appris que j'avais soupé sans elle ces derniers jours, et elle boude... Pauvre petite! elle n'a pas songé seulement à me remercier à propos de la croix que Justin lui a portée de ma part, il y a une heure. — Enfin, je la consolerai demain, et la bonne humeur reviendra. — Au Bois! — dit-il à son cocher en remontant en voiture.

Quelques instants après, M. Verneuil parcourait rapidement l'avenue des Champs-Elysées, échangeant nombre de saluts familiers et de sourires pleins de promesses avec ses amis de la Bourse et ses amies de la *Maison-d'Or*.

L'amour-propre du banquier etait loin de soupçonner le coup dont il était menacé.

En effet, tandis que M. Verneuil faisait la roue au soleil et lançait à droite et à gauche force œillades assassines, sa belle maîtresse sonnait sa femme de chambre et se faisait apporter ce qu'en style de théâtre on a coutume de désigner par cette phrase : *tout ce qu'il faut pour écrire*.

Régine s'assit devant une petite table, — trempa sa plume dans l'encre, — attira à elle une feuille de papier et se mit à tracer sans hésiter la lettre que nous allons, à notre tour, transcrire pour le lecteur.

« Mon cher ami,

« Vous devez me connaître suffisamment pour savoir que
« la franchise dans les relations est mon premier défaut.

« Si vous ne le saviez pas, vous allez l'apprendre.

« Depuis six mois que je reçois vos soins, vous n'avez pas
« eu, je crois, un seul reproche à m'adresser.

« Je dois vous dire que je ne vous aimais pas beaucoup ;
« mais enfin, si vous ne me plaisiez guère, vous ne me dé-
« plaisiez pas plus que la généralité des autres hommes, par
« la raison toute simple que je n'aimais aucun d'eux, et que
« tous m'étaient plutôt même antipathiques qu'indifférents.

« Aujourd'hui, il en est autrement.

« Depuis vingt-quatre heures, — je devrais dire depuis
« quatorze, — j'aime quelqu'un. — J'aime réellement, sin-
« cèrement, profondément, et, pardonnez-moi ma franchise,
« ce quelqu'un n'est pas vous..

« Qu'est-ce que vous voulez? on n'est pas maîtresse de
« ces choses-là !

« Beaucoup de femmes à ma place se tairaient, vous trom-
« peraient et attèleraient ensemble à leur char et l'amour
« utile et l'amour agréable.

« Malheureusement pour moi, je ne puis agir ainsi.

« Je ne prétends pas dire par-là que je n'ai jamais trompé
« personne ; vous ne me croiriez pas, et vous auriez raison.

« Je veux dire seulement que mes infidélités ont toujours
« été involontaires, et jamais préméditées.

« J'obéissais à un entraînement, mais je ne combinais pas
« froidement une duplicité que je réprouve.

« De tout cela, mon cher ami, vous ne pouvez conclure
« qu'une chose bien simple :

« C'est que je vous rends votre liberté et je reprends la mienne.

« Vous avez agi avec moi en galant homme, je ne veux
« pas abuser de votre confiance et vous rendre ridicule.

« Un bon conseil seulement avant de nous séparer.

« Vous avez de l'esprit, du bon sens et de l'éducation ; —
« il ne vous manque absolument, pour être un homme par-
« fait, que de vous rappeler que l'âge de plaire est passé.

« Je vous estime fort, et je serais désolée de vous voir
« tomber entre les pattes de quelques drôlesses qui vous fe-
« rait montrer au doigt.

« Ne m'en veuillez ni de la démarche que je fais en ce
« moment, ni du conseil que je vous donne.

« L'une est dans votre intérêt, l'autre est dans celui de
« votre dignité personnelle.

« Quittons-nous donc bons amis.

« Et croyez-moi, mon cher Anatole.

« Votre affectionnée,

« Régine. »

La jeune femme ploya la lettre et en écrivit la suscription :

« A M. Anatole Verneuil. »

Puis, sonnant de nouveau, elle donna l'ordre de porter immédiatement cette missive importante à la demeure du banquier, et de la remettre entre les mains de Justin.

— Ouf ! — fit-elle en repoussant la table devant laquelle elle se trouvait assise. — Voilà qui est fait... maintenant je suis libre d'aimer qui bon me semblera et d'aller ce soir trouver mon Edouard.

Et Régine, enchantée d'avoir brisé les liens qui l'attachaient à son adorateur, s'assit à son piano et se mit à exécuter, en signe d'allégresse, la célèbre *Marche des Puritains*.

A sept heures précises, le baron d'Aureilly de Pontac se présentait à la demeure de la courtisane.

Régine le reçut dans son boudoir.

— J'ai reçu votre lettre, chère enfant, — dit-il en plaçant son chapeau sur un meuble et en venant s'asseoir familièrement à côté de la jeune femme, — et vous voyez que je suis exact comme un chronomètre.

— Merci ! — répondit Régine en lui tendant la main.

— Voyons, de quoi s'agit-il ?

— De moi.

— Votre lettre me l'apprenait du reste. Ensuite ?

— J'aime.

Georges ne répondit pas. Son regard railleur exprima si clairement la pensée irrespectueuse qui s'était emparée de son cerveau en entendant cet aveu, que Régine la comprit comme s'il l'eût formulée à haute et intelligible voix.

La jeune femme rougit.

— J'aime ! — répéta-t-elle en appuyant sur le mot.

— Je croyais que ce verbe-là était rayé de votre grammaire française ? — dit Georges en souriant.

— Qu'est-ce que vous voulez ? Je le croyais aussi comme vous, mais il paraît que je me trompais.

— Ah çà ! c'est donc sérieux ?

— Tout ce qu'il y a de plus sérieux !

— Vous aimez ?

— Oui.

— Réellement ?

— Je le crois.

— C'est un caprice ?

— Non !

— Diable ! — fit Georges en s'étirant la moustache.

— C'est comme ça ! — répondit Régine.

— Et qui aimez-vous ?

— Vous le savez bien !

— Edouard ?

— Oui.

— Et vous avez pris feu, tout à coup, cette nuit, sans transition ?

— Il paraît.

— Eh bien ! et le papa?

— Verneuil ? j'ai rompu avec lui.

— Bah ?

— Très-nettement encore.

— Depuis quand ?

— Depuis quatre heures !

— Et qu'a-t-il dit?

— Je n'en sais rien. — Je lui ai écrit.

— Eh bien, alors, je ne vois pas trop en quoi vous pouvez avoir besoin de mes services?

— Je veux que vous me parliez d'Edouard.

— Bien obligé. C'est donc pour vous distraire que vous m'avez appelé ?

— Vous ne me comprenez pas. Je désire des renseignements. — Vous sentez bien que je suis inquiète et... faut-il vous l'avouer? — Je suis jalouse.

— Bon ! Il ne vous manquait plus que cela !

— Parlez-moi franchement, Georges ! Aime-t-il quelqu'un ?

— Je ne crois pas.

— Mais Rosa ?

— Oh ! il n'y pense guère ; — vous l'avez bien vu cette nuit à souper.

— Cela est vrai, mais j'avais besoin de vous l'entendre dire.

Georges se prit à réfléchir.

Il se demanda quel bénéfice il pouvait tirer de la rupture de Régine avec Verneuil et de l'amour de la courtisane pour Edouard.

Le baron était, nous le savons, un homme de résolution.

Son parti fut bientôt arrêté, et, en commençant à voir clair dans la situation présente, il sourit doucement.

— Je crois que la journée sera bonne! — pensa-t-il.

Régine le regardait.

— Qu'avez-vous? demanda-t-elle. — Vous semblez plongé dans un monde de réflexions. — Me concernent-elles au moins?

— Elles vous concernent toutes.

— A quoi peusez-vous, alors?

— A ce que vous venez de me dire, et j'en concluais que je vous voyais avec peine embarqué dans cet amour.

— Pourquoi?

— Parce que... — dit Georges en n'achevant pas sa phrase.

— Est-ce qu'Edouard ne m'aimerait pas?

— Vous savez bien que là n'est pas la question. Il vous aimera au contraire, ce qui sera un malheur pour vous deux.

— Comment cela?

— Son père veut le marier.

— Le marier!

— Oui!

— Avec qui, mon Dieu?

— Parbleu! avec une jeune fille, riche et jolie.

— Et Edouard l'aime?

— Je n'en sais rien.

— Mais le nom de cette jeune fille?

— C'est mademoiselle Ernestine Messac, la fille de mon cousin, l'armateur bordelais.

Régine poussa un cri et se renversa en arrière.

XIII

Les projets du baron d'Aureilly.

Le raisonnement que Georges se tenait en parlant ainsi était des plus simples.

— Régine est réellement amoureuse, — se disait-il. — En lui apprenant les projets du banquier, nul doute qu'elle ne s'y oppose de toutes ses forces. — Sans que je m'en mêle, elle élevera des obstacles infranchissables entre Édouard et Ernestine. Elle travaillera pour le mieux de mes intérêts, et je n'aurai plus, moi, qu'à m'occuper du comte de La Fresnaye.

Le cri poussé par la jeune femme l'avait vivement surpris.

— Qu'avez-vous donc? demanda-t-il — Vous voilà toute pâle.

— Ce n'est rien... une douleur subite... c'est de la névralgie, — répondit Regine en se remettant peu à peu.

— Voulez-vous que je sonne?

— Non! c'est inutile...

— Cela va mieux?

— Oui...

La jeune femme respira, en effet, plus librement.

— Vous dites donc, — reprit-elle en essayant à raffermir sa voix qui tremblait légèrement, — vous dites donc qu'Édouard veut épouser mademoiselle de Messac.

— Mais je ne dis pas cela du tout, ma chère : Édouard ne veut pas entendre parler de ce mariage.

— Il n'aime donc pas mademoiselle Ernestine?

— Pas plus que celle-ci ne l'aime.

— Je ne vous comprends pas.

— C'est pourtant bien simple : Édouard et Ernestine ne se connaissent pas. — C'est M. Verneuil qui s'est fourré dans la tête de mener à bien ce mariage.

— Pourquoi cela?

— Pour se débarrasser de son fils, pardieu!

Regine sentit son front se dégager.

— Vous êtes bien certain, n'est-ce pas, — continua-t-elle, — que mademoiselle Messac n'aime pas M. Édouard?

— J'en suis parfaitement sûr. Elle ne l'a jamais vu, je vous le répète, et elle ne le connaît même pas de nom, probablement.

— Ah! très-bien !

— Quant à Édouard, il a eu une scène hier avec son père à propos de ces projets d'union, qu'il a refusé tout net de sanctionner.

Régine sourit comme quelqu'un qui vient d'échapper à un affreux danger.

— Vous êtes bien charmant, mon cher Georges, de me donner tous ces détails, — dit-elle de sa voix la plus douce.

— Attendez donc, je n'ai pas fini.

— Qu'y a-t-il encore?

— Il y a que vous ne vous étiez pas trompée en croyant rencontrer M. Messac sur le boulevard. Il est à Paris, je l'ai vu ce matin chez Verneuil et il nous a annoncé qu'il allait marier sa fille au comte de La Fresnaye.

— De mieux en mieux.

— N'est-ce pas?

— Oui, car alors je n'ai plus à redouter...

— Ta, ta, ta, vous ne connaissez pas Verneuil. Quand il a quelque chose dans la tête, il y tient. Il n'est pas homme à renoncer ainsi à ses projets ; il va chercher à faire rompre le mariage projeté et même arrêté.

— Que m'importe! — fit Régine en se redressant fièrement, — puisque Edouard et Ernestine ne s'aiment pas, c'est là tout ce qu'il me faut.

— La volonté d'un père compte bien pour quelque chose, et c'est précisément afin que vous puissiez parer à ce nouveau danger que je vous raconte la vérité dans ses moindres détails.

— Merci! vous êtes bon !

— C'est ce que j'ai toujours pensé, — murmura Georges en riant.

— Ainsi je suis libre de l'aimer, libre d'accepter son

amour, — dit Régine comme répondant à une pensée intérieure.

— Peste! vous devenez bien scrupuleuse, ma belle! — s'écria le baron. — Vous vous fussiez donc donné de garde de mettre quelques bâtons dans les roues de ce mariage, s'il avait été arrêté entre Edouard et ma petite cousine?

— Oh! certes!

— Et pourquoi?

— Parce que...

— Quoi?

— Rien! — dit brusquement Régine en se levant.

Georges l'imita et alla prendre son chapeau.

Puis, il revint vers sa jolie interlocutrice dont le front rayonnait sous une auréole de pensées joyeuses.

— Quand devez-vous revoir Edouard? — demanda-t-il.

— Ce soir... aux Champs-Élysées.

— Très-bien. — Un mot encore, et je vous laisse.

— J'écoute.

— Il est bien entendu que nous sommes bons amis, n'est-ce pas?

— Certes!

— Je m'engage, moi, à vous tenir au courant de tout ce qui serait tenté pour marier Edouard.

— Merci.

— De votre côté, voulez-vous me rendre un service?

— Volontiers! Lequel?

— Écrivez de votre plus jolie main à Messac que vous avez à lui parler.

— Que j'écrive à M. Messac? — s'écria Régine étonnée.

— Oui.

— Mais je ne le connais pas!

— Cela ne fait rien.

— Que voulez-vous que je lui dise, s'il vient?

— Je vous ferai la leçon demain matin.

— Pourquoi pas aujourd'hui?

14

— Parce que ce que vous aurez à lui dire dépend de la conversation que je dois avoir moi-même, cette nuit, avec un certain monsieur qui arrivera en droite ligne de Bordeaux.

— Mon cher, je n'y comprends rien.

— Qu'il vous suffise de savoir que ce que vous ferez empêchera plus que jamais un rapprochement entre Édouard et Ernestine.

— Mais encore faut-il que je sache...

— Quel intérêt me fait agir? Eh! mon Dieu, je vais vous confier mes secrets. — J'aime Ernestine, moi, et je veux l'épouser.

— Vous?

— Moi-même, et pour cela il me faut d'abord faire rompre le mariage entre mademoiselle Messac et M. de La Fresnaye. — Vous voyez que nos intérêts sont les mêmes, puisque, si j'épouse Ernestine, vous pourrez, sans crainte aucune, conserver votre amour. Est-ce clair?

— Parfaitement.

— Vous allez donc écrire?

— Dictez vous-même.

Régine se remit à la place qu'elle occupait quelques heures auparavant, et Georges, la voyant prête à lui obéir, se pencha sur son épaule et se mit à dicter :

« Monsieur,

« La démarche que je fais en ce moment va vous paraître
« étrange de la part d'une personne que vous ne connaissez
« pas; mais cette démarche, il est de mon devoir de l'ac-
« complir.

« Veuillez donc prendre la peine de venir chez moi de-
« main, à onze heures du matin. — J'aurai l'honneur de vous
« attendre.

« Il s'agit du mariage et du bonheur de votre fille! »

— Maintenant, — continua Georges, — signez, mettez votre adresse et écrivez sur l'enveloppe :

Monsieur Messac,
95, — rue de la Victoire.

— C'est tout ?— demanda Régine.
— Mon Dieu, oui. — Je remettrai la lettre moi-même.— Demain je serai chez vous à neuf heures, et nous conviendrons du reste.

Georges prit alors congé de la jeune femme.

Demeurée seule, Régine réfléchit à ce qui venait de se passer.

— Édouard m'aimera, — dit-elle, — je serai heureuse, mais Ernestine le sera-t-elle si elle épouse le baron ? C'est ce qu'il faudrait voir !

§

A onze heures du soir, Régine fit atteler et se prépara à aller attendre Édouard dans l'avenue des Champs-Élysées.

On se souvient sans doute qu'elle avait, le matin même, donné rendez-vous à Édouard à minuit.

Pendant ce temps, le jeune homme enfermé dans le cabinet de travail du comte Lucien d'Ornay écrivait rapidement sur de grandes feuilles de papier timbré.

Au moment même où Régine sortait de chez elle, Lucien rentrait chez lui.

— Eh bien ! — fit Édouard en trressaillant, — que sais-tu ?

— Tout ! — répondit laconiquement le comte.

— Explique-toi promptement !...

— La jeune personne que tu as rencontrée hier soir est la fiancée de M. de La Fresnaye, et elle se nomme mademoiselle Ernestine Messac.

— Mademoiselle Messac! s'écria Édouard. Pas possible.

— C'est comme j'ai l'honneur de te le dire. Je tiens tous ces détails de la bouche même du valet qui accompagnait hier M. de La Fresnaye.

— Mademoiselle Messac dont j'ai refusé la main ce matin même?

— En personne.

— Quelle fatalité!

— Pourquoi? Il me semble, au contraire, que tout s'arrange pour le mieux. Tu obéiras à ton cœur et à ton père.

— Tu oublies ce duel qui rend désormais ce mariage impossible.

— Pourquoi?

— Si je suis tué...

— Eh! tu ne le seras pas!

— Mais si je tue le comte, veux-tu que M. Messac fasse de sa fille le prix du combat. Qui me dit qu'il ne tient pas à cette union? Qui me dit qu'Ernestine elle-même?...

— Allons! allons! ne t'agite pas ainsi, tu vas te donner la fièvre, et demain ta main tremblera.

— Tu as raison. — Merci, mon bon Lucien, de ce que tu as fait pour moi ce soir...

— Où vas-tu?

— Chez mon père. Je crois que le plus simple à faire est de lui avouer la vérité.

— Et je suis de ton avis. — A demain donc. Je te prendrai chez toi à six heures et demie. Je vais écrire à d'Aubigné de s'y trouver également.

— Adieu, — à demain, — dit Édouard en quittant précipitamment la demeure du comte d'Ornay.

Celui-ci, — il est essentiel de le rappeler, — habitait le haut des Champs-Élysées.

Édouard descendit à pied l'avenue.

Au moment même où il atteignait le rond-point, la calèche de Régine tournait au pas la place de la concorde et remontait la promenade élégante.

La jeune femme parcourait d'un œil attentif les bas-côtés presque complètement déserts, et son cœur battait avec force à la pensée qu'elle allait bientôt se trouver près de celui qu'elle aimait.

§

A huit heures du soir, M. Verneuil avait trouvé, en regagnant son logis, la lettre de congé envoyée par Régine.

L'amour-propre du banquier reçut le coup qui lui était porté avec d'autant plus de douleur qu'il était inattendu.

La vanité blessée est, sans contredit, notre plus mauvaise conseillère, et l'amoureux brusquement éconduit roula dans sa tête des plans de vengeance tous plus impraticables les uns que les autres.

Il refusa de sortir le soir et demeura enfermé dans sa chambre, triste, rêveur, soucieux et irrité.

Justin n'osait même plus adresser la parole à son maître.

Enfin, dans le courant de la soirée, une nouvelle missive arriva qu'il fallut bien transmettre à qui de droit.

Justin se hasarda et tendit à M. Verneuil une lettre tracée sur un papier grossier et dont l'écriture était évidemment contrefaite.

Le banquier la décacheta avec impatience.

Mais à peine l'eut-il parcourue des yeux, que son regard s'enflamma de colère et que, saisissant son chapeau et sa canne, il s'élança brusquement en donnant l'ordre à Justin de l'attendre.

Une fois dans la rue, M. Verneuil arrêta la première voiture qui passa devant lui, et ordonna au cocher de le conduire rapidement aux Champs-Élysées.

Le billet qu'avait reçu l'ex-protecteur de Régine ne contenait que quelques lignes, mais ces quelques lignes étaient désespérantes de précision pour un homme qui essayait encore à mettre son malheur en doute.

14.

On lui disait, à l'aide d'une orthographe impossible, que, s'il voulait se rendre à minuit dans l'avenue des Champs-Élysées, il connaîtrait l'homme qui lui avait enlevé le cœur de sa maîtresse.

On ajoutait même que Régine avait rendez-vous à cette heure-là avec son nouvel amant.

§

Quant au comte de La Fresnaye, il avait passé tranquillement une partie de sa journée au tir, essayant successivement plusieurs paires de pistolets à canons rayés.

Le comte avait une main d'une sûreté remarquable et un coup d'œil d'une justesse infaillible.

Il fit coup sur coup passer deux balles consécutives dans le petit trou qui forme le centre de la plaque.

— Mettez-moi ces pistolets de côté, dit-il en désignant les armes à l'aide desquelles il avait accompli cette prouesse; — je crois qu'ils feront mon affaire.

Puis, remontant en voiture, il alla dîner au café Riche.

En sortant de table, il rencontra l'un de ses amis qui devait le lendemain lui servir de témoin.

— Eh bien! — demanda celui-ci, — as-tu choisi tes pistolets?

— Oui, et si je n'étais pas intéressé dans l'affaire, je conseillerais au petit monsieur en question de mettre en ordre sa conscience, car ma parole d'honneur, avec de telles armes on serait obligé de tuer son adversaire quand même on ne le voudrait pas!

XIV

La sirène.

Régine, nous l'avons dit à la fin de l'un des précédents chapitres, remontait, au pas de sa voiture, l'avenue des Champs-Élysées.

Penchée en dehors de sa victoria, la jolie courtisane inspectait soigneusement les bas-côtés de la route.

La lueur des becs de gaz illuminant l'asphalte, ne lui permettait pas de laisser passer inaperçu celui que ses yeux cherchaient alors avec une avidité que ceux qui ont aimé comprendront aisément.

Le cœur de Régine battait avec force à chaque ombre qui se projetait sur la contre-allée, et sa physionomie témoignait une déception pénible lorsque cette ombre, diminuant peu à peu d'étendue, faisait place à une forme humaine qui n'était pas encore celle d'Edouard Verneuil.

Enfin, — arrivée à la hauteur de l'avenue Marigny, — Régine étouffa un cri.

Un jeune homme venait de passer rapidement devant elle, et elle avait cru reconnaître celui qu'elle attendait.

— Edouard, — murmura doucement la jeune femme.

Mais Edouard, si toutefois c'était lui, ne parut pas entendre cette interpellation et continua sa marche dans la direction de la place de la Concorde.

— C'est lui! c'est lui! — répétait Régine en suivant des yeux le jeune homme qui s'éloignait, — il ne m'a pas vue... il ne m'a pas entendue... peut-être me cherche-t-il!

Régine fit arrêter brusquement son cocher.

— Retournez! — dit-elle vivement! — Au trot!

La victoria tourna et descendit l'avenue.

Elle eut bientôt rattrapé le personnage après lequel la jeune femme courait, impatiente.

Ce personnage était en effet Edouard Verneuil.

Lorsque Régine s'en fut assurée, elle donna l'ordre au domestique de devancer le jeune homme, puis faisant signe d'arrêter, elle sauta légèrement à terre et s'avança au-devant du fils du banquier.

Edouard, enfoncé dans tout un monde de réflexions, ne voyait et n'entendait rien de ce qui se passait autour de lui. Régine posa sa petite main sur le bras du jeune homme.

Edouard tressaillit et se retourna.

— Qu'est ce? que me voulez-vous?—demanda-t-il brutalement.

— Edouard... ne me reconnaissez-vous pas? — répondit Régine blessée par l'accent avec lequel Edouard avait prononcé ces paroles.

— Pardon, madame, mais...

— Vous m'aviez donc oubliée?

— Je ne comprends pas... — dit Edouard en cherchant à rappeler ses souvenirs et en ne reconnaissant pas encore la jeune femme avec laquelle il avait soupé la nuit dernière.

— Ne me reconnaissez-vous pas, monsieur?

— Si fait... si fait... veuillez m'excuser... — répondit le jeune homme en recouvrant subitement la mémoire.

— Ne vous souveniez-vous plus que nous devions nous rencontrer ce soir, ici?

— Encore une fois, pardonnez-moi, madame, mais c'est qu'en vérité, il s'est passé depuis ce matin des choses tellement étranges...

— Qu'est-ce donc? — demanda Régine avec anxiété.

— Rien qui puisse vous intéresser.

— Alors vous ne m'aviez pas tout à fait oubliée?

— Nullement! — répondit Edouard qui sacrifiait sans scrupule la vérité à la politesse.

— Oh! tant mieux! Ce que vous me dites là me fait du

bien. Mais venez ? ma voiture est là... nous irons jusqu'au bois...

— C'est que...

— Quoi ?

— Je ne sais comment vous dire... mais c'est que ces circonstances auxquelles je faisais allusion tout à l'heure...

— Eh bien ? — interrompit Régine étonnée et inquiète de l'embarras que manifestait Edouard.

— Eh bien... je ne suis pas libre ce soir... il faut absolument que je rentre chez moi...

— On vous attend ?

— Peut-être...

— Une femme sans doute ? Rosa ? — s'écria la courtisane dominée tout à coup par un violent sentiment de jalousie.

Edouard ne put s'empêcher de sourire en voyant le droit d'inquisition que s'arrogeait son interlocutrice.

— Vous vous trompez, Régine, — répondit-il doucement, — il n'est nullement question de femme...

— Eh bien alors ?

— Encore une fois, je ne puis pas, pour ce soir, profiter de votre offre charmante, et je suis obligé, bien qu'avec regret, de vous quitter... Il faut que je rentre...

En disant ces mots, Edouard faisant un effort pour résister au charme étrange que lui faisait subir la présence de Régine, Edouard, — disons-nous, — salua poliment la jeune femme et s'apprêta à s'éloigner.

Régine le retint vivement.

— Edouard, — dit-elle en fixant sur le jeune homme le regard clair et étincelant de ses yeux arabes, — Edouard, il se passe quelque chose d'extraordinaire que vous voulez me cacher !

— Mais... je vous assure...

— Vous me trompez !

— Régine !

— Vous me trompez, je le sens !

— Je vous affirme, ma chère enfant...

— Allons donc! est-ce que la femme qui aime réellement n'est pas douée d'une pénétration à laquelle on ne donne pas aisément le change? Je vous répète qu'il se passe en ce moment quelque chose que vous ne voulez pas me dire. Voyons, parlez! soyez franc!

— Regine, je n'ai rien à vous apprendre.

— Vous avez vu quelqu'un ce soir qui m'aura nui dans votre esprit, convenez-en!

— Mais nullement.

— On vous a dit du mal de moi! On vous a répété que je n'aimais personne, que je n'avais pas de cœur, qu'il ne fallait pas me prendre au sérieux, que vous ne deviez plus me voir?

— Rien de tout cela! — répondit Edouard en s'efforçant de calmer la véhémence de sa jolie compagne. — Je vous donne ma parole d'honneur qu'il ne s'agit pas de vous.

— Il s'agit d'une autre femme, alors?

— Non plus.

— Eh bien, il s'agit de vous?

— Mais...

— Voyons, Edouard, pourquoi n'êtes-vous plus le même avec moi. Vous n'aviez pas cet air froid et contraint hier, quand nous sommes revenus ensemble du Pré Catelan, cette nuit quand nous avons soupé, ce matin quand vous m'avez reconduite?

— Mon Dieu! je ne sais ce que vous voulez dire, — balbutia le jeune homme enivré peu à peu par l'éclat étourdissant de la beauté de son interlocutrice.

C'est qu'en effet, l'exaltation à laquelle était en proie la courtisane amoureuse, developpant encore les dons précieux d'une nature prodigue, elevait jusqu'au sublime l'idéale beauté de sa figure et la gracieuse perfection de ses formes. Par un mouvement semblable à celui de la couleuvre, elle avait enlacé son bras blanc et rosé autour du bras de celui qu'elle voulait, à tout prix, retenir près d'elle.

Ses grands yeux humides laissaient échapper une larme causée par l'impatience.

Edouard sentait près de lui les ondulations de ce corps charmant, tout parfumé d'une odeur douce et pénétrante, dont les miasmes délétères attaquaient la lucidité de son cerveau et apportaient dans son esprit un trouble dont il ne pouvait se rendre compte.

Régine, qui ne le quittait pas du regard, s'aperçut de l'influence qu'elle reprenait sur lui.

Aussi, redoublant de caresses et donnant à sa voix son accent le plus doux et le plus suave.

— Je sais, — reprit-elle, — que je n'ai aucun droit, hélas! pour réclamer une part de votre confiance...

« Vous ne voyez, vous ne pouvez voir en moi que l'une de ces pauvres créatures que l'on prend dans une heure de folie et qu'on rejette ensuite, en la traitant avec la légèreté qu'elle mérite...

« Oh ! je n'ignore pas ce que je suis...

« Je ne vous fais pas un crime de votre façon d'agir. Gardez votre secret si vous le voulez absolument!

« Tout ce que je vous demande, Edouard, tout ce que je vous supplie à mains jointes de ne pas oublier... c'est que vous n'aurez jamais près de vous, sur la terre, une femme qui vous soit plus dévouée que ne l'est celle qui vous parle !

— Régine... — interrompit Edouard, dont le trouble visible augmentait peu à peu, — Régine... je vous crois et je vous remercie...

— Ainsi, — continua la courtisane, dont la voix vibrante arrivait harmonieusement aux oreilles de son interlocuteur, sur l'épaule duquel elle avait appuyé sa petite main dégantée, — ainsi, mon ami, si vous avez jamais besoin du conseil d'un cœur qui comprenne le vôtre, du secours et du dévouement d'une âme prête à tout braver et à tout supporter pour partager vos peines ou vous éviter un chagrin... ne cherchez pas et ne me repoussez plus...

Tout en parlant ainsi, Régine, obéissant, peut-être sans s'en douter elle-même, à l'instinct naturel de la femme qui ne lui permet jamais de perdre complètement de vue le but qu'elle s'est une fois proposé d'atteindre, Régine était parvenue à entraîner peu à peu Edouard, de sorte que le jeune homme se rapprochant insensiblement de la chaussée, se trouvait en ce moment à deux pas de la victoria dans laquelle il avait jusqu'alors refusé de prendre place.

Régine avait débité le petit discours que nous venons de rapporter, avec une émotion extrême et en pressant dans les siennes les mains d'Edouard Verneuil.

— Mon Dieu, — répondit celui-ci presque complètement fasciné par les grands yeux noirs qui dardaient sur lui leurs regards empreints de ce fluide magnétique qui faisait de cette femme une véritable sirène, — Mon Dieu, je vous assure que je n'ai rien à vous confier...

— Eh bien ! s'il en est ainsi, pourquoi me refuser une entrevue que, ce matin pourtant, vous me promettiez avec des paroles... que vous regrettez peut-être à cette heure ?

— Mais écoutez-moi, Régine... — dit Édouard qui luttait encore.

— Je n'écoute rien.

— Cependant...

— Cependant, je vous aime ! — murmura la courtisane se laissant entraîner par toute la fougue de sa nature ardente. — Oui, je vous aime, et quoique ce que je vais vous dire puisse vous sembler étrange, incroyable, il n'en est pas moins vrai que vous soyez, vous, Édouard, le premier, le seul homme au monde que j'aie jamais aimé.

— Régine, vous allez me faire jouer près de vous un rôle ridicule, — répondit Édouard en souriant. — En vérité, j'ai l'air de vous résister.

Régine n'entendit pas.

— Venez! — continua-t-elle, — venez! il faut que je vous parle! Vous ne pouvez me refuser une heure. — Après cela, vous serez libre de ne jamais me revoir. Je croyais que vous m'aimiez, je me suis trompée... Mais cependant il faut que je vous parle...

Et la courtisane, passant son bras sous celui de son interlocuteur, continua à l'entraîner doucement, sans que celui-ci opposât une force bien vive pour conserver sa liberté.

§

La femme honnête, la femme bien élevée, celle dont l'éducation sociale a enchaîné les passions, et dont les moindres actions sont régies par les lois du monde, — cette femme-là, lorsque l'amour s'est emparé de son cœur, — et ceci est un fait incontestable et incontesté, — cette femme-là, disons-nous, foule brusquement aux pieds le code des convenances, pour ne plus obéir qu'à la passion qui la domine.

Sa fierté, son orgueil, son amour-propre s'inclinent et s'annihilent devant les entraînements impérieux du sentiment qui l'absorbe tout entière.

C'est que les exigences de la société sont moins puissantes que celles de la nature, c'est que la raison est moins forte que le cœur, c'est qu'avant la femme du monde, il y a la créature de Dieu.

Eh bien! si celles dont nous venons de parler subissent les lois de la passion, qui pourrait s'étonner des influences tyranniques de l'amour vrai sur ces femmes habituées à ne rien contenir de leurs désirs ni de leurs fantaisies?

Aucun lien social n'enchaînant la liberté de leurs actions, elles se livrent, sans essayer d'y résister, à toute l'ardeur du sentiment qu'elles éprouvent.

Semblables à Madeleine, leur patronne, elles croient, pour la plupart, qu'un amour sincère les réhabilite; les pauvres filles comptent sans l'habitude du vice, sans le besoin de la dissipation, sans l'exemple des autres, sans la dépravation enfin, qui est devenue pour elles une seconde nature plus vivante encore que la première.

Toujours est-il qu'une fois au moins dans leur existence, elles rencontrent ces quelques heures pendant lesquelles elles subissent le vertige de la passion pure, et pendant lesquelles leur cœur, se dégageant du limon dont elles l'entourent, s'élève et bat noblement dans leur poitrine.

La courtisane se dépouille alors pour faire place à la femme, — cette œuvre admirable de la création.

Le passé s'efface ; — le présent se purifie, et l'avenir resplendit de projets de bonheur, de dévouement et d'abnégation.

Régine était précisément dans cette phase que nous venons d'essayer d'indiquer au lecteur.

Régine n'avait pas menti en disant à Édouard qu'elle n'avait jamais aimé.

L'amour était éclos instantanément dans son âme, et vivifiait cette organisation d'élite, qui possédait tous les germes des bons comme des mauvais sentiments.

Le malheur avait voulu que, jusqu'alors, les mauvais seuls se fussent développés avec fruit.

Régine eût été fort embarrassée pour expliquer elle-même ce qui se passait en elle.

Elle obéissait à une influence qu'elle ignorait complètement.

Elle aimait Édouard.

Elle l'aimait de toutes ses forces, et, en un instant, elle avait basé sur cet amour tout un édifice de joies et de bonheur.

Aucun de ceux qui la connaissaient n'eût supposé, dans la femme suppliante qui sollicitait d'Édouard une heure de tête-à-tête, la courtisane fière, emportée, et quelquefois cruelle à force d'ironique froideur.

Par suite d'un phénomène trop ordinaire pour mériter explication, la beauté, la grâce, l'esprit, les charmes naturels enfin de la jeune femme, avaient atteint le plus haut degré de leur développement sous l'influence de l'amour qui s'était emparé de son cœur.

Les effluves magnétiques qui s'émanaient de cette organisation merveilleuse s'emparaient peu à peu des sens du jeune homme.

Édouard, dominé, entraîné, subjugué, sentait ses mains frissonner dans celles de Régine, et ses doigts rendaient involontairement pression pour pression.

Ernestine et le comte de La Fresnaye, — le souvenir de la belle jeune fille et la perspective du duel arrêté, — s'effaçaient progressivement dans le cerveau du jeune homme.

Comment Édouard se laissa-t-il persuader? Comment Régine parvint-elle à le faire asseoir à ses côtés dans sa voiture élégante? voilà ce que nous ne saurions expliquer.

Ce qu'il y a de certain, c'est qu'une heure après leur rencontre, les deux jeunes gens, qu'on eût pris, à juste titre alors, pour un couple amoureux, descendaient lentement l'avenue de l'Impératrice, se dirigeant vers la barrière de l'Étoile.

Régine, doucement penchée vers Édouard, appuyait sa tête charmante sur l'épaule de son compagnon, et celui-ci pressait ardemment contre sa poitrine la taille fine et souple qui s'abandonnait voluptueusement à ses tendres caresses.

En passant devant la demeure du comte d'Ornay, une lumière brillant à travers les rideaux de mousseline brodée de l'une des fenêtres, vint rendre tout à coup la mémoire au compagnon de Régine.

Édouard fit un brusque mouvement, comme s'il eût voulu se dégager et s'élancer à bas de la voiture.

En accomplissant ce mouvement, son pied rencontra celui de la séduisante courtisane, et l'étroit soulier de satin noir s'appuya tendrement sur la botte vernie du jeune homme.

Edouard s'arrêta, et ses yeux s'abaissèrent vers sa compagne.

Celle-ci, doucement bercée sans doute par le bonheur qu'elle ressentait, fermait à demi ses longues paupières.

Pelotonnée comme un enfant aimé entre les bras de sa mère, Régine semblait sommeiller paisiblement, et une admirable expression de sérénité touchante régnait sur sa gracieuse physionomie.

Sa bouche entr'ouverte laissait échapper un soupir régulier qui décelait la béatitude de son âme.

Sa tête, à demi-renversée, offrait aux regards d'Edouard la séduction de ses traits fins et mignons, qu'éclairait la pâle lueur des étoiles.

Les nuages qui venaient de s'amonceler sur le front du jeune homme s'envolèrent promptement.

— Si je dois mourir demain, — pensait-il, — mieux vaut pour les dernières heures de mon existence une nuit d'amour qu'une insomnie triste et maussade !

Et, penchant son visage vers celui de Régine, il voulut appuyer ses lèvres sur le front blanc qui dessinait à sa portée ses proportions élégantes ; mais la courtisane tressaillit, et, se rapprochant du jeune homme par un mouvement onduleux, ce furent ses lèvres carminées qui rencontrèrent le baiser d'Edouard.

XV

Une scène de famille.

La voiture avait atteint alors la hauteur du Château-des-Fleurs.

Le cocher, immobile et raide sur son siége, la main droite appuyée sur le manche de son fouet, dont l'extrémité reposait sur le coussin de cuir, tenait mollement les rênes.

Sans précisément dormir, le pauvre garçon goûtait une sorte de somnolence nullement troublée par la préoccupation de ce qui se passait derriere lui.

Les Champs-Elysées, complètement déserts, laissaient à la victoria une liberté de parcours qui faisait la sécurité de l'automédon fatigué.

Le cheval, déréné, allongeait sa tête fine et intelligente, et, secouant de temps à autre sa crinière, marchait au pas, réglant son allure suivant sa volonté.

Le ciel était admirable de pureté.

L'on eût dit l'une de ces belles nuits orientales pendant lesquelles le Bosphore se couvre de barques, et le bras de mer qui sépare Constantinople de Scutari semble la promenade et le lieu de réunion des beautés voilees du sérail et des hauts dignitaires musulmans.

Un profond silence régnait dans cette partie de la grande ville.

Tout à coup ce silence fut troublé par le roulement rapide d'une voiture.

C'était un coupé de louage qui s'avançait dans une direction diamétralement opposée à celle que suivait la victoria de Régine.

Depuis une heure environ, ce coupé sillonnait les Champs-Elysées dans tous les sens.

Il avait successivement exploré la grande avenue d'abord, puis l'allée des Veuves, l'avenue Gabriel, le Cours-la-Reine, les allées circulant autour du Palais-de-l'Industrie, mais soit par caprice de la personne que contenait la voiture, soit par cause d'une recherche infructueuse, le coupé ne s'était arrêté nulle part.

Durant ces courses successives, Régine et Edouard se promenaient au bois.

Au moment où le coupé arrivait en droite ligne sur la victoria, il remontait pour la troisième fois l'avenue des Champs-Elysées.

Les deux jeunes gens, comme bien on le pense, ne se préoccupaient aucunement du véhicule étranger qui s'approchait avec rapidité, lorsque celui-ci, arrive côte à côte avec la voiture élégante, s'arrêta brusquement.

Un homme, ouvrant violemment la portière, s'élança à terre avant même que le coupé eût acquis une immobilité complète.

Cet homme se précipita vers la victoria, qui continuait tranquillement sa marche.

— Jean ! — cria-t-il d'une voix rauque en s'adressant au cocher de la courtisane, — Jean, arrêtez ! je vous l'ordonne.

Celui-ci, ahuri et tiré brusquement du demi-sommeil dans lequel il était plongé, obéit, plutôt par instinct que mû par un autre sentiment, et arrêta court.

Mais le cheval surpris et blessé par le mors, se cabra et se mit à reculer.

— Arrêterez-vous ! — s'écria le nouveau venu avec une extrême violence.

Cette fois, Jean, complètement réveillé, avait reconnu sans doute dans la voix qui lui donnait cet ordre impératif, un accent habitué à commander, car il s'empressa de calmer le cheval et de faire demeurer la voiture stationnaire.

Tout cela s'était passé avec une telle rapidité que Régine ni Edouard n'avaient pu encore deviner la cause de la rupture de leur tête-à-tête.

La lanterne de la victoria éclairait alors la figure du personnage qui venait d'arriver d'une façon aussi intempestive.

Edouard, stupéfait, se rejeta brusquement en arrière.

— Mon père ! — murmura-t-il en reconnaissant tout à coup M. Verneuil.

Régine, par un mouvement contraire, s'était soulevée vivement et fixait un œil flamboyant sur le banquier qui, atterré par la colere, ne trouvait plus d'expression pour s'adresser à la courtisane.

Cependant, le double mouvement dont nous venons de parler, avait eu pour résultat de dérober complètement Edouard aux regards de son père.

Le banquier avait bien aperçu une forme humaine placée à côté de Régine; mais grâce à l'ombre complète dans laquelle se trouvait ce personnage dont il avait prévu la présence, il n'avait pu encore reconnaître son fils.

Au reste, il était tellement loin de supposer la vérité, qu'eût-il vu le visage d'Edouard en pleine lumière, il eût certes hésité à en croire le témoignage de ses yeux.

D'ailleurs, en ce moment, M. Verneuil n'était plus lui-même, et la démarche qu'il accomplissait en était une preuve suffisante.

Malgré tous ses ridicules, nous avons dit que le banquier était un homme d'esprit et de bon goût, et s'il avait eu le loisir de réfléchir durant quelques minutes lors de la réception de la missive anonyme qui avait déterminé sa résolution extrême, nul doute qu'il ne se fût sagement abstenu.

Mais les circonstances ne l'avaient pas permis ainsi.

Vivement mécontenté le matin par le refus qu'avait fait Edouard d'accéder à ses volontés, — plus vivement contrarié encore par la nouvelle apportée par M. Messac lui-même, du mariage d'Ernestine avec le comte de La Fresnaye, — le lion émérite était déjà sous une influence péniblement fâcheuse, lorsque le congé, brusque et inattendu, expédié par Régine vers la fin de la journée, était venu mettre le comble à l'irritabilité nerveuse qui s'était emparée de lui.

Sa vanité, son amour-propre, son orgueil, ses espérances, — tout cela avait été rudement froissé en quelques heures.

Aussi la colere avait-elle pris la place des autres sentiments.

En recevant la lettre anonyme qui lui indiquait le moyen

de connaître la conduite de Régine, il n'avait obéi qu'à un désir assez naturel de vengeance.

Sans réfléchir à ce qu'allait avoir d'inconvenant et de ridicule une telle démarche faite par un homme de son âge et de sa position, il s'élança, ainsi que nous l'avons vu, se jurant à lui-même de dire sur l'heure à la courtisane infidèle, de rudes et de pénibles vérités.

Ses premières courses infructueuses au milieu des Champs-Élysées déserts, loin d'avoir apporté le calme dans son esprit, avaient au contraire augmenté l'agitation qui s'en était emparé, et, au moment où M. Verneuil avait enfin reconnu la voiture qui entraînait Régine, une fièvre violente faisait bondir le sang dans ses artères.

Régine, surprise tout d'abord par la présence du banquier, avait promptement pris son parti de cette circonstance fâcheuse.

— Que voulez-vous, monsieur! — demanda-t-elle brusquement en jetant au banquier son regard le plus insolent.

— Madame... — balbutia celui-ci, dont le visage pâle et les traits contractés attestaient le courroux.

— De quel droit, — interrompit Régine, — de quel droit vous permettez-vous d'arrêter ma voiture? Je vous croyais mieux élevé! Sortez-vous donc de souper?

— Madame... il faut que vous m'expliquiez...

— Quoi?

— Votre conduite!

— Ma conduite! Est-ce qu'elle vous regarde? Est-ce que je ne suis pas libre de mes actions, monsieur?

— Je ne dis pas cela... — répondit M. Verneuil, qui commençait à comprendre la sotte situation dans laquelle il s'était mise.

— Eh bien! alors, que voulez-vous dire?

— Je veux dire... je veux dire... que vous êtes une...

— Mon père! je vous en prie! — interrompit Edouard en sautant à bas de la victoria.

Le banquier recula.

— Edouard! toi! mon fils! exclama-t-il avec stupéfaction.

Le jeune homme craignant de voir en sa présence son père se laisser entraîner à quelque excès de langage, avait cru convenable d'interrompre l'entretien si chaleureusement commencé.

Ignorant complètement les relations qui avaient existé entre M. Verneuil et Régine, il croyait que la colère du banquier provenait de le voir, lui, son fils, en la société d'une femme dont la réputation de débauche et les goûts insatiables étaient connus par tout le monde des viveurs-parisiens.

Aussi, fût-ce avec une naïveté que M. Verneuil prit pour une insulte, qu'Edouard continua, en se rapprochant et en s'inclinant devant son père :

— Madame ne peut ni ne doit mériter votre colère. Vos reproches s'adresseront donc à moi seul, s'il vous plaît. Seul, je supporterai votre courroux, mon père, car, seul, je le mérite.

— Est-ce bien vous, mon fils, qui osez me parler ainsi? — s'écria M. Verneuil avec une extrême violence.

— Mais, mon père...

— Voulez-vous encore railler votre père après l'avoir outragé?

— Je vous ai outragé, moi?

— Vous le demandez?

— Mais, sans doute, mon père, je le demande; car je vous donne ma parole que je ne vous comprends pas.

— C'est bien, monsieur; nous nous expliquerons plus tard.

Le banquier, en effet, sentait l'impossibilité de sa situation augmenter d'instants en instants, et commençait à ne plus savoir ni que dire ni que faire pour sauvegarder, aux yeux de son fils, la dignité paternelle étrangement compromise.

Mais la colère de Régine ne lui permit pas d'opérer une retraite aussi sage et aussi convenable que celle qu'il méditait peut-être depuis quelques moments.

Celle-ci, outrée par ce qu'elle nommait la stupide incartade de son ex-protecteur, s'écria tout à coup :

— Ah çà ! est-ce que vous n'avez pas reçu ma lettre ?

— Si fait, madame... — répondit M. Verneuil qui reprenait peu à peu son sang-froid.

— Eh bien ! est-ce que je ne vous prévenais pas que je reprenais ma liberté ?

— Hein ? fit Édouard en passant la main sur son front; car la vérité venait soudain de se faire jour dans son esprit.

— Est-ce que vous voudriez m'imposer votre présence ? — continua Régine dont la voix s'altérait.

— Madame ! — s'écria M. Verneuil, — vous oubliez à qui vous parlez !

— Je parle à un homme avec lequel j'ai soupé vingt fois ? Je ne vois donc pas qu'il y ait lieu à grands respects de ma part.

— Régine !... Régine !... je vous en conjure ! — dit Édouard en s'interposant et en essayant d'imposer silence à sa compagne.

Mais celle-ci ne l'écouta pas.

— Je ne vous dois aucun compte de ma conduite; — poursuivit-elle avec véhémence. — Vous voulez savoir la vérité ? Eh bien ! j'aime Edouard ! Entendez-vous !

— Effrontée ! — s'écria le banquier.

— Pourquoi ? — riposta insolemment la courtisane.

— Quoi ! après avoir appartenu au père, vous...

— Allons donc ! répondit Régine en haussant les épaules.

— Vous savez bien, et pour cause, que je n'ai jamais été votre maîtresse que de nom !

— Misérable coquine ! — s'écria le banquier exaspéré, car Régine, en dévoilant ainsi brusquement un fait qu'il aurait voulu, au prix de la moitié de sa fortune, laisser à jamais ignorer, venait de faire à son amour-propre la blessure la plus profonde.

— Tant pis ! — répondit froidement Régine, — j'aimais votre fils et je veux qu'il sache que rien ne s'oppose à ce qu'il m'aime aussi.

Edouard, stupéfait de ce qu'il entendait, demeurait immobile, indécis, attendant péniblement la fin d'une scène dans laquelle il voyait, avec douleur, un homme qu'il devait respecter, jouer un rôle ridicule.

— Venez, Edouard ! — dit enfin le banquier.

— Edouard ! reste auprès de moi... — s'écria Régine en saisissant le bras du jeune homme.

— Monsieur ! je vous ordonne de me suivre ! — reprit M. Verneuil.

— Mon père, je vous obéis, — dit Edouard.

Puis se retournant vers la courtisane, dont il pressa doucement la main :

— Pardonnez-moi, — continua-t-il à voix basse, — il le faut.

— Tu viendras demain, alors ?

— Oui, — répondit Edouard.

— Partez donc, Jean ! — ordonna le banquier.

Le cocher rendit la main et la victoria emporta la jeune femme encore toute émue de la scène qui venait d'avoir lieu.

M. Verneuil fit signe à son fils de monter dans la voiture qui les attendait, et s'assit près de lui.

XVI

Le père et le fils.

Un long silence, suffisamment motivé par l'embarras mutuel que devaient ressentir le père et le fils, succéda à la scène que nous venons de reproduire.

Le coupé roulait lentement.

Édouard, enfoncé dans un angle de la voiture, réfléchissait à ce qui venait de se passer, et attendait qu'il plût au banquier de lui adresser la parole, ne sachant réellement que dire lui-même.

M. Verneuil avait abaissé la glace de la portière.

Penchant au dehors sa tête découverte, il présentait son front brûlant à l'air frais de la nuit.

Le protecteur retraité de la belle Régine n'avait pas encore senti se dissiper la colère qui bouillonnait en lui.

Furieux de ce qui venait de se passer, — humilié par la vérité pénible que la courtisane lui avait lancée à brûle-pourpoint... — blessé dans son orgueil devant son fils, — il cherchait le moyen d'accuser le jeune homme innocent et de venger la dignité paternelle attaquée par une semonce qui la relevât aux yeux d'Édouard.

— Monsieur, — dit-il enfin en s'adressant à son fils, — vous voyez où conduit la désobéissance.

— Comment? — fit Édouard surpris.

— Si vous vous fussiez rendu hier soir à mes ordres, ce qui vient de se passer ne serait pas arrivé.

— Mais mon père...

— Laissez-moi parler, monsieur!

— J'écoute.

— Je devine maintenant les causes qui s'opposaient à l'exécution de mes sages projets...

— Je vous jure...

— Vous aimez cette fille!... — interrompit le banquier avec véhémence. — Et cette passion coupable vous a fait renoncer au premier sentiment que tout homme doit avoir dans son cœur...

— Permettez...

— Au respect du chef de la famille.

— Mais je...

— Votre conduite n'a pas d'excuses, monsieur.

— Mon père, écoutez-moi!

— Je ne veux rien entendre, monsieur! Dites-moi seulement de quel nom vous oseriez qualifier le fait d'un fils qui chercherait à jeter le ridicule sur son père?

— Mais je ne suis pas coupable de ce fait! s'écria Édouard avec impatience.

— Vous me direz peut-être que vous ignoriez la situation dans laquelle je me trouvais par rapport à cette...

— Sans doute je l'ignorais!

— Je ne vous crois pas!

— Je vous jure...

— Quoi?... En pareil cas, un serment ne signifie rien. — D'ailleurs, je n'y ajouterais pas foi.

— Eh! — s'écria Édouard poussé à bout, car rien ne révolte davantage le cœur qu'une accusation fausse, — eh! mon père, je regrette plus que vous encore ce qui s'est passé aujourd'hui; mais, en bonne conscience, c'est moins ma faute que la vôtre.

— Qu'osez-vous dire, monsieur?

— La vérité.

— Monsieur! vous oubliez le respect que vous me devez!

— Non, mon père; mais, puisqu'il en est ainsi, permettez-moi de vous dire que vous avez oublié vous-même les liens qui unissent un père à son enfant !

— Expliquez-vous, monsieur ! je vous l'ordonne.

— Cela est facile, mon père. Je n'aurais jamais provoqué cette explication; mais puisque vous m'ordonnez de vous la donner, — je le ferai; — j'en aurai le courage; car je suis convaincu que le résultat en sera également bon pour tous deux. Depuis dix ans, mon père, depuis que j'ai atteint l'âge où l'on commence à être homme, vous avez pris soin de m'éloigner de vous...

— Edouard ! fit le banquier, qui ne pouvait méconnaître la justesse de ce reproche.

— Tout le monde, — continua le jeune homme, a obtenu votre confiance, et vous n'avez pas eu, pendant le cours de ces dix années, une parole affectueuse pour votre fils.

— Je vous ai toujours aimé, cependant...

— Je le sais, mon père ; mais d'autres amours passaient avant l'amour paternel, et ces amours-là faisaient taire bien souvent l'autre.

— Vous oubliez vous-même, Édouard, que vous ne vous êtes montré que trop souvent fils insoumis.

— Non, mon père, vous vous trompez.

— Et vos dettes, monsieur ?

— Je vous ai expliqué comment j'avais été amené à les contracter, et d'ailleurs, si j'ai eu tort de dépenser trop d'argent, j'ai commis une faute commune à bien d'autres jeunes gens de mon âge. Que vouliez-vous que je fisse, mon père ?... Vous vous êtes constamment refusé à me donner une part dans vos affaires de banque, ainsi que ma sœur vous en a prié très-souvent...

— Nul n'a le droit de censurer ma volonté à cet égard, monsieur.

— Je ne censure pas, mon père, je m'explique, et vous m'avez ordonné de le faire.

— Mais cette femme que vous quittez...

— Cette femme, je vous donne ma parole d'honnête homme que je l'ai rencontrée hier soir pour la première fois, et si j'avais pu prévoir que vous fussiez attaché à elle... à un titre quelconque, jamais je n'eusse consenti à lui adresser seulement la parole. Mais, encore une fois, mon père, vous savez bien que je ne sais rien de votre existence, rien que ce qui arrive jusqu'à moi par la voix de vos amis... J'ignore et qui vous aimez et qui vous n'aimez pas... Vous prenez à tâche de vous armer de froideur pour me recevoir. Jamais je n'ai obtenu de vous une confidence, jamais vous n'en avez sollicité de moi une seule... Pouvez-vous donc me faire un crime de ce que je vous ai offensé lors même que j'ignorais les causes et les effets de cette offense ? — Non, non, mon père, et je dois le dire encore : en cette circonstance, je ne suis pas coupable.

— Mais, pourtant, il me semble...

— Si j'avais eu votre confiance, je vous le répète, vous eussiez appelé la mienne ; si j'avais vécu près de vous, j'aurais eu le bénéfice de vos conseils, et enfin si...

Le jeune homme s'arrêta.

Il avait parlé jusqu'alors, poussé par ce sentiment naturel qui entraîne l'homme à donner un libre cours à des pensées qu'il a été contraint de renfermer dans son âme, lorsqu'une occasion imprévue vient à se présenter d'épancher un cœur affligé.

Édouard aimait M. Verneuil, et, en s'apercevant malgré lui des faiblesses et des ridicules paternels, il aurait bien souvent donné toute sa part de plaisirs sur la terre pour ne pas être témoin de celle que le banquier prenait si largement en dépit de son âge et de son caractère.

Aussi s'arrêta-t-il en songeant tout à coup qu'il allait mettre la conversation sur la vie privée de celui qu'il devait respecter.

Mais M. Verneuil devina la pensée de son fils.

— Vous voulez dire, — fit-il en donnant à sa voix un accent ironique, — que si vous aviez eu un autre exemple que le mien, vous eussiez été plus sage?...

— Mon père! — balbutia Édouard sans oser démentir les paroles du banquier.

— Ainsi, monsieur, vous blâmez les quelques distractions que je crois pouvoir me donner?

— Je ne dis pas cela, mon père.

— Mais sachez, monsieur, que celui qui a consacré au travail toutes ses années de jeunesse...

— Encore une fois, mon père, — ne parlons pas de cela!... — interrompit Édouard.

En ce moment la voiture s'arrêta.

Le cocher, qui avait atteint le boulevard de la Madeleine, attendait les ordres pour savoir de quel côté il devait continuer sa course.

N'en recevant aucun, il se pencha sur son siége, abaissa la glace du devant de la voiture, et s'adressant à M. Verneuil :

— Où allons-nous? — demanda-t-il.

— Nulle part, — répondit celui-ci; — arrêtez ici, nous descendons.

Lorsque les deux hommes eurent mis pied à terre, M. Verneuil paya la voiture, qu'il renvoya, et se retournant vers Édouard, qui se repentait intérieurement de la vivacité un peu trop grande peut-être de ses discours :

— Monsieur, — lui dit-il, puisque vous croyez avoir à vous plaindre de votre père, puisque, loin de chercher à atténuer vos torts, vous osez m'adresser des reproches, je prendrai les mesures nécessaires pour que vous soyez dorénavant à même d'agir suivant vos volontés.

— Mon père, ne nous quittons pas ainsi... — fit Édouard en songeant à son duel prochain et en pensant que cette entrevue serait peut-être la dernière qu'il aurait avec M. Verneuil.

Le banquier, dont les élans du cœur prêts à percer

avaient été constamment étouffés, durant cette conversation, par le souvenir de ce qui s'était passé en présence de Régine, le banquier refusa de laisser tomber sa main dans celle que lui tendait son fils.

— Mon père, continua Édouard, — je vous donne encore une fois ma parole d'honnête homme que Régine ne fut jamais ma maîtresse et que j'ignorais les relations que vous aviez avec elle.

— Assez, monsieur! — s'écria M. Verneuil, croyant tout à coup voir dans ces paroles répétées par son fils une allusion injurieuse qui était loin du jeune homme ; — assez sur sur ce sujet !

— Mon père, je vous en prie...

— Plus tard... nous verrons.

— Eh bien ! — fit Édouard, — si j'accédais à vos désirs, si j'obéissais à votre volonté, si j'épousais mademoiselle Messac...

— Il n'est plus temps, monsieur, mademoiselle Messac se marie.

M. Verneuil fit quelques pas pour s'éloigner.

Édouard s'avança vivement.

— Encore une fois, — dit-il, nous ne pouvons pas nous quitter ainsi !

— Pourquoi cela? — demanda froidement le banquier.

— Parce que... parce que je me bats demain, mon père, et que, si je suis tué, je ne veux pas quitter ce monde sans vous avoir embrassé.

M. Verneuil tressaillit.

— Que dis-tu donc? — s'écria-t-il avec émotion.

— Je dis que je me bats demain.

— Tu te bats?

— Oui, mon père.

— Tu te bats en duel ?

Édouard sourit tristement en signe d'affirmation.

M. Verneuil était devenu fort pâle.

Une révolution subite s'était opérée en lui.

- La nature reprenait ses droits, et le vieillard ridicule faisait place au père justement alarmé.

Saisissant la main de son fils, il entraîna le jeune homme sous la lueur d'un bec de gaz, et l'examinant avec attention :

— Ton visage est calme, — dit-il en fixant sur Édouard un œil étincelant, ta main est ferme et tu te bats demain! Tu es brave, mon fils, et je t'aime. — Embrasse-moi!

— Mon père... — balbutia Édouard vivement ému et en étreignant les mains du banquier.

Jamais le jeune homme n'avait contemplé sur la physionomie de M. Verneuil les sentiments de tendresse et d'amour qui y régnaient alors.

Jamais, lui-même, le banquier n'avait senti son cœur être remué aussi profondément.

C'est que M. Verneuil cachait son affection paternelle sous une triple couche d'habitude de plaisirs, d'orgueil et de folies que le danger couru par Edouard venait de faire fondre subitement, comme disparaissent sous les rayons étincelants du soleil les brouillards qui enveloppent la vallée.

Le banquier, nous l'avons dit, n'était plus le même homme.

Ce n'était plus le financier vert-galant sacrifiant tout pour conquérir l'apparence d'une jeunesse artificielle. — Ce n'était plus le vieillard égoïste, amoureux des plaisirs et coureur de soupers fins. — Ce n'était plus enfin le héros sur le retour qui croyait pouvoir lutter avec avantage contre les viveurs de trente ans. — Ce n'était plus le protecteur bafoué en arrière par ses protégés, ni le soi-disant ami exploité par les frelons hypocrites et par les flatteurs parasites.

C'était un père dans toute la sublime acception du mot.

Un père fier de son enfant et cherchant les moyens de le soustraire au péril.

Une larme brilla sous ses cils et glissa sur sa joue.

Cette larme fit oublier à Edouard tout ce qui s'était passé, tout ce qu'il pouvait avoir de justes reproches à adresser au banquier.

Le jeune homme sentit son cœur bondir dans sa poitrine et saisissant son père dans ses bras il l'embrassa étroitement.

Quand il se redressa, son visage était baigné de pleurs.

La solitude qui régnait sur le boulevart, — il était près de deux heures du matin, — rendait cette petite scène plus imposante encore.

M. Verneuil se remit le premier.

— Viens ! dit-il à son fils.

Et prenant le bras de celui-ci, il le passa sous le sien; et les deux hommes se dirigèrent vers la rue de la Chaussée-d'Antin.

Durant le trajet, le banquier ne laissa pas échapper une parole.

Arrivés en face de la porte de la maison qu'ils habitaient tous deux, M. Verneuil sonna et fit entrer Edouard.

— Monte chez toi, — lui dit-il, — tout à l'heure je t'enverrai chercher.

— Mais que voulez-vous donc faire ? — demanda Edouard étonné.

— Tu le sauras ; — va, mon enfant. Dans dix minutes Justin ira t'avertir.

Depuis son enfance, depuis l'époque où il avait perdu sa mère, jamais Edouard n'avait entendu la voix de son père si douce d'accent et si tendrement impérieuse.

Il obéit donc sans faire d'objection nouvelle et gagna l'étage supérieur de la maison où était situé, — nous croyons l'avoir dit, — l'appartement qui lui était destiné.

§

Justin, en attendant le retour de son maître, sommeillait paisiblement dans un large fauteuil.

Le coup de sonnette tiré par M. Verneuil le fit bondir.

Justin se frotta les yeux, étendit les bras et courut ouvrir.

Le banquier entra précipitamment, traversa son bureau, son salon et gagna sa chambre à coucher.

Sans mot dire, il ôta rapidement son habit, défit son gilet, dénoua sa cravate et se tournant vers le valet de chambre :

— Donne-moi de l'eau, dit-il.

— Tout ce qu'il faut pour la toilette de nuit de monsieur est préparé, — répondit Justin qui, habitué à voir son maître se barbouiller de cold-cream et autres ingrédients prétendus propres à conserver la peau fraîche et satinée, — ne comprenait rien aux actions de M. Verneuil.

— Donne-moi de l'eau, te dis-je, répéta celui-ci, et mets-y quelque essence propre à enlever tout cela.

M. Verneuil indiqua du geste ses cheveux et sa barbe.

— Tout cela quoi ? — fit Justin stupéfait.

— Eh ! toute cette maudite teinture !

— Cette teinture ! — répéta le valet qui n'avait jamais entendu le vieillard se servir de cette expression mal sonnante.

— Oui certes ! quand tu me regarderas comme un imbécile...

— Mais, monsieur..

— Quoi?

— Monsieur n'y songe pas !

— Pourquoi ?

— Demain matin ce sera bien plus long.

— Qu'importe ! Je ne veux plus de tous ces ridicules artifices ! Donne-moi ce que je te demande.

Justin se hâta d'obéir en murmurant à part lui :

— Ou monsieur est complètement toqué, ou il se sera amouraché d'une vieille femme. Il n'y a pas de milieu !

A l'aide d'une eau acidulée, — sorte de préparation chimique, — le banquier fit rapidement disparaître la teinte juvénile de sa chevelure et celle de ses favoris.

Le rouge carminé, la poudre de riz et le noir d'ivoire furent enlevés plus facilement encore.

Cette espèce de nettoyage artistique accompli, M. Verneuil se regarda dans une glace.

Ses cheveux argentés encadraient noblement son visage, lequel reprit aussitôt l'expression grave et intelligente qui lui était propre et qui s'annihilait sous la main du valet de chambre, sous prétexte d'embellissement.

M. Verneuil peigna simplement sa chevelure et, la rejetant en arrière, découvrit les rides vénérables de son front élevé.

Justin suivait de l'œil cette transformation nouvelle sans pouvoir en croire le témoignage de ses yeux.

— Donne-moi des vêtements noirs ! — ordonna le banquier.

Justin voulut faire encore quelques réflexions tendant évidemment à connaître la cause de l'énormité qui s'accomplissait devant lui, mais une brève et précise injonction de M. Verneuil le fit renoncer à toute intention indiscrète.

Lorsque le banquier fut complètement vêtu d'habits de couleurs sombres, il se regarda de nouveau dans la glace.

Un sourire de douce satisfaction erra sur ses lèvres.

Puis, ouvrant successivement plusieurs tiroirs et nombre de petits coffrets de toutes formes, il en tira des liasses de lettres, des médaillons, des menus objets, des papiers parfumés enveloppant des tresses de cheveux, et, sans hésiter un seul instant, il jeta le tout dans la cheminée.

— Mets le feu à tout ceci ! dit-il en se retournant vers Justin.

Celui-ci obéit encore, sans toutefois pouvoir s'empêcher de hausser légèrement les épaules, mouvement irrespectueux qui, fort heureusement pour lui, échappa à son maître.

M. Verneuil suivit d'un œil sec et froid le ravage de la flamme.

Les papiers se tordaient dans l'âtre encombré, sous l'action de l'élément destructeur.

Le verre des médaillons craquait, les portraits disparaissaient sous les langues de feu, et les mèches de cheveux, tendres souvenirs d'objets aimés, grillaient en criant comme s'ils eussent voulu protester contre la main profanatrice qui les vouait au supplice.

Lorsque le banquier ne vit plus à ses pieds qu'un monceau de cendres, sur lequel couraient çà et là quelques étincelles s'éteignant tour à tour, il ordonna à Justin d'aller quérir Edouard.

Une fois seul, M. Verneuil passa dans une pièce voisine et décrocha une peinture magnifiquement encadrée qu'il apporta précieusement dans sa chambre et qu'il plaça sur une console.

Cette peinture, — chef-d'œuvre de l'un de nos meilleurs artistes contemporains, — était le portrait de feue madame Verneuil, la mère d'Edouard.

Justin, — nous avons oublié de le dire, — avait, suivant la volonté de son maître et avant de quitter la chambre, — allumé successivement toutes les nombreuses bougies placées dans les candélabres qui décoraient la cheminée et la console.

La pièce dans laquelle se tenait le banquier était donc splendidement éclairée.

M. Verneuil, assis dans un fauteuil en face du portrait dont nous venons de parler, semblait absorbé par une muette contemplation.

Le passé lui apparaissait alors entouré de son cortége de souvenirs.

Il se rappelait ses années écoulées auprès de cette femme qu'il avait tendrement aimée et si follement oubliée.

Sa vie d'autrefois, remplie par le travail, pure de toute dissipation, venait se dresser devant lui et faire rougir son front en se comparant aux dix dernières années de sa nouvelle existence.

Tout à coup le corps du banquier frissonna comme s'il venait d'être frappé par une commotion électrique.

Une pensée terrible, effrayante, lui traversait l'esprit.

Il songeait au duel du lendemain.

— Si mon enfant meurt, — murmura-t-il, — ce sera moi peut-être qui l'aurai tué.

— M. Edouard descend à l'instant! — dit Justin en ouvrant la porte de la chambre.

— C'est bien! — répondit le banquier en reprenant toute sa présence d'esprit, — c'est bien, — laisse-nous, — je n'ai plus besoin de toi.

Justin s'inclina et s'effaça pour livrer passage à Edouard qui traversait en ce moment le salon.

Le valet referma la porte et s'éloigna.

En pénétrant dans la pièce où se trouvait son père, le jeune homme s'arrêta brusquement.

Son regard stupéfait décela l'étonnement profond que lui causait la métamorphose qui s'était accomplie depuis quelques minutes.

M. Verneuil le salua doucement du geste.

— Mon Dieu! mon père, que vous êtes bien ainsi! — murmura le jeune homme en laissant échapper sa pensée.

— Merci, mon enfant! — répondit M. Verneuil. — Ce compliment là est flatteur pour l'oreille d'un père.

Le jeune homme s'approchait sans que son étonnement parut diminuer.

M. Verneuil le prit par la main et l'attira vers lui.

— Ecoute, Edouard, — dit-il, je renonce à partir de cette heure à une existence qui n'est plus celle d'un homme de mon âge. J'ai manqué envers toi à mes devoirs de père, veux-tu encore de moi pour ami?

— Mon père! ne parlez pas ainsi!

— Si fait, mon enfant, et je n'ai pas tout dit. — Regarde ce portrait...

— Ma pauvre mere! — balbutia Edouard.

— Oui, ta mère, — continua le banquier d'une voix émue, — ta mère à laquelle je demande humblement pardon de l'abandon dans lequel j'ai laissé ses enfants. Oh! mais, cet abandon, je le regrette du plus profond de mon cœur. — Dieu est témoin de mes paroles et de ce qui se passe en moi. — Ta mère était bonne, Edouard. Sois aussi indulgent qu'elle le serait elle-même. En sa présence, je te supplie, mon fils, de pardonner à ton père...

En disant ces mots, M. Verneuil s'inclina devant Edouard.

Le jeune homme poussa un cri, et, relevant son père, il se laissa à son tour glisser à ses pieds.

— Mon pere! mon père! — s'écria-t-il tout en larmes, — que parlez-vous de pardon! Oh! vous n'en avez pas besoin, car je sais que vous m'avez toujours aimé. — Mais, continua-t-il avec véhémence, — maintenant je puis mourir et mourir heureux, car vous m'avez permis de connaître toute la bonté de votre excellent cœur.

— Mourir, dis-tu! mais je ne veux pas que tu meures, mon enfant! — fit le banquier en pâlissant à cette affreuse pensée que le lendemain, peut-être, son fils lui serait rapporté tout sanglant. — Non! non! tu ne mourras pas! Voyons! ce duel est-il donc inévitable?

— Tout à fait, mon père!

— Il faut que tu te battes?

— Il le faut!

— Il y a donc une insulte grave?

— Une insulte qui veut du sang!

— Qui l'a reçue?

— Moi.

— Et quelle a été cette insulte?

— On m'a jeté un gant au visage.

Le malheureux père leva les yeux au ciel.

Tu te battras ! — dit-il. — Quels sont tes témoins ?

— Le comte d'Ornay et le marquis d'Aubigné.

— Ce sont deux hommes d'honneur, et tu ne pouvais mieux choisir. Maintenant, quelles sont les armes !

— Le pistolet.

— Et les conditions du combat?

— Marcher l'un sur l'autre et tirer à volonté.

— Mais qui donc a arrêté de semblables conditions?

— Mon adversaire et moi.

— Vous n'en avez pas le droit. Ceci regardait les témoins.

— C'est ce que Lucien m'a dit.

— Et il avait raison. — A quelle heure Lucien vient-il te prendre?

— A huit heures, nous devons nous trouver à la porte de Saint-Mandé.

— Bien, je le verrai.

— Vous, mon père?

— Sans doute. Ces conditions sont absurdes.

— Mais...

— Laisse-moi faire. Ton honneur est entre bonnes mains en étant entre les miennes. — Maintenant, le nom de ton adversaire?

— Le comte de La Fresnaye.

— Le comte de La Fresnaye ! — répéta M. Verneuil avec étonnement, le fiancé de mademoiselle Messac?

— Précisément.

— Et pourquoi ce duel, mon Dieu?

— Parce que nous aimons tous deux mademoiselle Messac.

— Tu aimes Ernestine, toi?

— Oui, mon père.

— Mais ce matin encore tu refusais sa main.

— C'est que ce matin j'ignorais le nom de celle que j'aime.

— Voyons ! je ne comprends pas ! explique-toi.

— Je vais tout vous raconter, mon père, — dit Edouard.

Le jeune homme s'assit alors près de M. Verneuil et commença le récit des événements qui s'étaient accomplis depuis la veille au soir.

Il n'omit rien.

Il raconta la façon dont il avait rencontré la jeune fille, — les détails de la conversation qui avait suivie, — son aventure au Pré Catelan avec Régine, — le souper qui avait eu lieu à la Maison-d'Or, — sa visite au comte de La Fresnaye en sa qualité de témoin du baron d'Aureilly, et enfin la façon dont il avait appris par son ami Lucien d'Ornay le nom de la jeune fille qu'il avait secourue la veille.

M. Verneuil écoutait avec une attention extrême.

Lorsque Edouard eut achevé son récit, le banquier se put à réfléchir profondément.

Bien convaincu que le duel du lendemain etait inévitable, il ne songea pas un seul instant à s'y opposer.

Le pauvre père ignorait la fatale adresse de l'adversaire de son fils.

— Il est trois heures du matin, — dit-il ; — tu vas essayer de prendre quelque repos. Remonte chez toi et essaie de dormir un peu.

Edouard embrassa tendrement son père et obéit.

— Pourvu que Georges soit encore au cercle ! — murmura le banquier quand il eût vu le jeune homme quitter la chambre où venait d'avoir lieu cette conversation intime, — la première et peut-être la dernière que le père et le fils devaient avoir ensemble. — Pourvu que je rencontre Georges! il m'éclairera sur ce que je dois faire.

M. Verneuil, malgré l'heure avancée, prit son chapeau et se disposa à sortir.

Sa préoccupation était si grande qu'il oubliait toute fatigue.

Un quart d'heure après être sorti de chez lui, il entrait dans une belle maison du boulevart Montmartre, et priait un domestique, qu'il rencontra sur l'escalier, de faire demander le baron d'Aureilly.

Le banquier eût pu pénétrer lui-même dans les salons du cercle, dont il était l'un des principaux membres ; mais la pensée de la transformation qu'il s'était fait subir, l'empêcha d'aller s'exposer aux commentaires et aux questions de ses amis.

Georges, suivant son habitude, était assis en face d'une table de whist.

Il se hâta de quitter la place et d'accourir auprès du banquier, qui lui avait fait passer sa carte.

— Quoi de neuf? — s'écria-t-il en prenant le bras de M. Verneuil et en l'entraînant sur le boulevart.

Mais il s'arrêta presque aussitôt, frappé par le changement qui s'était opéré chez son interlocuteur.

M. Verneuil ne lui laissa pas le temps d'exprimer sa surprise.

— Je suis maintenant tel que je serai toujours, — dit-il; — tel que j'aurais dû toujours être. — Pas de questions ! — Le temps presse. Je suis menacé d'un malheur épouvantable. — J'ai foi en ton amitié et je viens à toi !

— Qu'est-ce donc?

— Mon fils se bat demain.

— Edouard ?

— Oui.

— Avec qui se bat-il?

— Avec le comte de La Fresnaye !

— Diable! mais il paraît que c'est un duelliste que ce monsieur.

— En vérité? — s'écria avec effroi le pauvre père.

— Mais, voyons! comment tout cela se fait-il? c'est moi qui dois me battre et non Edouard !

Le banquier raconta succinctement à Georges les faits rapportés par son fils.

En apprenant que les deux jeunes gens étaient tous deux

amoureux de la femme qu'il convoitait, Georges ne put réprimer un mouvement.

— Qu'ils se battent! — pensa-t-il. — C'est ma bonne étoile qui les a mis en présence. Avec de pareilles conditions de combat, l'un des deux tuera certainement l'autre, et celui qui survivra sera contraint de se sauver pour échapper au coup de la loi. Je resterai donc seul maître du terrain, et je saurai profiter de la situation, je le jure bien.

Puis reprenant à haute voix :

— Comment as-tu appris tout cela? — demanda-t-il.

— Par Edouard.

— Quand donc?

— Ce soir même.

— Je vous croyais mal ensemble?

— Jamais je n'ai autant aimé mon fils.

— Mais cependant, il me disait ce matin encore...

— C'est que tu ignores ce qui s'est passé entre nous.

— Qu'est-ce donc encore?

— Une lettre que j'ai reçue ce soir et dont le but probable devait être de me brouiller à jamais, moi et Edouard, a été la cause d'un rapprochement entre nous; — et, à cette heure, je bénis cette dénonciation.

— Diantre! — pensa le baron, — j'ai fait fausse route en écrivant cette épître; mais peu importe maintenant! tout est pour le mieux!

— Ecoute, Georges, — dit le banquier en s'arrêtant subitement. — Je donnerais ma fortune entière pour sauver mon fils. Parle-moi sincèrement : connais-tu, entrevois-tu un moyen de faire avorter ce duel?

— A vrai dire, je n'en vois aucun. — L'affaire est grave!

— Hélas!

— Quels sont les témoins d'Edouard?

— D'Ornay et d'Aubigné.

— Pourquoi diable ne m'a-t-il pas choisi?

— Je l'ignore... Peut-être parce que tu dois te battre, toi aussi, avec le comte de La Fresnaye.

— Je vais d'abord arranger cela. — D'Aubigné soupe à la Maison-d'Or, je lui parlerai et j'obtiendrai qu'il me cède sa place près d'Edouard.

— Merci, merci, mon cher Georges! — s'écria le banquier avec expansion. — Je ne m'étais pas trompé en comptant sur toi.

— Ne me remercie pas! — répondit le baron avec impatience et en essayant de se soustraire aux protestations de reconnaissance de son interlocuteur.

Georges, — nous croyons l'avoir suffisamment expliqué dans les précédents volumes, — avait la nature des condottieri du Moyen-Age qui, tout en pratiquant le mal, n'étaient pas exempts de sentiments généreux.

Egoïste et ambitieux, il était homme à profiter froidement de toutes circonstances favorables pour atteindre le but qu'il se proposait, mais il avait encore trop de vaillance dans le cœur pour jouer un rôle hypocrite en acceptant les bénéfices d'une gratitude qu'il savait être loin de mériter.

Aussi, retira-t-il vivement la main que M. Verneuil pressait dans la sienne.

— Attends-moi là, dit-il, je suis à toi dans cinq minutes.

Et, traversant la rue Laffitte, il gravit lestement l'escalier de la Maison-d'Or où il pensait rencontrer M. d'Aubigné.

Moins d'un quart d'heure après il rejoignait le banquier.

— C'est arrangé, — dit-il brusquement. — Je serai le témoin d'Edouard.

Georges était bien aise d'assister à ce duel et d'être le premier à connaître un résultat qui l'intéressait à un si haut degré.

— Maintenant, — continua-t-il, — il nous faut aller au débarcadère du chemin de Bordeaux.

— Pourquoi cela? — demanda M. Verneuil, dont l'esprit

était absorbé entièrement par la pensée du péril qui menaçait son fils.

— As-tu donc oublié la dépêche télégraphique que tu as envoyée hier ?

— Non.

— Eh bien, alors ?

— Eh ! que m'importe maintenant ce que peut m'apprendre l'homme que j'ai fait venir !

— Il importe beaucoup. — Par lui nous aurons au moins quelques détails sur ce comte de La Fresnaye.

— C'est possible, au fait !

— J'ai pris des renseignements : le train arrive à quatre heures et demie. Nous avons le temps d'arriver.

— Allons donc ! Aussi bien ai-je besoin de mouvement. Le repos doublerait encore l'inquiétude qui me torture !

Le baron fit signe à l'un des nombreux véhicules qui stationnent toute la nuit à la porte du restaurant.

Les deux hommes montèrent en voiture, et le cocher, fouettant sa maigre haridelle, se dirigea vers le point indiqué.

— Je le crois pardieu bien, qu'il faut voir cet homme ! murmurait Georges à part lui. — Si Edouard sort victorieux de la lutte, la dette qu'il a contractée chez Pongevin, effraiera suffisamment mon très-cher cousin, qui refusera indubitablement la main d'Ernestine à un gaillard capable de pareilles énormités financières, mais si Edouard est tué, il faut bien que je sache à quoi m'en tenir sur le compte de ce M. de La Fresnaye, afin d'agir en conséquence. C'est égal, si j'y pouvais quelque chose, je préférerais de beaucoup que ce brave Edouard fut vainqueur. Le comte de La Fresnaye a, je ne sais pourquoi, quelque chose qui me déplaît étrangement. Enfin !... nous verrons bien !

— Ce matin, j'accompagnerai mon fils, — pensait de son côté M. Verneuil, — et j'apporterai des épées. Je m'entendrai avec Lucien pour faire substituer cette arme à celle convenue entre les deux adversaires. Edouard ne tire pas mal... Et puis, l'épée est moins dangereuse. — Un duel au pistolet, en marchant l'un sur l'autre et en tirant à volonté, dégénère en assassinat. — Je leur ferai comprendre cela. — D'ailleurs, mon fils est l'insulté, et ses témoins auront le droit d'exiger que le combat ait lieu comme ils l'entendront.

Un peu calmé par l'idée qu'il atténuerait en effet le danger, M. Verneuil respira plus librement.

Sa main fievreuse essuya la sueur qui perlait, abondante, sur son front pâli.

Les premières lueurs de l'aurore resplendissaient à l'orient.

Le coupé roulait rapidement et venait d'atteindre la place de la Bastille.

Georges, — calme et froid, — fumait paisiblement un cigare, tout en se livrant intérieurement à un travail d'esprit qui absorbait toutes ses facultés mentales.

Au moment où la voiture pénétrait dans la cour du chemin de fer, le sifflet de la locomotive annonçait l'approche du convoi.

TROISIÈME PARTIE.

LA COURTISANE AMOUREUSE.

I

Les projets de Régine.

Après la scène qui avait eu lieu aux Champs-Elysées entre M. Verneuil, son fils, et celle qui avait été, ou qui, du moins, avait passé pour être sa maîtresse, Régine, toute émotionnée encore, s'était laissée entraîner par la voiture qui l'emportait.

En quelques minutes, la légère victoria avait parcouru l'espace qui sépare le haut des Champs-Elysées de la rue Neuve-des-Mathurins.

Régine avait gagné sa chambre, laissant son cocher libre de dételer et de remiser la voiture.

Mais une fois livrée à elle-même, la jeune femme avait senti la fièvre de l'inquiétude dévorer son esprit avec une force nouvelle.

Des questions incessantes surgissaient d'instants en instants du désordre de ses pensées.

Qu'était devenu Edouard?

Comment s'était terminée la scène qui avait éclaté entre le jeune homme et son père?

M. Verneuil n'aurait-il pas fait promettre à son fils de ne plus revoir Régine?

Si cela était, que deviendrait la pauvre fille dont l'amour grandissait en raison des obstacles qu'il rencontrait?

Et puis, que signifiaient les premières paroles échappées à Edouard lors de sa rencontre avec Régine?

N'indiquaient-elles pas une affaire grave, — un danger peut-être?

La courtisane se créait, dans l'incertitude où elle se trouvait, tout un monde de chimères qui se transformaient pour elle en effrayantes réalités.

Enfin, Edouard tiendrait-il sa promesse?

Edouard viendrait-il le lendemain?

Là était la question suprême.

— Si Edouard avait cédé à l'influence paternelle, — se répétait-elle avec une anxiété fiévreuse, — si Edouard avait consenti à ne plus me voir? si Edouard me méprisait?...

Et cette pensée cruelle devint tellement insupportable, que Régine résolut de s'y soustraire à tout prix.

— Je saurai la vérité, — se dit-elle en reprenant son chapeau et son burnous qu'elle avait jetés sur un siége. — Oui, je saurai ce qui s'est passé cette nuit, et je le saurai à l'instant même, dussé-je, pour cela, voir M. Verneuil en personne.

Et Régine, sans plus réfléchir, sans songer qu'elle allait courir les rues à une heure complètement indue pour une femme sans cavalier, Régine quitta sa demeure et se dirigea vers celle du banquier.

La pauvre petite souffrait réellement : son cœur se brisait sous la violence de la passion.

Pour être certaine de l'amour d'Edouard, elle eût tout sacrifié sans regrets : fortune, luxe, plaisirs et avenir brillant.

Son petit pied, si paresseux depuis qu'elle avait voiture, marchait rapidement sur le trottoir inégal qui borde le côté droit de la rue Neuve-des-Mathurins.

Arrivée en face de la maison occupée par le banquier, elle s'arrêta et interrogea du regard la façade plongée alors dans l'ombre épaisse.

Une seule fenêtre laissait échapper des flots de lumière.

Plusieurs fois jadis, au temps où M. Verneuil trônait sans partage en sa qualité de protecteur souverain, le ci-devant lion avait souvent conduit chez lui la reine de son cœur.

C'était toujours au sortir de quelque joyeux souper, en présence d'amis ou d'amies, que celui qui mettait tout son orgueil dans la qualification d'amant de la belle Régine, avait introduit sa maîtresse sous son toit hospitalier.

Les amis et les amies saluaient alors le couple par une foule de plaisanteries grivoises qui faisaient rougir d'aise le vieillard amoureux, et dont l'unique jouissance était dans les apparences.

Régine connaissait donc les êtres de la demeure.

— Verneuil est dans sa chambre, — se dit-elle; — mais pourquoi toutes ces lumières? — N'importe! — Je saurai tout.

Elle traversa la rue et frappa résolûment à la porte de la maison.

Le concierge, habitué qu'il était à tirer le cordon à toute heure de nuit, car M. Verneuil, encore moins que son fils, n'avait pas d'heure pour opérer sa rentrée au logis, le concierge, — disons-nous, ouvrit tout en sommeillant.

Régine entra.

Elle gravit l'escalier sans faire aucun bruit, — glissant sur les marches, — et atteignit le deuxième étage.

Au moment où elle hésitait sur ce qu'elle devait faire, la

porte de l'appartement s'ouvrit, et Justin, une lumière à la main, apparut sur le seuil.

A la vue de la jeune femme, il étouffa un cri de surprise.

— Madame? — dit-il en reculant.

— Eh bien! oui, c'est moi, — répondit Régine.

Inutile de dire que le valet connaissait amplement la maîtresse de son maître.

— Est-ce que madame veut parler à monsieur? — continua-t-il en se remettant de l'étonnement que lui avait causé tout d'abord la présence de la jolie courtisane.

— Je n'en sais rien. — Est-il seul?

— Oui et non.

— Comment?

— Oh! madame n'a pas besoin de s'inquiéter, monsieur est comme qui dirait seul. Il est avec M. Edouard.

— Avec Edouard?

— Oui, madame.

— Et que font-ils, mon Dieu?

— Ils causent comme une paire d'amis.

— Ils ne sont donc pas fâchés?

— Dame! je ne crois pas.

— Mais que s'est-il passé ce soir?

— Oh! quelque chose de bien ébouriffant, allez! Quelque chose que vous ne voudrez pas croire...

— Parlez donc vite!

— Monsieur est fou, bien sûr!

— Mais, encore...

— Madame croira que je veux la tromper..

— Justin! — interrompit Régine en fouillant précipitamment dans son porte-monnaie. — Justin, vous n'avez jamais aimé votre maître, — je vous connais; — vous l'exploitez habilement, voilà tout. — Donc vous ne devez avoir aucun scrupule pour me révéler ses secrets. — J'ai besoin de savoir ce qui s'est passé ici depuis une heure. — Voici dix louis pour vous si vous voulez parler.

Avant de répondre, le valet de chambre regarda autour de lui.

Se voyant bien seul avec son interlocutrice, il prit l'argent que celle-ci lui tendait, et, baissant la voix :

— On peut nous surprendre ici, — dit-il avec précaution.

— M. Edouard va quitter monsieur tout à l'heure, si madame veut bien entrer dans la salle à manger, il n'y aura pas de danger de surprise, — j'éteindrai la lumière et je lui raconterai le peu que je sais.

Régine fit un signe affirmatif et suivit le valet.

Une fois installés tous deux dans la pièce désignée par Justin, celui-ci raconta à son interlocutrice attentive la métamorphose qui s'était accomplie chez le banquier.

Régine écoutait mais ne comprenait pas.

— Qu'est-ce que cela veut dire? demanda-t-elle quand Justin eut achevé.

— Je ne sais pas! — répondit celui-ci.

— Y a-t-il longtemps qu'Edouard est auprès de son père?

— M. Edouard ne faisait que de descendre au moment où madame est arrivée.

— Vous n'avez rien entendu de ce qui s'est passé entre eux?

— Ma foi, non. J'avais envie de dormir et j'allais me coucher.

— Je veux savoir, moi! — dit Régine avec impatience.

— Mais, il n'y a pas moyen.

— Pourquoi?

— Monsieur est enfermé chez lui, et il y a double porte du côté du salon.

— Mais du côté du cabinet de toilette?

— Tiens! c'est vrai! Je n'avais pas songé à cela, moi.

— J'y vais! — dit Régine en se levant.

— Où cela? — s'écria Justin.

— Dans le cabinet de toilette. De là j'entendrai ce qui se passe entre eux.

— Mais...

— Il le faut ! Je le veux.

— Si monsieur apprend cela... il me chassera.

Régine jeta son porte-monnaie sur la table.

— Il y a une trentaine de louis, — dit-elle, — c'est plus qu'une année de gages...

— Si madame veut tout prendre sur elle...

— Eh ! sans doute !

— Eh bien ! alors, que madame fasse ce qu'elle voudra, moi, je l'attendrai ici.

Régine enleva son burnous qu'elle laissa glisser à terre.

Puis, s'avançant doucement, marchant sur la pointe de ses petits pieds, elle quitta la salle à manger, traversa l'antichambre, s'engagea dans un étroit corridor en serrant sa jupe autour d'elle pour amortir le bruit causé par le frôlement, et pénétra dans le cabinet de toilette qui communiquait avec la chambre du banquier.

Une magnifique portière en tapisserie séparait l'entrée des deux pièces, mais si cette portière offrait un obstacle suffisant à l'œil indiscret, elle ne pouvait empêcher les sons partant de l'une des deux chambres de pénétrer jusqu'à l'oreille d'un écouteur attentif se tenant dans l'autre.

Régine rampa plutôt qu'elle ne marcha, et, arrivée près de la porte de communication, elle se laissa tomber doucement sur un siége placé à sa portée.

Puis, toute heureuse d'avoir atteint le but qu'elle s'était proposé, elle se tapit dans l'ombre et prêta l'oreille.

Mais aux premiers mots qu'elle entendit, la pauvre enfant pâlit affreusement et porta la main à sa poitrine comme si elle eût voulu essayer de comprimer les battements de son cœur.

Régine s'attendait à tout l'éclat d'une scène, elle croyait être le seul sujet de la conversation qui avait lieu entre le père et le fils, et elle arrivait précisément au moment où Edouard racontait à M. Verneuil la façon dont il avait ren-

17

confié son inconnue de la veille au soir. et comment l'amour que lui avait inspiré la jeune fille s'était emparé tout à coup de son cœur.

La courtisane eut cependant la force de résister à la secousse qu'elle venait de recevoir.

A mesure qu'avançait le récit du jeune homme, Régine sentait naître en elle le sentiment terrible de la jalousie, sentiment dont elle avait ignoré jusqu'alors, — elle qui n'avait jamais aimé, — toutes les feroces tortures.

Edouard n'avait pas encore prononcé le nom d'Ernestine.

Régine vouait donc une haine terrible à cette rivale inconnue qui venait se jeter au travers du bonheur qu'elle avait rêvé.

Puis, son cœur s'émut doucement, lorsque le jeune homme en arriva à sa rencontre au Pré Catelan avec celle qu'il ignorait être la prétendue maîtresse de son père.

Edouard, sans essayer de farder la vérité, dit au banquier l'attraction puissante qu'avait opéré sur lui les charmes de la courtisane.

— Continue, mon enfant, continue, — fit M. Verneuil en voyant le jeune homme s'arrêter au milieu de son récit et en devinant qu'il craignait de raviver un souvenir pénible pour son père. — Continue! dis-moi tout! tes plus secrètes pensees, comme tes sentiments les plus faibles. Je veux tout savoir.

— Eh bien, mon pere, — continua Edouard, — je ne puis expliquer, je ne m'expliquerai jamais l'ascendant incroyable que la beauté de cette femme a pris subitement sur moi. J'avais le cœur plein de l'image de la jeune fille que je venais de quitter, et cependant je ne pus résister au sourire de Regine, lorsqu'elle m'invita gracieusement à prendre place dans sa voiture. Ses grands yeux noirs ont la faculté de fasciner sans doute, car une fois à ses côtés, une fois ma main en contact avec la sienne, j'oubliai tout, et si Régine l'avait voulu, je suis certain qu'en ce moment elle m'eût conduit au bout du monde. Ce n'était pas de l'amour que je ressentais pour elle. Non ! le cœur n'était pour rien dans l'entraînement que je subissais. C'était un désir fou, une passion d'un matérialisme étrange que cette femme avait tout à coup allumée dans mes veines. Mon sang bouillonnait et très-positivement je perdais la tête en contemplant cette riche beauté qui, je crois, n'a pas de rivale dans le monde galant.

— Dis donc dans aucun monde ! — ajouta le banquier en étouffant avec peine un soupir provoqué par la réminiscence de son amour passé.

— C'est vrai ! — répondit Edouard.

Et le jeune homme reprenant son récit, raconta les événements insignifiants du souper qui avait eu lieu à la Maison-d'Or.

Régine, la tête penchée, le sein palpitant, les mains fiévreuses, écoutait, avec un frémissement de joie, la narration de l'effet que sa personne avait produit sur le jeune homme.

Elle espérait détruire facilement dans le cœur de celui qu'elle aimait, le sentiment né de la rencontre d'Edouard avec la jolie inconnue.

Mais la pauvre créature n'était pas au bout de la série d'émotions qu'elle devait subir durant le cours de cette nuit singulièrement agitée.

L'histoire de l'emprunt fait chez l'usurier Pongevin, — histoire qui intéressa au plus haut point M. Verneuil, — ne fit aucune impression sur Régine, impatiente de connaître les conclusions du récit qu'achevait Edouard.

— Je devais tout vous avouer, mon père, — dit Edouard en courbant la tête, car il s'attendait à juste titre à l'explosion de la colère paternelle.

Il n'en fut rien cependant.

En présence du duel qui menaçait la vie de son fils, le banquier ne s'arrêta pas à une question pécuniaire.

— Si j'avais davantage veillé sur toi, — dit-il en s'accusant généreusement, — cela ne serait pas arrivé. Tu es moins coupable que moi, Edouard, mais sois sans crainte, je saurai sauvegarder tes intérêts. — Acheve, mon enfant, — acheve. Je t'écoute.

On se souvient qu'en quittant Pongevin, Edouard s'était rendu chez le comte de La Fresnaye.

M. Verneuil redoubla d'attention.

Régine, inquiete, ecoutait, sans perdre une seule des paroles prononcées par le jeune homme.

Mais lorsque Edouard en vint à peindre la scène qui avait eu lieu entre lui et son futur adversaire, lorsque Régine comprit qu'un duel inévitable devait être le résultat de cette entrevue fatale, elle sentit ses forces l'abandonner presque entièrement. et sans une puissante contraction nerveuse causée par l'influence d'une volonté terrible, elle se fut évanouie complètement.

Cependant elle entendit tout.

Un frisson agita son corps, lorsque Edouard eut achevé le récit de sa visite chez M. de La Fresnaye.

Dominant la terreur qui s'était emparée d'elle, Régine se pencha en avant pour être à même de mieux écouter encore.

Enfin Edouard, après avoir dit à son père qu'il avait passé a soirée chez le comte d'Ornay, prononça le nom d'Ernestine Messac.

Régine mit son mouchoir sur ses lèvres pour renfoncer dans sa gorge desséchee le cri de douleur prêt à en jaillir.

— Elle ! — murmura-t-elle. — Elle ! C'est elle qu'il aime ! La seule femme au monde que je ne puisse hair ! Ah ! c'est la punition de ma vie passée qui commence !

A peine ce qu'Edouard raconta de sa promenade nocturne avec Régine vint-il tirer la malheureuse créature de l'abattement dans lequel elle était tombée.

Cependant, entendant le jeune homme parler encore de l'influence qu'avait sur lui la présence de la charmante femme, Régine releva peu à peu son front baigné de sueur.

Un éclair jaillit de ses prunelles dilatées.

§

Un quart d'heure après, Régine était seule dans l'appartement du banquier.

M. Verneuil était parti, ainsi que nous l'avons dit plus haut, en engageant son fils à prendre un repos nécessaire.

La jeune femme entra dans la chambre à coucher.

Courant à un petit bureau en bois de rose, placé près de la fenêtre, elle prit une feuille de papier à lettre, traça rapidement quelques mots, mit l'épître sous enveloppe et regagna la salle à manger.

— Tenez! — dit-elle à Justin en lui tendant la lettre qu'elle venait d'écrire, — vous allez attendre votre maître, et quelle que soit l'heure à laquelle il rentre, vous lui remettrez ce billet.

— Madame n'a donc pas vu monsieur? — demanda le valet.

— Non, — répondit Régine.

Puis, ramassant son burnous, elle se drapa coquettement dans les plis du vêtement arabe.

— Suis-je jolie ainsi? — demanda-t-elle à Justin.

Celui-ci écarquilla ses petits yeux gris pour mieux contempler la ravissante créature qui se posait en face de son rayon visuel.

— Jamais madame n'a été plus séduisante! — répondit-il en s'inclinant.

Le drôle ne mentait pas.

Jamais, en effet, la beauté de Régine n'avait paru plus réelle.

La fièvre qui colorait ses joues, ajoutait un nouvel éclat à ses yeux brillants.

Ses cheveux, légèrement défaits, encadraient poétiquement son gracieux visage.

— M. Edouard habite dans cette maison ? — dit-elle d'un ton de voix résolu.

— Oui, madame.

— A quel étage ?

— Au cinquième.

— A-t-il suivi son père, tout à l'heure ?

— Non, madame.

— Il est remonté chez lui, alors ?

— Mais je crois que oui.

— Bien ! vous devez avoir une double clé de son appartement ?

— Mais...

— Répondez !

— Eh bien, oui, madame !

— Donnez-la moi !

Justin regarda Régine et hésita.

— Donnez-moi cette clé ! — ordonna la jeune femme.

— Cependant, si monsieur...

— Je la veux !

— La voici, madame ! — fit Justin en allant prendre une clé dans l'antichambre.

Régine la saisit vivement.

— Maintenant, n'oubliez pas cette lettre et attendez votre maître !

Et la jeune femme laissant le valet de chambre tout ébahi, s'élança au dehors.

— Eh bien, c'est assez drôle ! — dit Justin en regardant la porte qui venait de se refermer. — Le père... le fils !... En voilà une gaillarde de premier numéro ! — Enfin ! ça les regarde ! Ils se débarbouilleront ensemble !

II

La Porte de Saint-Mandé.

L'ancien employé de la maison Verneuil, que le banquier avait fait venir de Bordeaux en si grande hâte, n'avait pu raconter que ce qu'il savait des bruits répandus par la ville.

Cependant, en homme sage et intelligent, il avait fait la part des calomnies ridicules et des cancans venimeux qui circulaient depuis longtemps.

Le baron d'Aureilly et M. Verneuil comprirent donc, sans toutefois en deviner la cause, que tous ces bruits injurieux enveloppant la réputation de mademoiselle de Messac ne méritaient aucune créance, mais ils furent forcés, en même temps, d'admettre la nécessité dans laquelle s'était trouvé l'armateur de fiancer sa fille au comte de La Fresnaye.

Quant à ce dernier, sa réputation était sans tache, et, sauf le côte par trop irrascible de son caractère, il n'y avait pas le plus petit prétexte à tenter d'exploiter pour faire rompre l'union projetée.

Georges réfléchissait profondément et son embarras augmentait.

Il n'y avait plus pour lui qu'une solution offrant d'apporter quelques chances à la réussite de ses projets : c'était qu'Edouard tuât son adversaire, et le résultat des duels provoqués par le comte à propos de l'honneur d'Ernestine, ne lui laissait pas de bien grandes espérances.

M. Verneuil, inquiet et troublé, voyait avec un effroi légitime son fils aux prises avec un duelliste redoutable.

La conversation des trois hommes s'était tenue dans un café-restaurant avoisinant l'embarcadère du chemin d'Orléans et ouvert toute la nuit pour la plus grande facilité des voyageurs.

Cette conversation, comme on le comprend, avait été longue.

Sept heures retentissant à l'horloge de la gare vinrent interrompre les réflexions auxquelles se livraient Georges et son ami.

Le jour s'était levé radieux et le soleil resplendissait à l'est, dardant ses rayons sur la vaste cité.

Le timbre de l'horloge fit tressaillir et pâlir le banquier.

— Sept heures! — dit-il. — Il est temps de partir.

— Où le comte d'Ornay doit-il se trouver? — demanda Georges.

— A la porte de Saint-Mandé, à huit heures moins un quart.

— Nous arriverons alors.

— Mais, Edouard... je voulais aller le prendre.

— Nous ne le pouvons plus. — D'ailleurs, il doit être en route, maintenant; nous le trouverons là-bas...

— Mais... — balbutia le banquier, dont le courage était prêt à défaillir.

— Quoi?

— Les armes...

— Lucien ne doit-il pas apporter les pistolets? Ne me l'as-tu pas dit?

— C'est vrai, j'oubliais... Mais j'avais l'intention de faire substituer l'épée à ces conditions horibles...

— Eh bien, nous passerons par Vincennes. Il y a là un officier d'artillerie, vieil ami de mon père, qui nous procurera des fleurets ou des épées de combat.

— Partons... alors, — fit M. Verneuil en se levant.

Mais l'émotion du pauvre père était si forte qu'il fut obligé de s'appuyer sur le bord d'une table voisine pour se maintenir debout.

Georges se sentit vivement impressionné par l'expression

de la douleur anxieuse qui se peignait sur les traits du vieillard.

— Allons ! allons ! du courage, — fit-il en serrant la main de son ami. — Tu souffres ?

— Oui, — répondit simplement le banquier, dont les lèvres contractées laissèrent échapper avec peine ce monosyllabe.

Georges tira violemment un cordon de sonnette.

(Nous avons oublié de dire que depuis quelques minutes, le voyageur arrivant de Bordeaux avait été congédié par M. Verneuil, lequel, prétextant l'urgence d'une affaire importante pour cacher le motif réel de sa dépêche télégraphique, avait donné rendez-vous à son ancien commis pour l'heure de l'ouverture de la Bourse.)

Au bruit de la sonnette un garçon accourut.

Georges se fit apporter de l'éther.

M. Verneuil avala quelques gouttes de la préparation calmante et se sentit légèrement soulagé !

Puis il regarda Georges, et des larmes s'échappèrent de ses yeux rougis par l'insomnie.

— Si mon fils... était tué ! — murmura-t-il.

— Ne pleure pas ! ne pleure donc pas, sacrebleu ! Tu me fais mal ! — s'écria le baron en se détournant.

— Tu as raison ! je suis homme et j'aurai du courage. D'ailleurs, si Edouard meurt, il mourra bravement et noblement, j'en suis sûr !

— Et moi aussi, — dit brusquement Georges ému par l'expression résignée du banquier, comme il l'avait été tout à l'heure par ses larmes. — Voyons, partons ! il est temps !

Et le jeune homme, désireux de se soustraire à cette scène pénible, prit le bras de M. Verneuil et l'entraîna hors du café.

De nombreuses voitures stationnaient dans la cour du chemin de fer.

Georges ouvrit la portière de l'une d'elles, y fit monter le

17.

vieillard et donna au cocher l'adresse de l'officier d'artillerie chez lequel il voulait aller prendre des armes.

Georges prit place près de M. Verneuil.

Celui-ci, dont la force d'âme renaissait, saisit la main de son compagnon, et, la lui pressant doucement :

— Tu m'auras donné cette nuit des preuves d'une amitié véritable, — dit-il, — et je ne l'oublierai jamais ! Merci !

— Ne parlons pas de moi ! — fit Georges avec impatience et une légère altération dans la voix.

Puis, se penchant en dehors de la portière comme pour respirer plus librement :

— Encore un qui vaut mieux que moi ! — murmura-t-il.

— Tu as fait quelquefois des armes avec Édouard ? — demanda M. Verneuil, dont la pensée ne s'écartait pas un seul instant des chances futures du combat qui allait avoir lieu.

— Oui.

— Comment tire-t-il ?

— Pas mal !

— Mais ce M. de La Fresnaye doit être de première force, lui ?

— C'est possible... Cependant Edouard se défendra.

— Tu crois ?

— J'en suis certain.

Le malheureux père soupira doucement.

Georges, abaissant la glace de devant, pressa le cocher, lequel fouettait son cheval à tour de bras.

— Il faudrait peut-être mieux conserver le pistolet, — dit encore le banquier.

— Nous verrons cela là-bas... Sept heures et demie ! Ce cheval n'avance pas !

La voiture venait d'atteindre la tourelle de Saint-Mandé.

En quelques minutes elle arriva en face du fort de Vincennes.

Georges descendit, en affirmant à son compagnon qu'il ne

l'attendrait pas longtemps ; puis, pénétrant sous la porte d'une maison meublée d'assez simple apparence, il s'informa auprès d'une servante de la demeure du commandant Rosny.

— Au deuxième étage, chambre numéro 12 ; — lui repondit-on.

Le baron gravit l'escalier, parcourut un long corridor, et arrivé devant la porte de l'appartement indiqué, il frappa résolûment.

— Entrez ! — cria une voix rude partie de l'intérieur.

Georges fit jouer la clé dans la serrure et pénétra dans une vaste pièce meublée avec le confortable équivoque qui distingue les logements garnis.

Un homme de cinquante à soixante ans, à la moustache blanche, aux cheveux plus blancs encore, coupés très-courts, suivant l'ordonnance, et portant avec aisance la petite tenue des officiers supérieurs d'artillerie, était assis à califourchon sur une chaise, fumant une longue pipe, dont le tuyau noirci indiquait les loyaux services.

Cet homme était le commandant Rosny.

En voyant entrer le baron, il étendit la main vers lui sans se déranger.

— Tiens ! quel bon vent vous amène ? — dit-il en lâchant une énorme bouffée de tabac. — Venez-vous me demander à déjeuner ? Sacrebleu ! c'est aimable, cela ! Il y a longtemps que vous m'avez promis cette bonne aubaine !

— Mon cher commandant, — répondit Georges, — je n'aurai pas encore le plaisir de tenir la promesse que je vous ai faite. Ma visite a un bien autre motif que celui d'un paisible déjeuner.

— Bah ! Quel motif ?

— Celui de trouver une paire d'épées.

— Des épées de combat ?

— Oui.

— Il s'agit donc d'un duel ?

— Précisément !

Le vieux militaire regarda Georges et se prit à sourire avec complaisance.

— On va vous procurer cela, — dit-il. — J'ai justement là une paire de lames qui fera votre affaire. C'est bien monté, c'est léger, sûr en main, et ça pique que c'est un vrai plaisir.

— Donnez vite alors, mon cher commandant.

— Tudieu! quel gaillard vous faites? Vous me rappelez votre pauvre père, ce brave d'Aureilly! En voilà un qui était bon vivant! Il se battait comme les autres boivent un verre d'eau!

Le commandant se leva et alla fouiller dans une énorme malle, du fond de laquelle il tira les armes demandées.

— Voilà les joujoux, — dit-il en présentant la poignée d'une épée au baron. — Voyez-moi cela, hein? Vous m'en direz des nouvelles, et si vous ne crevez pas la paillasse à votre adversaire...

— Mais je ne me bats pas, commandant.

— Comment?...

— Je ne suis que témoin dans un duel.

— Ah! c'est fâcheux!

— Pourquoi?... — demanda Georges, étonné de la réflexion quelque peu saugrenue de son interlocuteur.

— Parce que ces épées me viennent de mon vieil ami, de votre père; parce qu'elle n'ont pas servi depuis lui, et qu'il m'était doux de penser que, pour la première fois qu'elles ferrailleraient depuis sa mort, ce serait entre les mains de son fils. Enfin, puisqu'il en est autrement, n'en parlons plus. Prenez-les toujours. Je vous les prêterai une autre fois.

— Ce sont les épées de mon père?... — s'écria Georges, dont le regard s'anima tout à coup.

— Il s'est battu, à ma connaissance, dix-sept fois avec! Tenez, voyez-vous celle-ci, dont la poignée est un peu ternie?

— Oui.

— Eh bien! il y a sur le cuir du sang du baron. Son

adversaire l'avait blessé à la main, mais, après cela, il n'a plus blessé personne...

Georges contemplait ardemment la tache brune que lui désignait le commandant.

— Vous n'avez pas d'autres épées? — demanda-t-il.

— Non.

— Alors je prends celles-ci. — Au revoir, commandant.

— Au revoir; mais dites bien à votre ami de ne pas déshonorer ces lames-ci !

Georges pressa dans les siennes la main que lui tendait le vieux compagnon d'armes de son père, et rejoignit vivement M. Verneuil.

Il avait enveloppé les armes dans un léger par dessus d'été qu'il portait sous son bras.

— A la porte du bois par Saint-Mandé, et brûlez le pavé! — cria-t-il au cocher en s'élançant dans la voiture.

— Qu'as-tu donc? — demanda M. Verneuil; — tes mains tremblent et tu parais tout ému !

— Ce n'est rien, — répondit Georges.

Cinq minutes après, la voiture pénétrait dans le bois de Vincennes, et elle se rangeait près du coupé du comte d'Ornay, qui venait d'arriver.

— Vous ici! — s'écria Lucien en voyant apparaître le visage décomposé du banquier.

— Oui, mon cher Lucien, je vous expliquerai tout plus tard; mais dites-moi d'abord où est Edouard?

— Il n'est pas encore arrivé, non plus que d'Aubigné, auquel j'avais écrit de se rendre ici à huit heures moins un quart.

— D'Aubigné ne viendra pas, — dit Georges en s'avançant, — je l'ai prévenu cette nuit que je prendrais sa place. Nous serons tous deux les témoins d'Edouard.

— Mais la situation de M. Verneuil n'est pas possible, — fit Lucien en se penchant vers Georges; — il ne doit pas assister à ce duel.

— Il le veut absolument.

— Mais que s'est-il donc passé en lui? — Je ne le reconnaissais pas tout d'abord...

— Il s'est passé qu'il a dit adieu à sa jeunesse factice et qu'il veut désormais vivre en homme de son âge.

— Comment cela se fait-il?

— C'est le danger qui menace Édouard qui a accompli cette conversion.

— J'avais toujours pensé que M. Verneuil était réellement un homme de cœur, — répondit Lucien en s'avançant vers le banquier, qui, immobile à quelque distance, interrogeait l'horizon avec anxiété.

— Voici une voiture... — dit-il en tressaillant.

En effet, un nuage de poussière s'élevait au loin sur la route, on put distinguer peu à peu les proportions élégantes d'une calèche anglaise qui s'avançait au grand trot de deux alezans brûlés.

Deux hommes étaient assis dans le fond de la voiture.

Un troisième, placé sur la banquette de devant, avait la main appuyée sur une boîte plate et carrée qui reposait sur ses genoux.

La calèche s'arrêta, et les trois hommes mirent pied à terre.

— Le comte de La Fresnaye! — dit Lucien en s'adressant à M. Verneuil et à Georges.

— Et Édouard qui n'arrive pas, — murmura celui-ci en frappant du pied la terre avec un mouvement d'impatience.

Le comte de La Fresnaye salua les témoins de son adversaire et demeura à l'écart, tandis que ses deux compagnons s'avançaient vers Lucien.

— Il n'est que huit heures moins sept minutes, — s'empressa de dire celui-ci en tirant sa montre.

— Nous savions être en avance, messieurs, — répondit poliment l'un des témoins du comte.

Le banquier, pâle comme un linceul, ne cessait d'explorer des yeux la route, dans la direction de Paris.

— Au reste, nous pouvons toujours chercher un terrain convenable, — reprit le comte d'Ornay. — Pendant ce temps M. Verneuil arrivera.

— A vos ordres, — répondirent les deux témoins en s'inclinant.

— Enfonçons-nous vers la droite, messieurs. Pierre, — continua Lucien en s'adressant à son cocher, — dès que vous verrez M. Edouard Verneuil arriver, vous lui indiquerez la direction que nous prenons.

Le domestique s'inclina, et les six hommes, agités chacun par des sentiments bien différents, s'engagèrent dans la partie du bois indiquée par le comte d'Ornay.

Celui-ci marchait en tête du petit cortége, tenant à la main la boîte de pistolets qu'il avait apportée.

M. de La Fresnaye le suivait en compagnie de ses témoins.

Georges, portant sous son bras les deux épées que lui avait remises le commandant Rosny, venait ensuite.

M. Verneuil marchait le dernier, faisant de suprêmes efforts pour ne pas trébucher à chaque pierre que heurtait son pied défaillant.

Le malheureux payait chèrement alors ses folies de vieillesse.

III

Le duel.

Après avoir marché durant l'espace de quelques minutes, la petite troupe, qui s'était enfoncée dans la partie droite du bois, s'arrêta en vue d'une petite clairière que Lucien désignait du geste.

On ne pouvait choisir un lieu plus convenable pour le terrain d'un champ-clos.

Un épais rideau, formé par les branches touffues et entrelacées de vieux marronniers dont les troncs noueux se tenaient rapprochés les uns des autres, encadrait de tous côtés une verte pelouse.

Le gazon, fin, menu et peu élevé, offrait au pied un terrain égal et sûr.

Les rayons du soleil, frappant obliquement sur la cime des arbres, ne pénétraient pas jusqu'à ce frais réduit.

— Ce lieu vous paraît-il convenable, messieurs? — demanda le comte d'Ornay.

Les témoins de M. de La Fresnaye s'inclinèrent.

— Parfaitement, — dirent-ils.

L'adversaire d'Edouard se trouvait alors placé près du baron d'Aureilly, lequel avait jeté à terre son pardessus renfermant les épées.

— M. Verneuil ne vient pas, — fit observer le comte en faisant claquer ses doigts avec impatience.

Georges lui lança un regard oblique dont l'expression n'était pas celle d'une aménité charmante

— Il viendra, n'ayez pas peur! — répondit-il brusquement.

Pendant ce temps, Lucien et les témoins visitaient soigneusement les pistolets que chacun d'eux avaient apportés.

Ils s'assuraient que le calibre et la portée devaient être à peu près les mêmes.

M. Verneuil, appuyé contre l'un des arbres qui bordaient la route voisine, attendait l'arrivée de son fils.

Rien ne saurait rendre l'expression effrayante qui contractait alors les traits du pauvre père.

Sa physionomie faisait mal à contempler.

— Quel est ce monsieur ? — demanda le comte de La Fresnaye en s'adressant de nouveau à Georges.

— C'est M. Verneuil.

— Le père ?

— Oui.

— Que vient-il faire ici ?

— Je ne sais pas.

Max fit une moue dédaigneuse.

— Est-ce qu'on voudrait essayer sur le terrain d'une scène pathétique ? — dit-il en souriant.

— Croyez-vous que je veuille servir de complice à une honteuse comédie ? — répondit vivement Georges, dont l'œil lança un éclair subit.

— Dieu m'en garde ! monsieur. J'ai tort.

— C'est heureux ! — grommela le baron en tournant le dos à son interlocuteur.

Le comte le quitta sans paraître s'offenser le moins du monde du ton un peu rude avec lequel le baron lui avait répondu, et se dirigeant vers ses témoins :

— Quelle heure ? — demanda-t-il.

— Huit heures un quart, — répondit l'un d'eux.

— Messieurs, — se hâta de dire le comte d'Ornay en s'avançant, — mon ami Edouard Verneuil est en retard, cela est vrai, et je vous fais en son nom, ses excuses ; mais soyez convaincus que le motif de ce retard doit être indépendant de sa volonté. Je connais Edouard depuis longtemps, et je réponds de lui, honneur pour honneur.

Les autres témoins s'empressèrent d'affirmer à Lucien que leur pensée n'avait rien qui ne fût conforme à l'estime dans laquelle ils tenaient l'adversaire du comte ; puis un silence assez long s'établit, chacun attendant avec impatience.

M. Verneuil était toujours immobile à la même place.

Georges avait écarté le pardessus et martelait de ses doigts crispés la poignée de l'une des épées, — celle qui portait les traces du sang paternel.

Belliqueusement parlant, surtout, le baron était bien le digne descendant de ses nobles aïeux.

La vue des armes, la perspective d'un combat auquel il allait assister, la solennité de la circonstance, tout contribuait à exciter la nature des d'Aureilly de Pontac dont Georges avait hérité de son père.

En ce moment, le baron sentait, en dépit des efforts qu'il faisait pour rester calme, tout le sang généreux de ses ancêtres bouillonner dans ses artères.

Ses dents étaient serrées, ses lèvres se pinçaient tandis que ses yeux s'injectaient de sang, et que ses narines gonflées s'entr'ouvraient et aspiraient l'air avec force.

Sans qu'il se rendît compte de ses actes, la pointe de l'arme qu'il tenait, labourait la terre autour de lui.

De temps à autre, il jetait un regard sur le comte de La Fresnaye.

Son altercation de l'avant-veille lui revenait plus que jamais en mémoire, et il trouvait que l'adversaire d'Edouard lui déplaisait d'une façon extraordinaire.

La fièvre colorait ses joues, et un léger bourdonnement retentissait dans la conque de ses oreilles.

— Huit heures et demie ! — dit tout à coup M. de La Fresnaye d'un ton de voix ironique; — je crois que nous attendrons en vain.

Lucien ne savait que répondre.

L'absence d'Edouard l'étonnait et une inquiétude insultante pour son ami commençait à s'emparer de son esprit.

Georges ne bougea pas.

— Messieurs, — continua le comte en s'adressant à ses témoins, — je suis véritablement désolé de vous avoir dérangés pour rien, — mais si vous voulez attendre encore, je suis à vos ordres.

— Je crois que cela est inutile, — ajouta l'un des témoins.

— Pourquoi donc ? — dit Georges en se retournant brusquement.

— Parce que nous avons suffisamment attendu.

— Nous attendons bien, nous.

— Notre situation n'est pas la même.

— Si fait!

— Permettez! — dit M. de La Fresnaye.

— Quoi? — fit Georges? — Vous vous ennuyez d'attendre?

— Oui.

— Eh bien! morbleu, amusons-nous!

Et le baron, se baissant rapidement, saisit l'épée demeurée à terre qu'il lança aux pieds du comte.

— Si vous voulez peloter en attendant partie, — continua-t-il, — je suis votre homme!

— Messieurs! — s'écrièrent les témoins en s'interposant.

— Baron! — fit vivement Lucien, — y pensez-vous?

— Georges! — dit M. Verneuil qui, spectateur muet de cette scène, s'était élancé précipitamment en voyant le mouvement de M. d'Aureilly.

— Laissez donc! laissez donc! — répétait celui-ci en se reculant un peu, — puisque monsieur s'ennuie!... Si Édouard ne vient pas, c'est qu'il est blessé ou mort, et sacrebleu! je ne souffrirai pas qu'on l'insulte par une pensée de doute sur son honneur.

— Merci, Georges! — s'écria le banquier avec force, — merci! mais si quelqu'un doute de mon fils, c'est à moi qu'il appartient de le défendre.

— Messieurs! je vous en prie! — dit de nouveau le comte d'Ornay.

— Permettez! — interrompit Georges. — M. de La Fresnaye et moi avons une affaire à régler ensemble. Nous devions nous battre demain; je ne vois pas pourquoi nous remettrions la partie.

— Je suis à vos ordres, monsieur, — répondit Max.

— Eh bien, alors, ces messieurs nous assisteront.

— En garde donc!

— En garde !

Et en dépit des efforts de leurs amis, les deux adversaires croisèrent le fer.

Mais en ce moment M. Verneuil poussa un cri.

— Voici mon fils ! — dit-il en se précipitant en avant

Edouard, en effet, arrivait rapidement.

Il était pâle, — ses yeux étaient rougis.

On devinait à l'oppression de sa poitrine qu'il venait d'accomplir une course fiévreuse.

La respiration lui manquait.

Dans le premier moment il ne vit ni son père, ni ses amis, il n'aperçut que le comte de La Fresnaye.

— Pardonnez-moi, — dit-il d'une voix saccadée, — pardonnez-moi, monsieur, de vous avoir fait attendre, mais une circonstance imprévue m'a contraint à manquer l'heure de notre rendez-vous. Lorsque je suis parti de chez moi, je ne croyais pas être en retard, et...

— Vous êtes tout excusé, monsieur, — interrompit poliment le comte, — et nous sommes à vos ordres.

— Eh bien, messieurs, faisons vite, — dit Lucien en s'adressant aux témoins du comte et appelant près de lui le baron par un geste impératif.

Georges jeta son épée à terre et se résigna à reprendre ses fonctions de témoin.

Pendant ce temps le comte de La Fresnaye s'était écarté et M. Verneuil avait entraîné son fils.

— Veux-tu que je fasse changer les armes ? — demanda-t-il rapidement.

— Non, non, c'est impossible. Je ne veux rien entraver, — répondit vivement Edouard, — c'est bien assez, mon Dieu, de ce maudit retard ; mais, mon père, pourquoi être venu ?

— Pour que ma présence te donne du courage, enfant ! Songe que si tu es tué, je mourrai de chagrin.

— Mon père... pensez à ma sœur !

— Ta sœur n'a plus besoin de moi, elle !

— Mon père, je vous en supplie... retournez à Paris.

— Non, te dis-je.

— Mais...

— Écoute-moi. Vise bas ! Prends la ligne de terre et presse la détente au moment où tu arriveras au milieu du corps de ton adversaire.

— Oui, mon père.

— Laisse-le marcher sur toi.

— Oui.

— Demeure immobile et repose ta main. Ne la tiens donc pas baissée ; le sang la fera trembler.

— Soyez tranquille, mon père. Lucien hier m'a fait la leçon.

Pendant ce temps, les témoins avaient chargé les armes.

Puis le comte d'Ornay et l'un des amis de M. de La Fresnaye s'occupèrent à compter les pas.

Ils se mirent tous deux, dos à dos, au milieu du gazon et marchèrent en sens contraire jusqu'à ce que chacun d'eux ait compté vingt-cinq pas.

Alors ils s'arrêtèrent simultanément et se retournèrent.

Chacun d'eux tenait à la main un mouchoir qu'ils laissèrent chacun tomber à leurs pieds.

Les deux adversaires prirent place.

Georges, plus ému que jamais, s'approcha d'Edouard auquel il présenta un pistolet tout armé.

— Prends garde au coup de doigt, — dit-il. — Laisse-toi surprendre, ne presse la gâchette que progressivement.

L'autre témoin du comte ayant rempli près de lui la même fonction, les deux adversaires demeurèrent en présence.

M. Verneuil comprimait les battements de son cœur en appuyant sur sa poitrine sa main couverte d'une sueur froide.

Ses yeux ne voyaient plus.

Lucien, pâle et calme, se recula en entraînant le banquier.

Les témoins se placèrent à distance, à peu près au milieu de l'espace qui séparait Edouard et Max.

Le comte d'Ornay échangea un regard avec l'un des témoins de M. de La Fresnaye.

— Allez! — dit-il ensuite d'une voix lente.

— Tonnerre! — murmura Georges avec rage, — Edouard est arrivé cinq minutes trop tôt.

On voit que la nature des d'Aureilly de Pontac avait repris le dessus dans l'organisation de leur illustre descendant, car en ce moment Georges avait oublié complètement et ses projets de mariage et ses projets de fortune.

Ses regards avides ne quittaient pas les deux champions.

Edouard, suivant les conseils de son père, demeura immobile.

M. de La Fresnaye s'avança alors rapidement.

Edouard leva lentement le bras

Son adversaire avait diminué d'un tiers environ la distance qui les séparait lorsque le coup de feu partit.

La balle du jeune homme effleura l'épaule du comte.

Celui-ci s'était arrêté.

M. Verneuil ne put étouffer un cri et il se serait précipité en avant si Lucien ne l'eût cloué sur place en le saisissant par le bras.

M. de La Fresnaye s'avança encore.

Il avait le droit d'arriver jusqu'à ce qu'il pût tirer à bout portant sur son adversaire.

Un frémissement parcourut le corps de Georges.

— Il va l'assassiner! — murmura-t-il.

Edouard attendait bravement.

La durée de la seconde qui suffit à M. de La Fresnaye pour se rapprocher de quelques pas encore sembla plus longue qu'un siècle aux assistants anxieux.

Enfin le comte s'arrêta.

Quinze pas au plus le séparaient d'Edouard.

Il éleva la main et pressa la détente.

Le coup partit.

Edouard ne poussa pas un cri, mais il s'abattit lourdement.

— Mon fils! mon fils! il me l'a tué! — s'écria le malheureux père en s'élançant d'un bond vers son enfant.

IV

Bon sang ne peut mentir.

Edouard s'était évanoui.

M. Verneuil, près de son fils, soutenait dans ses bras la tête vacillante du jeune homme.

Une douleur muette, mais plus terrible encore par son mutisme même, avait remplacé l'agitation bruyante qui s'était emparée du banquier.

Pas une larme ne s'échappait de ses yeux secs et fiévreux.

Du regard, il interrogeait Lucien, lequel, après avoir défait avec précaution les vêtements d'Edouard, s'efforçait de deviner l'importance de la blessure.

— Vit-il encore? — demanda M. Verneuil.

— Oui, — répondit Lucien. — Le cœur bat et le sang coule librement.

Le comte de La Fresnaye et ses deux témoins attendaient, immobiles, le résultat de cette scène pénible.

Georges était allé chercher la voiture de Lucien, afin d'y transporter Edouard.

Le coupé arriva promptement.

Lucien et Georges enlevèrent doucement dans leurs bras le corps inanimé de leur ami.

M. Verneuil les suivait avec l'anxieuse inquiétude d'une mère veillant sur un enfant malade.

Édouard fut étendu sur les coussins du coupé.

— Mon Dieu! — dit M. Verneuil, — supportera-t-il le mouvement de la voiture jusqu'à Paris?

— Il serait prudent de s'arrêter à Vincennes, — fit observer l'un des témoins du comte en s'avançant obligeamment; — et si nous pouvons vous être bons à quelque chose... veuillez, messieurs, disposer entièrement de nous.

— Grand merci, — répondit Georges; — je n'ai qu'un service à vous demander, c'est celui d'attendre ici quelques instants.

Puis, se retournant vers M. Verneuil, il ajouta :

— Allez à Vincennes. Voici l'adresse du commandant Rosny; il vous procurera immédiatement un chirurgien militaire, puisque nous avons fait la sottise de ne pas en amener un.

— Ne viens-tu pas avec nous?

— Je vais vous rejoindre tout à l'heure...

— Je vous accompagne, — dit Lucien.

— Non! non! — s'écria vivement Georges en lui saisissant le bras. — J'ai besoin de vous...

— Mais...

— Il le faut! Allons, Verneuil, ne perds pas de temps. Dans un quart d'heure nous te rejoignons. — Monte à côté de ton fils, et vous, — continua Georges en s'adressant au cocher, — au pas, au petit pas, et évitez les secousses. — Prenez par le bois, la route est plus longue, mais le terrain est plus uni. — Allez!

M. Verneuil avait la tête perdue.

Il obéit sans restriction aux conseils donnés par le baron, et se plaçant sur le devant de la voiture, il soutint les jambes de son pauvre fils.

Lucien avait appliqué, à l'aide de son mouchoir, un léger appareil sur la blessure d'Édouard, et néanmoins le sang coulait à profusion.

Une écume rosée montait aux lèvres du jeune blessé, dont la respiration haletante et saccadée annonçait l'embarras des poumons.

Le visage d'Édouard était d'une pâleur cadavéreuse.

Lucien, en examinant ces symptômes alarmants, secoua tristement la tête.

— Il est perdu! — murmura-t-il à l'oreille de Georges.

— Je le crains! — répondit celui-ci en refermant la portière avec précaution.

Puis, sur un signe du comte d'Ornay, la voiture partit au pas.

La douleur de M. Verneuil était telle, qu'il n'avait plus la conscience de ce qu'il voyait, ni de ce qu'il entendait.

Ses regards avaient l'hébétement et la fixité de la folie.

L'expression de sa physionomie était effrayante à contempler.

— Pauvre homme! — dit Lucien en suivant de l'œil la voiture qui s'éloignait lentement.

— Maintenant, — fit Georges en s'avançant résolûment vers le comte de La Fresnaye, — à nous deux, s'il vous plaît?

— Georges! — s'écria Lucien.

— Messieurs! — dit l'un des témoins du comte, — assez de sang comme cela!

— Permettez! — interrompit le baron. — Nous vous avons déjà expliqué que monsieur et moi devions nous battre...

— Cette affaire ne peut-elle donc s'arranger?

— Elle le pouvait hier, elle ne le peut plus ce matin.

— Mais...

— Oh! pas d'objections! Tout à l'heure en voyant tomber Édouard, j'ai senti que je l'aimais, moi, ce garçon. Eh bien!

18

— M. de La Fresnaye l'a tué et je veux venger sa mort.

— M. de La Fresnaye s'est conduit loyalement! dit l'un des témoins avec hauteur.

— Vous voulez dire : *légalement.*

— Plaît-il! — fit le comte offensé par l'accent avec lequel Georges venait de souligner ce dernier mot. — Qu'entendez-vous donc par là, monsieur? Expliquez-vous! je l'exige!

— J'entends que, lorsque vous avez essuyé le feu de votre adversaire, si vous y aviez répondu sans bouger de votre place, vous eussiez agi loyalement, tandis que, en vous avançant sur un homme sans armes, vous avez agi légalement.

— Prétendez-vous donc m'accuser? — s'écria le comte, dont l'irascibilité ordinaire s'enflamma tout à coup.

— C'est possible! — répondit Georges sans reculer d'un pas.

— Messieurs! — firent les deux témoins.

— M. le baron d'Aureilly a parfaitement raison, — dit froidement Lucien, — et je suis tout à fait de son avis.

— C'est-à-dire que vous m'accusez tous deux de déloyauté?

— Le mot n'est pas exact, monsieur le comte. Nous vous accusons seulement d'avoir manqué de générosité.

— Mais c'est une insulte grave, cela!

— Parbleu! — répondit Georges d'une voix railleuse. — Pour un homme qui s'est battu si souvent, vous avez l'oreille dure.

— Encore une fois, messieurs, — dirent les témoins en essayant de calmer les deux nouveaux adversaires.

— Encore une fois, je veux me battre et je me battrai! — s'écria Georges en se laissant aller à toute la fougueuse ardeur de sa nature. — Oui, morbleu! je me battrai, dussé-je, pour forcer monsieur à mettre l'épée à la main, le souffleter avec la lame de la mienne.

Et Georges fit siffler à quelques lignes du visage de M. de La Fresnaye l'acier flexible de l'arme paternelle.

— Malheureux! — s'écria le comte en bondissant, — vous voulez donc que je vous tue?

— Bah ! Essayez seulement, et nous verrons bien !

Au point où en étaient les choses, il n'y avait plus aucune espérance d'amener une solution pacifique.

Le duel qui venait d'avoir lieu avait littéralement enivré le digne descendant des d'Aureilly.

Il lui fallait du sang, il lui fallait une bataille pour ramener le calme dans ses esprits.

Nous le répétons : depuis une heure, depuis qu'il avait touché l'épée de son père, Georges n'était plus le même homme.

Rêves d'ambition, d'avenir, conscience du présent, tout s'effaçait pour faire place à la bouillante nature héréditaire dans sa famille.

L'amour des combats, cet amour qui avait été l'unique passion de ses ancêtres, s'était réveillé subitement en lui, au point de lui donner le vertige.

Il était évident pour tous que rien ne saurait le ramener à des sentiments pacifiques.

Lucien, au reste, ne chercha pas à le calmer.

Lui aussi avait trouvé peu généreuse la conduite du comte, et il lui sembla naturel que Georges cherchât à venger Édouard.

Les témoins de M. de La Fresnaye se résignèrent donc à assister à un second duel.

Ce dernier, brave et résolu, les avait priés de rester près de lui.

Les deux hommes tombèrent en garde sans que nul effort ne fut plus tenté pour les séparer.

Les épées s'engagèrent

Au premier frémissement du fer, les assistants comprirent que Max et Georges étaient tous deux de première force au noble jeu des armes.

Par un effet étrange et inexplicable, le baron, en sentant l'extrémité de sa lame en contact avec celle de son adversaire, le baron, — disons-nous, — recouvra subitement un calme et un sang-froid qu'était loin de posséder le comte.

Celui-ci, au contraire, semblait s'animer davantage d'instants en instants.

Georges essaya, coup sur coup, de quelques engagements rapides.

L'épée de son adversaire resta immobile.

Tout à coup, le baron s'écrasa sur ses jambes, menaça rapidement et, dégageant son épée avec la vivacité de l'éclair, il étendit le bras et se fendit à fond.

— Rien! — dit le comte de La Fresnaye en parant avec une merveilleuse adresse et en rendant une riposte que Georges para également.

— Corbleu! — s'écria le baron avec admiration — vous êtes de première force, monsieur, et si vous le permettez, nous allons mettre habit bas, car je prévois qu'avant quelques minutes nous aurons trop chaud.

— Volontiers, — répondit le comte en jetant son épée.

Les deux jeunes gens se débarrassèrent de leurs redingotes et de leurs gilets.

Les témoins, frémissants, se regardaient en silence.

Un duel, en effet, entre deux hommes de semblable force, devenait un spectacle terrible et saisissant.

Les adversaires reprirent chacun leur epée et retombèrent en garde.

Cette fois ils s'attaquèrent avec précaution.

Le comte se contentait de parer, espérant fatiguer son ennemi.

Mais Georges, devinant sa pensée, se montrait d'une sobriété excessive dans les coups qu'il portait et ne commettait pas la moindre faute dont eût pu profiter Max.

Enfin, sur une riposte énergique du comte, Georges ne rompit pas assez vite et fut atteint légèrement au bras.

— C'est une égratignure, — dit-il, — continuons.

Le combat recommença.

— Touché! — s'écria une seconde fois Max en relevant son épée.

— Ce n'est rien encore, — fit Georges, dont les lèvres blanchissaient de colère, tandis qu'un filet carminé apparaissait sur son pantalon blanc.

Les deux jeunes gens se remirent en garde.

Les témoins pâlissaient d'anxiété.

Enfin, sur une feinte habilement amenée par Georges, M. de La Fresnaye envoya une double riposte qui ne rencontra que le fer de son adversaire, mais l'épée du baron, se dégageant rapide et menaçante, glissa sous le bras de Max et pénétra en pleine poitrine.

Les yeux du comte s'ouvrirent démesurément.

Son épée lui échappa.

Il recula de deux pas, battit l'air de ses bras et s'affaissa sur lui-même.

Le fer avait pénétré sous le sein droit et avait traversé le poumon de part en part.

Georges essuya froidement son épée ensanglantée sur le gazon.

Cependant le comte, soutenu par ses amis, et par Lucien, qui s'était précipité en avant, le comte n'avait pas complètement perdu connaissance.

Du geste, il appela près de lui le baron et lui tendant une main défaillante :

— Vous êtes brave ! — dit-il.

— Pardieu ! et vous aussi, — répondit Georges, — et, maintenant que ma colère est passée, je serais désolé que cette blessure fût grave.

Le comte voulut dire encore quelques mots, mais un flot de sang qui lui monta à la gorge lui coupa la respiration.

Il étouffait.

Ses doigts crispés arrachèrent l'herbe avec un mouvement convulsif.

18.

On s'empressa de le soulever et de dégager la blessure dont le sang s'était subitement arrêté.

L'un des témoins de Max, — qui avait servi avec lui en Afrique, — comprit la cause de cette crise qui pouvait devenir mortelle.

S'agenouillant près du blessé, il appuya ses lèvres sur la partie du corps où avait pénétré l'epée du baron, et aspira avec force.

Le sang reparut, et, grâce à ce dévouement amical, il coula aussitôt avec une abondance qui soulagea M. de La Fresnaye.

Les voies respiratoires, un moment obstruées, reprirent leurs fonctions vivifiantes.

Le comte soupira librement, mais ses forces étaient épuisées et il s'évanouit.

— Quelle horrible matinée ! — murmura Lucien en contemplant le spectacle qu'il avait sous les yeux.

Le second témoin de M. de La Fresnaye était allé chercher la calèche.

— Où allons-nous le conduire ? — demanda-t-il en revenant pres de Max.

— Chez moi, — murmura celui-ci en ouvrant les yeux.

Alors, et ainsi qu'on avait fait d'Edouard quelques minutes auparavant, on transporta le comte, que l'on établit le plus commodément possible sur les coussins de sa calèche.

Puis la voiture s'éloigna.

V

Le blessé.

Au moment où Edouard, blessé grièvement, mortellement peut-être par la balle du comte de La Fresnaye, était tombé à terre sans connaissance; — à ce moment précis, disons-nous, une voiture, arrivant à fond de train par la route de Paris, pénétrait dans le bois de Vincennes et s'arrêtait après avoir franchi la porte de Saint-Mandé.

Cette voiture contenait une jeune femme qui, les cheveux en désordre, le visage contracté et les yeux égarés, se précipita à terre.

Ses regards, parcourant rapidement l'espace qui l'environnait, s'arrêtèrent sur la voiture du comte de La Fresnaye, laquelle stationnait en attendant son maître.

Le cocher, descendu de son siége, se tenait à la tête de ses chevaux.

La jeune femme courut vers lui.

— Vous appartenez au comte de La Fresnaye, n'est-ce pas? — demanda-t-elle d'une voix brève.

— Oui, madame, — répondit le valet.

— Votre maître est ici depuis longtemps?

— Depuis une heure.

— Il est venu pour se battre?

— Mais... je ne sais pas... — répondit le cocher qui avait parfaitement deviné ce qui s'était passé, mais qui craignait de se compromettre en répondant franchement.

— Répondez-moi! Depuis que vous êtes ici, n'avez-vous vu venir personne?

— Si fait.

— Dites vite!

— Il y a dix minutes, un jeune homme est arrivé dans le coupé qui stationne là-bas.

— Et ce jeune homme, vous ne l'avez pas revu?

— Non, madame...

— Mon Dieu! de quel côté s'est-il dirigé?

— Mais... par là, je crois... du côté de Charenton.

— Voyons, mon ami, répondez-moi franchement! Dites-moi tout ce que vous savez! Vous voyez dans quel affreux etat je suis... ayez pitié de moi ! N'avez-vous donc rien vu ? rien entendu ?

— Eh bien ! — fit le cocher, touché de l'horrible anxiété à laquelle était visiblement en proie son interlocutrice, — eh bien ! je ne vous cacherai pas que depuis l'arrivée du monsieur dont je vous parlais, j'ai entendu le bruit de deux coups de feu...

— Mon Dieu !... — s'écria la jeune femme, — le duel a eu lieu ! L'un d'eux est blessé...

— Je le crois...

— Le comte peut-être...

— Oh ! je ne crois pas que ce soit mon maître, madame.

— Pourquoi ? — demanda la jeune femme que le désespoir rendait presque folle.

— Parce que si c'était M. le comte qui fût blessé, on serait venu me chercher, et c'est l'autre voiture qu'on est venu prendre.

— L'autre voiture ? On est venu chercher une voiture ?

— Oui, madame.

— Oh ! Edouard est mort ! Mais je veux le voir... je veux... Par où s'est dirigée cette voiture ?

— Elle a pris l'allée à droite.

La jeune femme, éperdue, s'élança dans la direction indiquée.

A peine avait-elle fait quelques pas, qu'elle aperçut le coupé dans lequel étaient Edouard et son père.

A la vue de cette voiture qui s'avançait lentement et tristement, elle sentit sa force l'abandonner.

Cependant elle se précipita par un élan suprême.

— Edouard ! — s'écria-t-elle en s'accrochant à la portière.

— Regine ! vous ici ! — fit M. Verneuil en reconnaissant la jeune femme.

— Mon Dieu ! mon Dieu ! — continua la pauvre enfant en contemplant Edouard, dont le corps ensanglanté ne donnait aucun signe d'existence. — Mon Dieu ! mon Dieu !... il est mort,

— Non, madame. Grâce au ciel, il respire encore ! — répondit le malheureux père. — Mais laissez-nous continuer notre route. Une minute de retard peut le tuer maintenant.

— Marchez ! marchez ! — dit Régine en s'adressant au cocher. — Je vous suivrai à pied. — Oh ! vous le permettez, n'est-ce pas ? — continua-t-elle en se retournant vers M. Verneuil. — Les soins d'une femme peuvent être utiles. — Si vous saviez ce que je souffre... ce que j'ai souffert... Oh ! je savais tout... Il devait se battre... et j'avais juré de l'en empêcher... Un moment, j'ai cru réussir... il n'avait pas vu que je le trompais, lorsqu'il interrogeait l'heure... Mais, hélas ! la fatalité a brisé mes desseins...

— Quoi ! — dit le banquier ; — ce retard, — c'est donc vous qui le causiez ?

— Oui... oui... je voulais le sauver... pardonnez-moi !

— Oh ! je vous pardonne, pauvre enfant ! Que n'avez-vous pu réussir et je vous bénirais en ce moment !... Mon fils !... mon pauvre Edouard !... Oh ! c'est ma folle conduite qui est cause de ce malheur !

Et M. Verneuil, se penchant sur le visage inanimé de son fils, inondait de larmes le front du jeune homme.

— Désespérez-vous donc ? — demanda Régine.

— Je ne sais... mais je suis très-malheureux !

— Mon Dieu ! que faire ? Où le conduisez-vous ?

— A Vincennes.

— Oh ! je vous accompagne... Je le soignerai... je veillerai...

— Non, non, — dit le banquier en fouillant précipitamment dans la poche de sa redingote, — vous allez retourner à Paris...

— A Paris ? Quoi ! vous me chassez...

— Non, mon enfant. Mais tenez ! voici l'adresse de mon

médecin. Courez chez lui... cherchez-le, trouvez-le, n'importe où il soit, et ramenez-le vous-même...

— Où vous trouverai-je ?

— A Vincennes, chez le commandant Rosny. C'est-là où l'on pourra lui prodiguer les premiers soins.

— Bien ! — fit Régine. — J'amènerai le médecin, je vous le jure.

Et, au risque d'être atteinte par les roues du coupé qui continuait à rouler, la jeune femme se pencha vers l'intérieur de la voiture, saisit une des mains inertes d'Edouard et la porta à ses lèvres.

Puis, prenant l'adresse du docteur que lui tendait M. Verneuil, elle s'élança brusquement vers le carrefour où elle avait laissé le véhicule qui l'avait amenée à Saint-Mandé.

— Vingt francs pour vous !... dit-elle au cocher en montant précipitamment dans la voiture, — si votre cheval ne quitte pas le galop. Allez !

L'automédon, alléché par cette promesse, lança son cheval à toute vitesse dans la direction de la barrière du Trône.

§

Georges et Lucien étaient demeurés seuls sur le terrain qui venait d'être ensanglanté par le double combat.

Depuis le départ de la calèche, Lucien s'était approché du baron et lui avait tendu la main :

— Georges, — dit-il, — vous êtes un brave cœur. Touchez-la, morbleu ! Je suis fier d'être votre ami.

— Merci, mon cher, merci, — répondit le baron. — Mais ne nous occupons pas de moi, — pensons à Edouard.

— Vous avez raison. Allons à Vincennes.

— Ce pauvre garçon m'inquiète !

— Hélas ! moi aussi !

— Je crains bien que nous ne le retrouvions pas en vie.

— Pauvre Edouard ! — répondit tristement Lucien.

— Oh ! — s'écria Georges, — s'il doit en mourir, je ne

regretterai pas le coup d'épée que je viens de donner au comte. — Allons, partons !

— Mais, vous êtes blessé! — fit observer Lucien.

— Bah ! ce n'est rien.

— Si fait. Vous avez reçu un coup d'epée au bras et un autre à la cuisse.

— Ce n'est rien, vous dis-je. — Deux égratignures.

— Cependant le sang coule assez abondamment.

— Eh bien, j'arrangerai cela dans la voiture. Allons à Vincennes.

— Donnez-moi le bras.

Et le comte d'Ornay, s'emparant de la main de son ami, le contraignit à s'appuyer sur lui pour gagner l'endroit où stationnait le coupé qui avait conduit Georges et M. Verneuil.

Tous deux se firent transporter chez le commandant Rosny.

Lorsqu'ils arrivèrent, Edouard était étendu sur le lit du vieil officier, et un chirurgien d'artillerie s'occupait à sonder la plaie du blessé.

M. Verneuil, agenouillé devant le lit, tenait entre ses mains le bras inerte du jeune homme.

Le commandant, assis dans un angle de la pièce, effilait gravement la charpie qu'avait demandée le docteur.

— Eh bien ! — dit enfin le chirurgien, — la blessure est profonde... la balle a violemment déchiré les chairs, mais j'espère encore qu'elle n'a attaqué aucun organe essentiel.

— Dieu vous entende ! — murmura le malheureux père.

— Tenez, commandant, — disait Georges en s'adressant au vieux militaire, — voici vos épées.

— C'était bien la peine de venir les chercher pour se battre au pistolet, — grommela le commandant.

Puis s'arrêtant au moment de remettre en place les armes que lui tendait Georges :

— Mais, sacrebleu ! elles ont servi ! — s'écria-t-il. — Il y a encore du sang au bout de la lame.

— Hein ? — fit M. Verneuil en se retournant.

— Chut ! — dit Georges, qui fit signe au commandant de garder le silence.

Mais M. Verneuil s'était approché.

Son regard s'arrêta sur le pantalon du baron.

— Tu es blessé ! — s'écria-t-il.

— Mais non...

— Si fait... et ces épées ont servi !

— Georges a vengé Edouard ! — dit Lucien.

— Quoi !... le comte...

— Est blessé plus grièvement encore qu'Edouard.

— Je savais bien, moi, que ces lames-là devaient servir au fils ! — dit le commandant Rosny en regardant fièrement les épées.

M. Verneuil était très-ému.

— Georges, — dit-il d'une voix imprégnée de larmes, — tu as vengé mon Edouard, tu t'es battu pour lui... demande-moi ce que tu voudras, — tout ce que j'ai t'appartient.

— Occupons-nous de ton fils, d'abord, — répondit le baron, — nous parlerons de moi plus tard.

Pendant ce temps Lucien causait à voix basse avec le médecin.

— Croyez-vous que la blessure soit mortelle ? — demandait-il.

— Je l'ignore encore, monsieur.

— Mais enfin... espérez-vous ?

— J'espère toujours.. mais, dans cette circonstance, je ne réponds de rien.

— Et pourrait-on le transporter à Paris ?

— Oui... ce soir, si la fièvre n'est pas trop forte.

En ce moment Edouard soupira doucement, et essaya de soulever sa tête appesantie et brûlante.

Ce mouvement appela tous les assistants auprès du lit du blessé.

VI

La diplomatie du baron d'Aureilly.

Le baron d'Aureilly occupait à Paris un élégant appartement de garçon situé au troisième étage d'une belle maison de la rue Lavoisier avoisinant la rue Rumfort.

Cet appartement meublé avec un goût exquis et une richesse tout artistique faisait grand honneur à son propriétaire.

Un petit salon-fumoir, entre autres pièces remarquablement ornées, était cité comme l'une des merveilles du genre.

Ce petit salon était tendu en étoffes turques sur les vives couleurs desquelles se détachaient des trophées d'armes orientales et une collection de pipes de tous genres, de toutes formes et de tous pays à faire envie au fumeur le moins désireux de s'enivrer à l'aide des émanations pénétrantes du tabac.

Rien ne manquait à cette riche collection.

Depuis la pipe de terre commune jusqu'au calumet indien, tous les instruments qui font la joie des fumeurs émérites s'étalaient complaisamment à portée de la main qui voulait les utiliser.

Là, étaient suspendues sur des supports arabes, les chibouques de Constantinople, au fourneau en terre rouge de Smyrne tout constellé de paillettes d'or, au tuyau en bois de jasmin, au bout d'ambre gris incrusté de coraux.

Ici, les longues pipes allemandes, arrivées en droite ligne d'Heidelberg, avec leurs corps en porcelaine peinte et leurs tuyaux recourbés.

Plus loin, la pipe chinoise au fourneau de métal emmanché, au roseau odoriférant d'un fleuve du céleste empire.

Puis, les narghilés de Tunis, — les calumets américains, — les pipes égyptiennes, etc., etc.

Dans de magnifiques vases en porcelaine craquelée étaient renfermés les tabacs les plus estimés.

De splendides divans, larges, moelleux, épais, invitaient au repos.

Tout enfin dans cette petite pièce, jusqu'aux moindres détails, semblait être combiné avec un soin extrême pour procurer les joies d'un *far niente* bienfaisant.

§

Vingt-quatre heures s'étaient écoulées depuis les scènes sanglantes que nous avons décrites dans les précédents chapitres de ce troisième volume.

Georges, paresseusement étendu sur l'un des divans appuyés contre les parois du salon, fumait avec amour d'excellent tabac du Sinaï dans une longue pipe orientale au tuyau entouré de soie cerise.

Le baron réfléchissait profondément et ses réflexions étaient, sans doute, d'une nature grave et difficile, car depuis près de deux heures, il n'avait changé de position que pour secouer les cendres de sa pipe éteinte et en bourrer le fourneau à l'aide du tabac placé à la portée de sa main.

— Sacrebleu! — se dit-il tout à coup en lançant au plafond de la chambre un jet de fumée blanchâtre qui se condensa en nuage épais au-dessus de sa tête. — Sacrebleu! j'ai fait hier matin une fameuse sottise!

« Quelle diablesse d'idée ai-je eue d'aller me battre avec le comte de La Fresnaye ?

« Qu'est-ce qui m'a passé par la tête ?

« Au lieu d'avancer mes affaires, j'ai été me créer obstacles sur obstacles, comme un véritable niais que je suis!

« Si encore ils trépassaient tous les deux !

« Mais, non !

« La blessure d'Edouard n'est pas mortelle et le comte ne va pas plus mal !

« Décidément j'ai été d'une bêtise incroyable !

Et Georges, posant sa pipe sur le divan, se leva lentement et se mit à se promener par la chambre.

Arrivé près de la fenêtre, il s'arrêta et ses doigts, par un mouvement machinal, battirent sur les vitres une marche militaire.

— C'est que rien n'intéresse autant les jeunes filles qu'un homme blessé pour l'amour d'elles ! — continua-t-il, — et cette fois il y en a deux !

« Ce que j'avais à faire était si simple !

« Laisser Edouard dans son lit et monter la tête au cousin Messac contre son futur gendre dont l'esprit batailleur ne promet pas un avenir couleur de rose à Ernestine.

« Et au lieu de cela, je vais ferrailler comme un Don Quichotte que je suis et atténuer les torts de M. de La Fresnaye par le coup d'épée que je lui donne.

« Comment, diable ! vais-je me tirer de là ?

« C'est qu'il faut absolument que j'épouse ma jolie cousine !

« Je ne sacrifierai pas ainsi tous mes plans si sagement combinés !

« C'est que pour peu que le cousin Messac ait un semblant d'affection pour son futur gendre, il doit, à cette heure, m'avoir en sainte horreur !

« Le moyen, après cela, d'aller lui demander la main d'Ernestine !

« Allons ! décidément, j'ai fait une bêtise ! »

Georges en était là de ses réflexions peu consolantes pour ses projets d'avenir, lorsqu'un violent coup de sonnette, retentissant dans l'antichambre, vint lui annoncer l'arrivée d'une visite.

— M. Messac! — annonça presque aussitôt un petit groom en entre-bâillant la porte.

— Monsieur reçoit-il?

— Certainement, certainement! — s'écria le baron, qui se précipita avec empressement au-devant du négociant bordelais.

Celui-ci salua Georges de la tête et pénétra dans le fumoir.

Le baron, qui n'avait pas vu son cher cousin depuis sa rencontre fortuite avec lui chez M. Verneuil, le baron, disons-nous, parut assez embarrassé de sa contenance.

Il ignorait, en effet, dans quelle disposition d'esprit se trouvait l'armateur.

M. Messac paraissait vivement préoccupé.

Il accepta le siége que lui offrait son hôte, et s'assit en respirant bruyamment.

— Je sais ce qui s'est passé, — commença-t-il.

— Ah! ah! — fit Georges, qui n'osait pas provoquer une plus ample explication.

— M. de La Fresnaye s'est battu avec M. Edouard Verneuil, — continua le négociant, — et il avait tort; — toi, tu t'es battu avec le comte, et tu n'avais pas raison.

— C'est possible, mon cousin; mais...

— Je sais que ton intention était généreuse, aussi ne t'en fais-je pas un crime; mais, quoi qu'il en soit, ces deux duels m'ont vivement ému et cruellement chagriné...

Georges ne répondit pas: il attendait.

M. Messac reprit, après quelques instants de silence:

— Ernestine est malade.

— Qu'a-t-elle donc? — demanda vivement le baron.

— Elle souffre moralement. La pauvre enfant est au desespoir de tout ce sang répandu pour elle depuis une année.

— Oui... oui... je sais.

— C'est une étrange fatalité qui la poursuit.

— Mon Dieu! après tout, ce n'est pas sa faute.

— Sans doute, mais elle ne s'en regarde pas moins comme la cause première de ces malheureux duels...

— Et... — dit Georges en hésitant un peu, — elle me garde probablement rancune à propos de ce coup d'épée...

— Non, — répondit M. Messac ; — elle accuse d'abord le comte de La Fresnaye.

— Bah ! elle ne l'aime donc pas ?

— Non, mon cher Georges, et c'est précisément l'aveu qu'elle m'a fait de l'aversion involontaire qu'elle éprouve pour le comte qui m'amène en ce moment près de toi...

— Comment ?

— Je viens te demander un conseil.

— Un conseil ?

— Oui.

— Parlez, mon cher cousin, je suis tout à vous.

— Tu ignores, mon pauvre ami, ce qui s'est passé à Bordeaux depuis quelques années...

— Je n'ignore rien... Je sais tout.

— Quoi ?... Tu es instruit...

— De tout, vous dis-je... Je vous dirai plus tard comment cela s'est fait ; mais continuez.

— Eh bien ! tu dois connaître également alors les raisons qui m'avaient déterminé à promettre au comte de La Fresnaye la main de ma fille..,

— Je les connais.

— Ernestine ne s'opposait nullement à ces projets d'union, lorsque hier matin... avant même qu'elle n'eût appris ce qui s'est passé... elle me fit une confidence à laquelle j'étais loin de m'attendre.

— Quelle confidence ?

— Elle m'avoua qu'elle ne pourrait jamais aimer son fiancé, et que... mais, — fit le négociant en s'interrompant brusquement, — il faut que tu saches encore l'accident arrivé à Ernestine au bois de Boulogne, il y a quelques jours.

— Elle a été emportée dans une voiture, est-ce cela ?

— Oui.

— Et c'est Edouard Verneuil qui l'a secourue...

— Précisément.

— Eh bien ?...

— Eh bien ! il paraît...

— Qu'elle aime Edouard ? — s'écria Georges, qui devina tout à coup cette vérité nouvelle.

— Elle me l'a avoué en rougissant.

Georges ne fut pas maître de lui.

Se levant brusquement, il parcourut rapidement le salon.

— Tout se réunit donc contre moi ? — pensait-il en frappant du pied le tapis épais qui recouvrait le plancher.

— Qu'as-tu donc ? — demanda M. Messac avec étonnement.

— J'ai... — répondit Georges en s'arrêtant, — j'ai... qu'Ernestine n'est pas heureuse dans son choix.

— Pourquoi ?

— Parce que Edouard n'en reviendra probablement pas.

— Crois-tu donc à ce que tu dis ?

— Parbleu ! — Et puis, d'ailleurs, que dire au comte pour se dégager ?

— Hélas ! — dit le négociant en poussant un soupir ; — c'est précisément là mon embarras, et c'est à ce propos que je venais te consulter.

— Voulez-vous un bon conseil ?

— Oui.

— Retournez à Bordeaux.

— Impossible.

— Pourquoi ?

— Parce que toute la ville sait que je suis parti pour marier ma fille, et que si, après les bruits injurieux qui ont couru sur Ernestine, je revenais à Bordeaux avec elle sans qu'elle fût sous la protection d'un époux, sa réputation serait à jamais perdue.

— C'est vrai ! — murmura Georges.

— Tu vois donc bien qu'il me faut prendre un parti.

— Mais pourquoi vous adresser à moi ?

— Parce que je ne connais personne à Paris qui doive me porter autant d'intérêt que toi. Parce que tu n'as pas oublié, sans doute, les soins que ma pauvre femme a pris de ton enfance...

— Sacrebleu ! — s'écria Georges avec impatience, — ne me dites pas tout cela ! vous allez encore me faire commettre une bêtise !

— Hein ? — fit M. Messac stupéfait.

— Eh oui !

— Je ne te comprends pas.

— Mais je me comprends, moi, et cela me suffit.

— Eh bien ! voyons ! que dois-je faire ?

— D'abord attendre que le comte de La Fresnaye soit mort ou guéri.

— Je crains bien que, dans ce cas, nous n'ayons pas longtemps à attendre.

— Comment ?

— J'ai envoyé ce matin chez sa sœur...

— Eh bien ?

— Il était au plus mal !

— Pauvre garçon ! — murmura Georges, — c'est un brave cœur !

M. Messac se leva et se rapprocha de son cousin.

Il devinait ce que cette brusque annonce de la mort probable de Max devait causer d'impression à celui qui était cause de cette mort.

— Je comprends ton émotion douloureuse, dit-il. — Bien souvent j'ai vu ton père éprouver un semblable chagrin. Lui aussi, ne pouvait résister à cet amour des combats, héréditaire dans ta famille...

— Ne parlons plus de cela, — dit Georges, — et revenons à Ernestine. — Si le comte meurt, vous êtes libre ; s'il survit, comme je le désire, et qu'il guérisse, vous en serez quitte pour lui déclarer la volonté de votre fille de ne pas s'allier à lui...

— Oui, — répondit M. Messac. — Mais il y a encore autre chose qui m'inquiete...

— Qu'est-ce donc ?

— Nous habitons le même quartier que Verneuil, tu le sais. Ce duel a fait grand bruit depuis hier. — C'était le sujet de la conversation générale. Or, la femme de chambre d'Ernestine, curieuse et bavarde comme une soubrette de comédie, a recueilli et colporté des choses qui ont vivement impressionné ma pauvre enfant.

— Quelles choses ?

— On disait qu'Édouard Verneuil était un mauvais sujet, coureur de bals publics et de tripots; qu'en ce moment il était amoureux fou d'une femme entretenue qu'il a enlevée à son père...

— Ah ! on disait cela ? — fit Georges en réfléchissant.

— Oui; et l'on allait même jusqu'à ajouter que la nuit qui avait précédé le duel, il l'avait passée auprès de cette créature. Ernestine, en entendant ce rapport, a été prise d'un violent accès de fièvre, La chère enfant aime de tout son cœur, et tu comprends ce qu'elle doit souffrir.

— Oui... en effet... je comprends. — Ensuite?

— Ensuite!.. J'ai voulu remonter à la source de ces bruits, et j'ai appris qu'ils provenaient du valet de chambre de M. Verneuil, lequel en affirmait la véracité. — Je suis alors venu à toi, Georges, à toi que je sais lié depuis longtemps avec Verneuil et avec son fils, afin de te demander ton opinion à cet égard. Tu dois penser que, si ce que l'on colporte est vrai, ma fille ne sera jamais la femme de ce jeune homme. Elle-même ne le voudrait pas.

— Mon Dieu ! mon cher cousin, ce que vous me demandez là m'embarrasse fort, — répondit le baron qui entrevoyait un moyen ingénieux de reprendre la corde et d'arriver au but de ses désirs. — Je suis lié avec Édouard, cela est vrai; mais e ne connais pas toutes les particularités intimes de son existence. Un autre serait mieux que moi à même de vous renseigner à cet égard...

— Qui cela?

— Une personne avec laquelle Édouard est, je le crois, en relations d'affaires...

— Et le nom de cette personne?

— M. Pongevin.

— Ce banquier à la réputation plus que douteuse?

— Précisément.

— Et il est en relation avec Édouard Verneuil?

— Oui.

— Mauvaise recommandation.

— Oh! à Paris, on n'est pas très-scrupuleux sur ses liaisons. Mais, voyez-le... il vous renseignera...

— Tu en es sûr?

— Oh! parfaitement.

— C'est bien. J'y vais sur-le-champ.

— Et... où vous reverrai-je dans la journée?

— Chez moi, si tu le veux.

— Bien.

— Tu auras donc à me parler?

— Probablement.

— Eh bien, mais, dis-moi immédiatement...

— Non, non! — Quand vous aurez causé avec Pongevin, je vous ferai mes confidences.

— A bientôt, alors?

— A bientôt.

M. Messac, prenant congé de Georges, quitta l'appartement du baron, reconduit par celui-ci jusqu'aux premières marches de l'escalier.

En serrant la main à l'armateur, Georges lui donna l'adresse du banquier-usurier, puis, après avoir vu M. Messac s'éloigner rapidement, il rentra dans son salon.

— Je crois bien décidément que j'épouserai Ernestine! — murmura-t-il en caressant joyeusement sa moustache.

A peine achevait-il ces paroles, qu'un nouveau coup de sonnette résonna dans l'antichambre.

Le petit groom qui avait annoncé l'armateur, reparut dans le fumoir.

— Qu'est-ce que c'est? — demanda Georges.

— On vient de la part de M. Édouard Verneuil, — répondit l'enfant, — pour prier M. le baron de se rendre immédiatement auprès de lui.

— Édouard?... Serait-il donc plus mal?

— Je ne sais pas, monsieur. — Le domestique est parti.

— C'est bien! j'y vais. Donne-moi ce qu'il me faut pour m'habiller.

VII

Le cœur d'une jeune fille.

Ainsi que M. Messac l'avait dit au baron d'Aureilly, la pauvre Ernestine avait été cruellement froissée dans l'innocence de son premier amour par les rapports inopportuns de sa camériste.

Nous le répétons : depuis l'accident survenu au bois de Boulogne, la jeune fille avait concentré toutes ses pensées sur Édouard Verneuil, dont elle ignorait encore le nom et la position sociale.

Mais, à l'âge d'Ernestine, quelle est la femme qui ne possède pas dans un repli de son cerveau une dose plus ou moins forte de sentiments romanesques !

Sa rencontre avec Édouard avait quelque chose de si peu ordinaire que son esprit en avait été frappé.

Puis le danger couru par le jeune homme, ses soins empressés, ses paroles touchantes, sa hardiesse même suivie d'un repentir sincère lors de la promenade nocturne sur les bords de la petite rivière, la respectueuse expression de tendresse qui avait présidé aux derniers mots prononcés par lui ; — tout concordait à porter le trouble dans l'imagination de la fille de l'armateur.

Aussi Ernestine avait-elle passé dans un trouble extrême la journée qui avait suivi cette soirée fameuse.

En sentant l'amour se glisser progressivement dans son cœur, elle comprenait toute l'aversion involontaire qu'elle ressentait pour M. de La Fresnaye, — aversion dont son indifférence l'avait empêchée jusqu'alors de se rendre compte.

Le lendemain, Ernestine avait appris, sans préparation aucune, le duel de son fiancé.

C'était Henriette qui, éperdue de douleur, en voyant son frère transporté tout sanglant, était venue annoncer la fatale nouvelle.

Ernestine ignorait le nom de l'adversaire de Max.

M. Messac était absent lorsque la marquise, tout en larmes, était accourue près de sa jeune amie.

Ernestine, péniblement affectée, n'avait pu, en présence d'Henriette, comprimer le sentiment répulsif que lui causait le caractère farouche et sanguinaire de celui qu'elle devait épouser.

La marquise d'Hauterive avait vainement essayé de rassurer la jeune fille en reportant sur l'amour qu'elle avait inspiré toute la fougueuse ardeur du comte.

A peine Henriette avait-elle quitté Ernestine, que M. Messac accourait près de sa fille.

L'armateur sortait de chez M. Verneuil.

Là, il avait appris tous les détails de la double catastrophe du matin.

Son visage portait les traces de l'agitation intérieure qu'il ressentait.

Pressé de questions par son enfant chérie, il avait tout avoué.

En l'espace de quelques heures, Ernestine avait donc appris coup sur coup et la provocation adressée par Max à celui qui occupait toutes ses pensées, et le danger qui menaçait la vie d'Édouard, dont son père venait de lui révéler le nom.

La pauvre enfant s'était évanouie.

En reprenant connaissance, grâce aux soins prodigués par M. Messac, elle s'était jetée en sanglotant au cou de l'armateur et avait complété la confidence commencée la veille.

Nous savons quels en avaient été les résultats jusqu'au moment où l'imprudence de la femme de chambre était venue augmenter les souffrances de la jeune fille en apportant dans son esprit toutes les cruelles alternatives du doute.

M. Messac, résolu à connaître la vérité quelle qu'elle fût, s'était mis en campagne et, ainsi que nous le savons encore, il s'était dirigé vers la demeure du baron d'Aureilly, persuadé que Georges était plus à même que personne au monde de l'éclairer à cet égard.

§

Demeurée seule, Ernestine avait d'abord repassé dans son cerveau malade, tout le panorama des événements qui s'étaient accomplis depuis quelques jours.

Puis obéissant à ce besoin impérieux d'expansion si naturel à la jeunesse, elle avait été s'asseoir près d'un élégant bureau que son père lui avait offert la semaine précédente, et s'était mise à écrire à sa chère institutrice, celle qui lui avait servi de seconde mère et qui, demeurée à Bordeaux en l'absence de la jeune fille, entretenait avec elle une correspondance régulière.

Après avoir décrit, jusque dans les moindre détails, ce qui

s'était passé, Ernestine, emportée par la souffrance, confia à son amie toutes les tortures de son pauvre cœur.

« Songe à ce que je dois souffrir ! — écrivait-elle rapidement ; — d'un côté, M. Édouard Verneuil, blessé pour moi, blessé grièvement, mortellement peut-être.

« D'un autre côté, le comte de La Fresnaye non moins fatalement atteint et dont la mort ferait la désolation de ma meilleure amie.

« Et c'est moi, moi, qui suis la cause de ces horribles malheurs !

« Qu'ai-je donc fait, mon Dieu ! pour être ainsi l'objet de la colère du ciel ?

« Que dois-je résoudre ?

« Dans la situation où se trouve Max, une parole de moi pourrait le tuer.

« Sans cesse il me demande, sans cesse il s'occupe de moi.

« Il m'aime, je n'en puis douter... et moi, cependant, je ne puis vaincre l'aversion qu'il m'inspire.

« Depuis ce duel, surtout, depuis la blessure reçue par M. Verneuil, ce sentiment est encore plus puissant et jamais je ne pourrai consentir à devenir sa femme.

« Je n'ose rien dire à Henriette. — Elle adore son frère.

« Oh ! je suis bien malheureuse, je te le jure.

« Oui, bien malheureuse, car au violent chagrin que j'éprouvais ce matin encore, une douleur plus terrible est venue se joindre.

« On dit que M. Édouard est un homme sans principes, sans foi, sans loyauté.

« Si cela est, cet homme serait indigne de mon amour et cependant... cependant, je l'aime de toute mon âme.

« Tu vois bien que j'ai raison de dire que je suis bien malheureuse !

« Oh ! que je voudrais être près de toi, à Bordeaux.

« Nous irions ensemble nous agenouiller sur la tombe de

ma pauvre mère, et il me semble alors que mon esprit se calmerait.

« Si tu savais tout ce que l'on raconte sur M. Édouard Verneuil!

« Quelques heures après m'avoir rencontrée, quelques heures après avoir prononcé ces paroles qui ont porté le trouble dans mon âme... il passait la nuit en compagnie de mauvais sujets et de femmes perdues dont l'une,—dit-on,— est sa maîtresse.

« C'est infâme, n'est-ce pas?

« Pourquoi me parlait-il ainsi, s'il ne pensait pas ce qu'il me disait?

« Quand je songe à cela, je me reproche de ne pas aimer le comte de La Fresnaye.

Puis... malgré moi... l'image de M. Verneuil reprend sa place dans mon cœur...

« Je le vois tendre et suppliant... implorer une parole d'espoir...

« Je le vois ainsi... et je pleure...

« Oui, je pleure... ma pauvre amie... je pleure en t'écrivant... car, je te le répète : je l'aime...

« Oh! je ne le croyais pas que l'amour pût faire autant souffrir... »

A ce passage de sa lettre, Ernestine jeta la plume et porta son mouchoir à ses yeux.

La pauvre enfant s'efforçait de comprimer les sanglots qui gonflaient sa poitrine.

Les larmes la suffoquèrent et elle se rejeta en arrière.

La douleur l'absorbait au point qu'elle n'entendit pas s'ouvrir la porte de sa chambre.

Pauline, — la femme de chambre, — entra doucement. Elle tenait une lettre à la main.

— Mademoiselle, — fit-elle en s'approchant d'Ernestine.

— Qu'est-ce? que me voulez-vous? — demanda la jeune fille en se levant brusquement.

— Mademoiselle... c'est une lettre que l'on vient d'apporter.

— Pour mon père?

— Non... cette lettre est pour mademoiselle...

— Une lettre... pour moi?

— Oui, mademoiselle.

Ernestine tendit la main et prit avec étonnement la lettre que lui présentait la camériste.

La jeune fille en examina la suscription pour bien s'assurer qu'il n'y avait pas erreur.

— Ce n'est pas d'Henriette! — murmura-t-elle en rompant le cachet.

Pauline, — plantée en face de sa jeune maîtresse, — attendait avec une impatience curieuse.

Elle espérait saisir au passage un mot, un geste, une expression de physionomie qui la mît au courant du mystère qu'elle flairait avec l'instinct d'une servante parisienne.

Cependant mademoiselle Messac parcourait avidement des yeux la lettre qu'elle venait de recevoir.

Elle rougit et pâlit tour à tour.

Puis, s'adressant à Pauline :

— Qui a apporté cela? — demanda-t-elle.

— C'est un commissionnaire, mademoiselle.

— Il y a longtemps.

— Deux minutes au plus...

— Et ce commissionnaire est reparti?

— Non, mademoiselle, il est encore là.

— Il attend une réponse?

— Dame!... je pense que oui.

— Eh bien! — fit Ernestine en hésitant, — dites que... j'irai!

— Où cela! — demanda la soubrette.

— Dites que j'irai! C'est là toute ma réponse,—dit la jeune fille avec un accent impérieux auquel mademoiselle Pauline n'était probablement pas accoutumée, car elle regarda sa maîtresse avec étonnement et se disposa à sortir sans risquer une interrogation nouvelle.

Cependant, arrivée sur le seuil de la porte, la curiosité l'emporta sur l'obéissance.

— C'est bien là tout ce que mademoiselle fait dire? — insista-t-elle.

— Oui, tout.

— Il n'y aura pas d'erreurs?

— Non, allez donc!

Pauline se mordit les levres et sortit.

— Mon Dieu! — s'écria Ernestine demeurée seule. — Que veut dire cette lettre? Est-ce donc le présage d'un nouveau malheur? — Oh! n'importe, je ferai ce que l'on me demande!

Et elle se mit à relire de nouveau l'épître qu'elle tenait toujours entre ses mains.

Cette épître, d'un style étrange, — était ainsi conçue :

« Mademoiselle,

« Un homme se meurt peut-être en ce moment pour vous.

« Cet homme, vous le connaissez, car il y a quelques jours à peine, il risquait sa vie pour essayer de sauver la vôtre.

« Un seul moyen existe de le sauver.

« Ce moyen, vous seule pouvez l'employer...

« Vous le voudrez, n'est-ce pas? car votre généreux cœur ignore ce que c'est que l'ingratitude.

« Au reçu de cette lettre, veuillez donc vous rendre, sans tarder d'une minute, à l'église Saint-Louis d'Antin.

« A la chapelle de la Vierge, vous trouverez une pauvre créature en prière.

« C'est elle qui vous expliquera ce que vous avez à faire.

« Ne craignez rien, mademoiselle.

« La personne qui vous écrit ces mots ne désire que deux choses sur la terre : votre bonheur d'abord et ensuite le bonheur de celui qui souffre en ce moment pour vous.

« Si vous doutiez... si vous hésitiez... rappelez-vous le cimetière de Bordeaux.

« Songez à la tombe de votre excellente mère, — songez surtout à celle de la pauvre ouvrière que vous avez entourée d'un soin si pieux.

« La vie d'un homme dépend de votre réponse.

« Viendrez-vous ? »

Cette singuliere lettre ne portait aucune signature.

Dans toute autre circonstance, Ernestine eût certainement attendu le retour de son père pour lui demander conseil, mais dans l'état d'exaltation où elle se trouvait, la jeune fille, ainsi que nous l'avons vu, n'hésita pas à obéir.

Elle plia précipitamment la missive anonyme et passant dans la pièce voisine, elle prit un mantelet et un chapeau.

En deux secondes elle fut prête à sortir.

Pauline qui venait de rentrer, demeura stupéfaite en voyant sa jeune maîtresse habillée sans son aide.

— Mademoiselle va sortir ? — demanda-t-elle précipitamment.

— Oui, — répondit Ernestine.

— Je vais accompagner mademoiselle alors...

— C'est inutile...

— Mademoiselle sort seule ?

— Oui.

— Mais si monsieur me gronde...

— Vous direz à mon père que je vais rentrer.

Et mademoiselle Messac, sans plus faire attention aux observations réitérées de sa cameriste, quitta précipitamment l'appartement et s'élança, légere, sur les degrés de l'escalier.

Ernestine avait pris une résolution si rapide qu'elle avait oublié de fermer la lettre qu'elle était en train d'écrire à son institutrice.

§

Moins d'un quart d'heure après le départ de la jeune fille, une voiture s'arrêtait à la porte de la maison de la rue de la Victoire.

Cette voiture renfermait la marquise d'Hauterive, la sœur du comte de La Fresnaye.

La jeune femme était pâle et défaillante.

Elle sauta à terre et pénétra dans la maison.

— Où est Ernestine? — demanda-t-elle vivement à la femme de chambre.

— Mademoiselle vient de sortir.

— Avec son père?

— Non, madame. Mademoiselle est sortie seule.

— Où est-elle allée?

— Mais... je ne saurais dire à madame.

— Mon Dieu! mon Dieu!... mon Dieu!... Cependant il faut que je la voie!

— Mademoiselle a dit qu'elle ne tarderait pas à rentrer.

— C'est bien alors, je vais l'attendre.

Henriette ouvrit la porte de la chambre de son amie.

Pauline se retira discrètement et la marquise demeura seule.

Machinalement, la jeune femme était allée s'asseoir sur le siége placé en face du petit bureau.

Ses yeux tombèrent sur la lettre commencée.

A peine en eût-elle involontairement parcouru quelques lignes, qu'elle se pencha avidement et saisit le papier indiscret.

Alors, elle lut attentivement l'épître confidentielle.

De temps à autre, Henriette s'arrêtait et essuyait quelques larmes qui obscurcissaient ses beaux yeux.

Puis, elle reprenait sa lecture.

Lorsqu'elle eut achevé, elle rejeta la lettre sur le bureau et se leva.

— Allons! — murmura-t-elle, — je n'ai pas besoin de la voir maintenant. Je sais la réponse que je dois donner à Max! — Oh! mon pauvre frère! mon pauvre frère! Qu'il ait la force de supporter ce coup!

Et, sans hésiter, la marquise quitta la chambre, — puis elle regagna sa voiture.

ÉPILOGUE.

LE PRÉ CATELAN.

I

Le pèlerinage.

Un an, — jour pour jour, — et, pour ainsi dire, heure pour heure, — après l'époque où a commencé notre récit, une charmante calèche de maître, attelée de deux jolis chevaux anglais, dont la finesse de race faisait envie aux sportmen les plus distingués, montait au pas la grande avenue des Champs-Élysées.

Le cocher, portant une livrée simple et élégante, se tenait grave et raide sur son siége, tandis que deux valets de pied, les bras croisés sur la poitrine, le corps outrageusement renversé, trônaient à l'arrière-train de l'équipage somptueux.

Quatre personnes étaient étendues nonchalamment sur les coussins de la calèche.

Sur la banquette du fond se tenaient deux hommes d'un

âge mûr, à la mise de bon goût, aux cheveux argentés et à la physionomie intelligente

L'un d'eux, dont la verdeur était plus accusée, se penchait souvent en avant, afin d'échanger d'aimables saluts avec de nombreux promeneurs qui, tant à pied qu'à cheval ou en voiture, croisaient constamment la calèche.

Les deux personnages placés en face étaient de beaucoup moins âgés que leurs compagnons.

Une jeune et jolie femme, assise vis-à-vis des vieillards dont nous venons de parler, attirait les regards des groupes de jeunes gens qui stationnaient sur les chaises des bas-côtés de la route.

Cette charmante créature était belle, non-seulement de la beauté dont l'avait douée la nature, mais encore de tout l'éclat du bonheur qui rayonnait sur son charmant visage.

Sa toilette s'harmoniait parfaitement avec sa gracieuse personne.

Cette toilette était presque virginale.

Elle consistait en une robe de mousseline blanche, admirablement brodée, dont les doubles jupes formaient, au milieu de la voiture, un amas neigeux, tranchant coquettement sur les nuances foncées des vêtements masculins.

Un châle, également de mousseline blanche bordé d'un magnifique volant de dentelles, se drapait sur les épaules de la jeune femme.

Un chapeau en paille de riz, entouré d'une guirlande de lierres, encadrait de magnifiques cheveux noirs, dont les bandeaux opulents se gonflaient naturellement sur les tempes.

La jeune femme tenait à la main un énorme bouquet de fleurs odoriférantes, dans lequel elle enfouissait, de temps en temps, son jeune et gracieux visage.

Le voisin de gauche de cette délicieuse personne était, lui, un homme de vingt-huit à trente ans, à l'air distingué, au front intelligent, et dont l'œil étincelant s'abaissait avec ivresse sur sa jolie compagne.

Depuis que la voiture avait pénétré dans la grande avenue, ces quatre personnages avaient observé un religieux silence.

Chacun d'eux semblait être absorbé par un monde de pensées intérieures, mais toutes ces pensées devaient être douces et joyeuses, car chacun des quatre visages, sur lequel elles se reflétaient, était calme et souriant.

Enfin, l'un des deux vieillards prit la parole :

— Mes enfants, — dit-il en s'adressant au jeune couple, qui était placé en face de lui, — mes enfants, j'ai reçu ce matin une lettre, dont je vous dois communication.

— Quelle lettre donc, mon père? — demanda curieusement la jeune femme.

— Une lettre du comte de La Fresnaye, — répondit le vieillard.

En entendant prononcer ce nom, la jeune femme rougit subitement et enfouit plus que jamais sa jolie tête dans le bouquet qu'elle tenait à la main.

Le jeune homme fronça légèrement les sourcils.

Le vieillard s'aperçut de ce double mouvement.

Il sourit doucement.

— Ne rougis pas, Ernestine, — continua-t-il. — Et vous, Édouard, ne prenez pas cet air menaçant. Votre adversaire ne doit plus vous inspirer des craintes très-sérieuses.

— Mais, — répondit Édouard Verneuil, que nos lecteurs ont sans doute reconnu, comme ils ont reconnu déjà dans les trois autres personnages, M. Messac, sa fille et le célèbre banquier; — mais, je ne lui garde pas rancune, je vous l'affirme.

— Est-il guéri de sa blessure? — demanda M. Verneuil.

— Complètement. Il a même pu reprendre du service; et la lettre qu'il m'écrit, m'annonce qu'il vient d'être nommé chef d'escadron.

— Et Henriette? — dit Ernestine en reprenant son calme souriant.

— Henriette est à Alger, où elle gouverne la maison de son frère. Il est même question, me dit le comte, d'un prochain mariage pour elle avec l'un de nos meilleurs généraux.

— Ce pauvre comte de La Fresnaye! — fit M. Verneuil en soupirant. — Georges lui avait cependant donné un furieux coup d'épée, et je ne m'explique pas encore comment il a pu en revenir.

— Mais il a été aussi bien près de succomber.

— Ne m'avez-vous pas dit que c'était à un moyen étrange employé par son médecin qu'il avait dû sa guérison.

— Oui, je vous ai dit cela, mais il n'en était rien.

— Comment cela?

— Le comte a été sauvé par un moyen étrange, il est vrai, mais ce moyen ne provenait nullement de l'imagination du docteur.

— Qui donc l'a fait revenir à la vie alors?

— C'est tout simplement ma fille.

— Moi? — s'écria Ernestine avec étonnement.

— Ma femme? — dit Édouard en se retournant brusquement.

— Eh oui, mes enfants, — reprit M. Messac. — Jusqu'ici, j'avais cru ne devoir rien vous dire encore, mais puisque voilà six semaines accomplies que vous êtes mariés, je puis bien vous raconter aujourd'hui la vérité. — Voici ce qui s'est passé :

« Le jour même où le comte avait reçu cette cruelle blessure, une fièvre ardente, épouvantable, s'etait emparée de son cerveau.

« Un violent délire le faisait divaguer.

« Le médecin, après avoir sondé la plaie, après s'être assuré que la partie du poumon que l'on croyait endommagée, était heureusement saine et intacte, le médecin déclara à Henriette que cette blessure, quoique fort grave, n'était pas mortelle.

« Ce qu'il redoutait surtout, c'était cette fievre effrayante causée plutôt par la surexcitation du cerveau que par le coup d'épée du baron d'Aureilly.

« En vingt-quatre heures cette malheureuse fievre avait fait un tel progres que le docteur ne répondait plus de rien.

« Max était perdu, — perdu sans ressources.

« Aucun médicament n'était assez puissant pour causer une réaction favorable.

« Henriette, au désespoir, interrogeait le médecin.

— Votre frère est-il sous l'influence d'une passion quelconque? — demanda le docteur.

— Oui; — il aime une jeune fille.

— Il est jaloux, n'est-ce pas?

— Affreusement.

— C'est bien. Il faut agir alors moralement. Si nous causons une brusque secousse à l'état intellectuel du malade, nous pouvons peut-être couper cette fièvre dont la cause premiere est toute morale, j'en suis convaincu.

— Que faut-il faire?

— Amener, sans l'en prévenir, près de lui, la jeune fille qu'il aime. Sa vue opérera probablement la réaction dont nous avons besoin.

« Le médecin n'avait pas achevé, qu'Henriette s'élançait au dehors de l'appartement et accourait chez moi; elle venait chercher Ernestine.

« Ma fille était sortie... »

A ces mots, prononcés par son père, Ernestine rougit de nouveau, mais cette fois, au lieu de cacher sa rougeur, elle chercha de la main la main de son mari.

M. Messac continua en s'adressant à sa fille :

— Tu étais sortie, et la malheureuse Henriette, en ton absence, lut entièrement la lettre que tu venais d'écrire à madame Pujols, à laquelle tu confiais les plus secrètes pensées de ton cœur.

« En apprenant l'aversion que tu éprouvais pour Max, la marquise n'eut pas le courage d'attendre ton retour.

« Elle partit et raconta tout au médecin.

« Celui-ci réfléchit quelques instants.

— Ecoutez, — dit-il enfin, — M. de La Fresnaye est perdu, il faut essayer de tout. — A son premier mouvement lucide, ayez le courage de lui révéler la vérité...

— Mais il en mourra !

— Peut-être. — Peut-être aussi cela le sauvera-t-il en causant la réaction que je désire.

« Henriette s'arma de courage, décidée qu'elle était à obéir au médecin.

« Max, quelques heures après, reprit connaissance.

« Sa sœur, alors, lui apprit brusquement la fatale nouvelle.

« La crise que subit Max fut horrible.

« Pendant toute la nuit le délire augmenta ; la fièvre redoubla d'intensité, et, à chaque instant, Henriette s'attendait à lui voir rendre le dernier soupir.

« Enfin la réaction appelée par le médecin eut lieu.

« A l'exaltation succéda une prostration complète : à partir de ce moment, Max fut sauvé.

« Vous savez le reste.

« Il se rétablit lentement, et, cinq mois après, à peine entré en convalescence, il quitta Paris et partit pour l'Afrique.

« Aujourd'hui, — m'écrit-il, — il n'a plus qu'un amour au cœur ; celui de la noble carrière qui lui offre un si brillant avenir. »

Lorsque M. Messac eut achevé son récit, Édouard et Ernestine se regardèrent.

Leurs mains enlacées se pressèrent tendrement.

La calèche avait dépassé la barrière de l'Etoile et parcourait au trot l'avenue de l'Impératrice.

Les deux jeunes gens causaient à voix basse.

20

Tout à coup Edouard s'adressa à son père et à M. Messac:

— Mes bons amis, — dit-il avec son plus charmant sourire, — mes bons amis, nous avons une prière à vous adresser.

— Qu'est-ce donc? — demanda M. Verneuil.

— C'est de nous permettre de descendre de voiture et de vous quitter pour ce soir.

— Pourquoi cela?

— Parce que... — commença Edouard.

— Parce que, — interrompit Ernestine; — il y a aujourd'hui un an qu'Edouard et moi nous nous sommes rencontrés ici pour la première fois, et nous avons projeté à ce sujet une petite promenade sentimentale, en tête-à-tête, dans le bois.

— Enfants! — fit M. Messac; — je vous devine; mais il ne faut pas descendre de voiture pour cela. — Vous désirez être seuls pour accomplir ce pèlerinage et nous le comprenons. — Eh bien! la voiture nous arrêtera en passant au Pré Catelan. — Verneuil et moi nous ferons un tour à pied, en vous attendant, et vous nous reprendrez quand vous voudrez. N'est-ce pas, Verneuil?

— Volontiers, — répondit le banquier. — Je n'ai qu'une objection à faire.

— Laquelle?

— Je ne veux pas aller au Pré Catelan. — Que la calèche nous arrête au commencement du lac, nous attendions chez le glacier.

— Très bien! très bien! je ne demande pas mieux! — dit l'armateur en souriant.

Quelques instants après, la calèche s'arrêta à l'endroit désigné par M. Verneuil, et les deux vieillards mirent pied à terre.

La voiture repartit, emportant le couple gracieux.

L'armateur et son ami prirent place autour d'une petite table et se firent apporter des sorbets.

— A quoi réfléchissez-vous donc, Verneuil? — demanda M. Messac en examinant son ami, dont le regard vague décelait la rêverie profonde.

— Aux vicissitudes de la vie humaine, — répondit le banquier. — Je songeais à ce que j'étais il y a un an, et à ce que je suis aujourd'hui...

— Et vous en concluez?

— Qu'il y a entre ces deux époques de ma vie toute la différence qui existe entre la folie et la sagesse, entre le plaisir et le bonheur.

— Cher Verneuil! Vous êtes heureux, hein?

— Parbleu! Ma fille ne m'a-t-elle pas rendu grand-père, il y a trois mois; et j'espère que monsieur mon fils ne laissera pas prendre une trop grande avance à sa chère sœur...

L'armateur sourit et tendit au banquier sa main loyale, que celui-ci pressa affectueusement.

En ce moment, un phaéton, admirablement attelé, s'arrêta devant la porte du café, et un jeune homme, jetant les rênes au valet de pied qui venait de quitter le siége de derrière la voiture, sauta lestement à terre.

— Par ici! Georges! — fit M. Messac en s'adressant au nouvel arrivé, qui n'était autre que le baron d'Aureilly.

— Bonsoir, messieurs! — répondit Georges en attirant à lui une chaise, sur laquelle il prit place.

— Quoi de nouveau? — demanda M. Verneuil.

— Mais pas grand'chose. — La Bourse a été calme aujourd'hui. A propos, tu n'es pas venu au bureau de la journée.

— Ma foi, non! — Je m'en rapporte à toi.

— Vous êtes donc content de votre associé, Verneuil? — dit l'armateur en désignant son cousin.

— Enchanté! Il m'en remontrerait à cette heure!

— Eh mais, — dit Georges; — j'oubliais de vous faire part d'une nouvelle assez intéressante...

— Laquelle donc?

— Vous savez bien, Pongevin?

— Oui. — Eh bien?

— Il est en fuite.

— Bah!

— Il emporte trois millions à ses clients.

— Diable! mais nous avions de son papier.

— Non pas! — Je me méfiais de la chose, et j'ai refusé net d'escompter son dernier bordereau.

— Mais je croyais que ce drôle-là ne faisait que de bonnes affaires? — dit M. Messac.

— Il s'est fourré dernièrement dans une opération hasardeuse. — La chose a mal tourné. — Pongevin était dépositaire des fonds de la compagnie, et, ma foi, il a trouvé plus simple et plus commode de sauver la caisse... Mais cependant, je ne crois pas qu'il aille loin. — Plainte a été déposée au parquet. Le télégraphe a joué et il aura de la peine à sortir de France.

— Eh bien! et sa femme?

— Sa femme! Oh! elle s'en moque bien, elle!

— Comment cela?

— D'abord, elle a quelque chose comme deux cent mille francs placés en son nom; et puis, elle est au mieux avec Chambry.

— L'agent de change de son mari?

— Précisément.

— Ce malheureux Pongevin!

— Malheureux, lui? Allons donc! Il savait depuis longtemps à quoi s'en tenir, mais Chambry faisait des cadeaux à madame, et le Pongevin fermait les yeux.

— C'est répugnant! — dit le négociant bordelais avec un geste de dégoût.

Puis, après quelques minutes de silence :

— Voyons, Georges, — reprit-il d'un ton confidentiel, — puisque ce drôle est en fuite, il faut que je te confesse à son égard.

— Moi? — dit Georges en rougissant légèrement, car il se rappelait les relations peu avouables qu'il avait eues avec l'usurier, et, comme tous les gens qui n'ont pas la conscience bien pure, il craignait toujours de rencontrer une allusion blessante à ses antécédents.

— Oui, il faut que je te confesse, — répéta l'armateur.

— Mais... je ne comprends pas.

— Tu vas comprendre. — Pourquoi jadis, lorsque je te demandais des renseignements sur la conduite du fils de notre ami Verneuil, pourquoi m'as-tu envoyé à ce Pongevin qui venait d'exploiter la faiblesse d'Édouard?

— Ne parlez pas de cela, cousin, — dit Georges en baissant la tête. — C'était une mauvaise action de ma part.

— Une mauvaise action, Georges! Songes-tu à ce que tu dis là? Ton père a mené une existence orageuse, il est vrai; il a souvent accompli des actions brutales, mais je ne croyais pas qu'un d'Aureilly pût avouer qu'il avait une mauvaise action sur la conscience.

— Pourquoi pas? puisque cela est! D'ailleurs, il y a en moi deux natures différentes, une bonne et une mauvaise.

— La Providence a voulu que la bonne triomphât. — Tant mieux! — Mais il n'en est pas moins vrai que la mauvaise a eu son temps.

— Je ne te comprends pas... Explique-toi mieux!

— Eh bien! sachez qu'il y a un an, j'avais un projet, et ce projet était tout simplement d'épouser votre fille.

— Ernestine?

— Elle-même. Je n'avais pas de fortune et je voulais me créer une position. — Vous voyez que je me confesse franchement. — Je vous avais envoyé à Pongevin, dans l'espoir que les confidences de celui-ci nuiraient à Édouard dans votre pensée...

— Mais rappelle-toi donc qu'une heure après ma visite à cet usurier, tu accourais chez moi disculper Édouard et t'accuser de l'avoir entraîné toi-même.

20.

— Eh! c'est que tandis que vous étiez chez Pongevin, j'étais chez Verneuil, moi. — Edouard m'avait fait demander. Le pauvre garçon m'avait ouvert son cœur. — Enfin, il était blessé, mourant... Que vous dirai-je? La bonne nature l'a emporté sur la mauvaise... J'ai fait comme la veille sur le terrain, je me suis laissé entraîner par un sentiment indépendant de ma propre volonté...

— Allons! tu es bien le digne fils de ton père! — dit l'armateur en tendant la main au baron.

— Quant à moi, — ajouta M. Verneuil, — j'ai deviné Georges, j'avais compris son cœur le jour où la vie de mon fils a été en danger. Je n'oublierai jamais la généreuse amitié du baron et son ardeur à venger mon pauvre Edouard. Aussi, lorsque pressé par mon fils lui-même, je contraignis Georges à devenir mon associé et à poser ainsi les jalons d'une fortune honorable, je n'acquittais pas une dette, j'étais encore son obligé!

— Et tu n'auras pas eu affaire à un ingrat! — dit le baron avec émotion, — car si quelqu'un est dévoué à toi et à ta famille, ce quelqu'un-là, c'est moi!

II

Le Pré Catelan.

Edouard et Ernestine s'étaient fait conduire à la cascade de Longchamps.

Tous deux voulaient revoir ce lieu charmant, témoin de leur première rencontre.

Arrivés en face du petit châlet, auquel Edouard était allé jadis demander du secours, les deux jeunes gens descendirent de calèche, et Ernestine, sans consulter son mari, donna l'ordre au cocher d'aller attendre à l'entrée du Pré Catelan.

Puis, la jeune et gracieuse femme se suspendant au bras d'Edouard, tous deux gravirent l'étroit sentier qui conduit au sommet du rocher artificiel.

— C'est ici que tu es tombée, — dit Edouard en s'arrêtant et désignant du geste une petite éminence de gazon. — Je ne t'avais pas encore regardée, et cependant, lorsque je t'enlevai dans mes bras pour te transporter là-haut, sur le banc, je sentis mon cœur tressaillir et battre avec force dans ma poitrine.

— Cher Edouard ! — répondit Ernestine en pressant tendrement le bras de son mari.

Arrivés en face du banc de roc, les deux époux s'arrêtèrent de nouveau.

— C'est-là que j'étais couchée, alors ? — demanda Ernestine.

— Oui... et c'est là que je te vis pour la première fois, grâce à la lanterne que m'avait prêtée le garçon du châlet. Tu étais évanouie, et, ne t'en déplaise... je t'ai enlevé fort habilement le corsage de ta robe et ton superbe corset.

— Edouard ! — fit la jeune femme en rougissant à ce souvenir.

— A propos de corset, — continua son mari en souriant, — sais-tu que le tien m'avait donné de fort mauvaises pensées.

— Comment cela ?...

— Dame ! Quelle idée avais-tu donc eue d'aller mettre un corset en moire rose ?

— Mais, c'est à Bordeaux que l'on m'avait fait celui-là, et je croyais, moi, que cela était du meilleur goût. M'étais-je donc trompée ?

— Quelque peu, chère enfant, — répondit Edouard en s'asseyant sur le banc et en attirant sa femme entre ses bras.
— Écoute, Ernestine, il faut que je te fasse une confidence.

— Quelle confidence ?

— Oh! une confidence grave et qui nécessitera de ta part un pardon miséricordieux.

— Parle vite ! tu m'effrayes.

— Cela a toujours rapport à la nuit de notre rencontre.

— Eh bien?

— Eh bien!... sache donc, chère femme adorée, que, lorsque j'aperçus ton ravissant visage, lorsque ma main, en voulant te secourir, eût dévoilé tes plus riches beautés, l'amour, en s'emparant de mon cœur, enivra mon cerveau, et... malgré moi... dans l'intention sans doute de te prodiguer un secours plus efficace, mes lèvres indiscrètes s'appuyèrent sur ta main, d'abord... puis, glissant sur ton bras rond et découvert, elles montèrent jusqu'à tes chastes épaules...

— Edouard! — interrompit Ernestine en rougissant de nouveau et en se cachant dans les bras de son mari. — C'était mal, monsieur, c'était très-mal... car enfin, j'étais évanouie, sans défense, et vous abusiez de ma malheureuse situation.

— Je le sais bien.

— C'est affreux !

— Affreux, non.

— Mais si, monsieur!

— Tu vas me garder rancune de ma franchise...

— Mais...

— Tu ne veux pas me pardonner ?

Ernestine ne répondit pas, mais ses lèvres rosées étalèrent une petite moue si gracieusement mutine, qu'Edouard supposa qu'elles appelaient un baiser...

§

Les deux jeunes gens, tendrement enlacés l'un à l'autre, parcoururent ensuite la petite allée située sur les bords de la rivière.

— Pourquoi donc as-tu envoyé la calèche au Pré Catelan? — demanda Edouard en voyant le silence qui régnait depuis quelques minutes.

— Tu ne devines pas?

— Ma foi, non.

— Eh bien! il y a un an, j'allais au Pré Catelan lorsque je t'ai rencontré, et ce parc, dont on dit des merveilles, je ne l'ai pas vu, tu le sais bien. J'ai pensé que ce soir il devait être naturellement le but de notre promenade, la dernière station de notre pelerinage. En bonne conscience, nous lui devons bien une visite, car enfin, s'il n'avait pas existé, ce bienheureux Pré Catelan, nous ne nous serions peut-être jamais aimés...

— Oh! — s'écria Edouard en embrassant sa femme, — tu possèdes, cher ange, toutes les délicatesses du cœur!

Les jeunes époux continuèrent leur promenade, chacun d'eux en proie aux mille souvenirs qu'éveillaient les lieux qu'ils parcouraient.

Les lumières du Pré Catelan leur apparurent bientôt entre les branchages touffus des arbres.

Les sons de l'orchestre parvenaient jusqu'à eux.

Cependant Edouard s'arrêta de nouveau.

— Ma chère Ernestine, — dit-il en faisant glisser dans sa main les doigts effilés qui s'appuyaient sur son bras, — ma chère Ernestine, il existe un point dans notre existence mutuelle qui, pour moi, est demeuré jusqu'ici dans l'ombre, et qu'il dépend de toi de mettre en lumière.

— Qu'est-ce donc, mon ami?

— Eh bien, quelques jours après celui de ma rencontre avec M. de La Fresnaye, et lorsque étendu sur un lit de souffrances, j'étais en proie aux douleurs les plus vives, la fièvre faisait bondir le sang dans mes artères et embarrassait mon cerveau...

— Je sais ce que tu veux dire, Édouard, — interrompit Ernestine avec embarras.

— Oui, je veux parler de ton apparition près de à mon chevet, lorsque le désespoir me torturant l'esprit, je me figurais, dans mon délire, que tu ne m'aimais pas, que tu ne m'aimerais jamais; et alors, en dépit des supplications de mon père, des remontrances du médecin, je refusais obstinément de recevoir les soins qu'exigeait mon état. Je voulais mourir... quand tout à coup... je te vis près de moi, et j'entendis ta voix si douce murmurer à mon oreille une promesse enivrante... dis, Ernestine, qui donc t'avait envoyée pour me sauver? J'ai souvent interrogé mon père à ce sujet, il a toujours éludé une réponse...

— Ne parlons pas de cela, Édouard... je t'en prie.
— Pourquoi? C'est donc un mystère?
— Non...
— Eh bien, alors?
— Mon Dieu!... je ne sais comment te dire...
— Est-ce Georges qui t'a avertie?
— Non...
— Ton père, peut-être?
— Mon père non plus...
— Qui donc alors?
— Je te le dirai plus tard.
— Pourquoi pas aujourd'hui?
— Parce que M. Verneuil m'a défendu de te parler de cette circonstance.
— Mon père?
— Oui.
— Ma chère Ernestine... cela est une plaisanterie. Tu comprends que ce mystère serait ridicule...
— Mon Dieu, Édouard, ne me tourmente pas.
— Je ne te tourmente pas... je te prie, je te supplie...
— Eh bien!...
— Eh bien?
— La personne qui m'a prévenue du danger que tu courais et qui m'a indiqué ce que je devais faire pour te sauver... c'est... une femme.
— Une femme? Quelle femme?
— J'ignore son nom.

— Ce n'est pas possible.

— Si fait, je te le jure !

— Comment ! tu ne connaissais pas cette personne ?

— Je l'avais vue une fois jadis.

— Où cela ?

— ordeaux.

Et Ernestine, pressée de questions par son mari, se détermina, en depit de la recommandation faite par M. Verneuil, à raconter tout ce qu'elle savait à l'égard de l'inconnue.

Édouard l'écouta attentivement.

Le jeune mari comprit tout, et lorsque sa femme eut achevé, il murmura le nom de la jolie courtisane.

Ce nom fut accompagné d'un soupir.

En ce moment Édouard et Ernestine arrivaient à la porte du Pré Catelan et pénétraient dans le parc etincelant de lumière.

Une foule brillante se pressait dans les allées.

Les jeunes gens firent le tour de la pelouse; mais en passant devant la porte de verdure du théâtre, ils furent croisés par une femme jeune, belle et vêtue avec un luxe effrayant.

Cette femme, en apercevant Édouard et Ernestine, détourna brusquement la tête, et saisissant le bras de Félix de Charleval qui se trouvait à sa portée, elle s'éloigna rapidement.

— Ah çà ! belle Régine, est-ce que vous voulez m'enlever ? — demanda le jeune viveur en riant avec fatuité.

— Emmenez-moi souper ! — répondit Régine.

— Tiens ! vous m'avez refusé tout à l'heure.

— Eh bien ! maintenant j'accepte, mais je veux un souper au champagne frappé.

— C'est cela ! — s'écria Charleval, — nous nous griserons !

— Nous nous griserons ! — répéta Régine avec une sorte d'énergie fiévreuse.

— Allons trouver les autres alors.

— Et partons !

§

Une demi-heure après, les jeunes époux remontaient en

voiture et se disposaient à aller rejoindre les deux vieillards qui les attendaient.

Plus amoureux que jamais l'un de l'autre, leurs mains entrelacées se pressaient tendrement, et entre leurs lèvres qui se rapprochaient à chaque instant, il n'y avait d'espace que pour ce souffle divin, cet éphémère radieux que l'on nomme le bonheur.

Cette nuit-là, il y eut une orgie véritablement royale à la Maison-d'Or.

Régine, étincelante de reparties vives, de verve satirique et de saillies joyeuses, donna de l'esprit à ses compagnons de table.

A six heures du matin, viveurs et courtisanes sablaient encore le champagne en entonnant de joyeux refrains.

A sept heures, Régine rentrait chez elle après avoir brusquement fermé sa porte au nez du baron Félix de Charleval qui avait inscrit d'avance une bonne fortune nouvelle sur le grand-livre de ses amours.

Une fois seule dans sa chambre à coucher, la courtisane se laissa tomber dans un vaste fauteuil et éclata en sanglots.

Le lendemain, à son lever, sa camériste lui remit une énorme enveloppe.

Régine la décacheta avec indifférence.

Deux papiers s'en échappèrent.

L'un était le titre d'une inscription de trois mille livres de rente au porteur.

L'autre était une lettre qui ne contenait que ces mots :

Souvenir d'un ami véritable.

FIN.

Sceaux. — Typographie de E. Dépée.

www.ingramcontent.com/pod-product-compliance
Lightning Source LLC
Chambersburg PA
CBHW070900170426
43202CB00012B/2131